国家金融与发展实验室
National Institution for Finance & Development

中国支付清算发展报告

（2020）

主　编/杨　涛　程　炼
副主编/周莉萍　董　昀

社会科学文献出版社
SOCIAL SCIENCES ACADEMIC PRESS (CHINA)

编撰单位简介

2005 年，为适应支付清算理论和实践的发展需要，中国社会科学院批准设立了金融研究所支付清算研究中心，专门从事支付清算理论、政策、行业、技术等方面的重大问题研究。2012 年以来，各国对《金融市场基础设施原则》（PFMI）加快落实。2013 年，党的十八届三中全会《关于全面深化改革若干重大问题的决定》也指出要“加强金融基础设施建设，保障金融市场安全高效运行和整体稳定”。之后，支付清算体系在现代金融理论、政策、实践等方面的重要性不断显现，研究中心的一系列成果也得到了各方的关注和好评。

2015 年 5 月 27 日，“国家金融与发展实验室”经中国社会科学院院务会批准设立。同年 11 月 10 日，中共中央全面深化改革领导小组第十八次会议批准国家金融与发展实验室为国家首批高端智库。根据中央以及中国社会科学院的安排，“中国社会科学院金融研究所支付清算研究中心”同时在实验室设置下属研究机构。

研究中心的团队由专职研究人员、特约研究员和博士后等组成。研究中心的主要宗旨是：跟踪研究国内外支付清算领域的前沿问题和动态、支付清算行业发展的新状况以及法规政策的变化，围绕支付清算体系的改革与发展开展各类学术研究和政策研究，推动支付清算市场的创新与发展，通过举办研讨会、开展课题研究、组织咨询和培训等形式来促进支付清算系统及其监管的改革与发展。研究中心每年组织编写《中国支付清算发展报告》，每月组织编写《支付清算评论》。研究中心网站：http：//www. rcps. org. cn/。

主要编撰者简介

杨　涛　研究员，博士生导师，拥有中国注册会计师与律师资格证书。国家金融与发展实验室副主任，中国社会科学院金融研究所所长助理、产业金融研究基地主任、支付清算研究中心主任，北京立言金融与发展研究院院长。主要学术兼职包括中国人民银行支付结算司外部专家、中国银行间市场交易商协会交易专业委员会委员、中国保险行业协会学校教育专业委员会副主任委员、互联网金融安全技术工业和信息化部重点实验室学术委员、中国人民大学国际货币研究所学术委员、北京市金融学会学术委员、金融科技50人论坛学术委员、文化金融50人论坛学术委员、北京金融科技研究院监事长等。主要研究领域为宏观金融与政策、产业金融、金融科技、支付清算等。

程　炼　经济学博士，研究员。中国社会科学院金融研究所《金融评论》编辑部主任、支付清算研究中心副主任。主要研究领域为国际金融、金融地理与金融监管、支付清算等。

周莉萍　经济学博士，副研究员。中国社会科学院金融研究所支付清算研究中心副主任兼秘书长。主要研究领域为货币理论、支付清算、金融市场等。

董　昀　经济学博士，副研究员，硕士生导师。中国社会科学院产业金融研究基地副主任兼秘书长、支付清算研究中心副主任。主要研究领域为金融科技、创新发展等。

摘　要

《中国支付清算发展报告（2020）》系中国社会科学院金融研究所支付清算研究中心（国家金融与发展实验室支付清算研究中心）推出的系列年度报告的第八本。报告旨在系统分析国内外支付清算行业与市场的发展状况，充分把握国内外支付清算领域的制度、规则和政策演进，深入发掘支付清算相关变量与宏观经济、金融及政策变量之间的内在关联，动态跟踪国内外支付清算研究的理论前沿。报告致力于为支付清算行业监管部门、自律组织及其他经济主管部门提供重要的决策参考，为支付清算组织和金融机构的相关决策提供基础材料，为支付清算领域的研究者提供文献素材。自 2013 年出版第一本报告之后，连续七本都引起了政策层、实务界和理论界的高度重视与社会的广泛关注。

以支付清算体系为核心的金融基础设施建设，是顺利推进金融改革的出发点与前提。正如经济增长离不开道路、机场、港口等基础设施建设一样，健全的金融体系也与金融基础设施完善程度密切相关。当前，我国支付行业面临前所未有的机遇和挑战，而 2020 年初的新冠肺炎疫情也给支付体系带来了极大冲击并产生了深远影响，进一步有效支撑了对“非接触式金融服务”的探索。在此背景下，需要重新梳理和审视支付行业的现状与未来。

本报告由总报告和专题报告两部分构成。总报告全面分析了我国支付清算体系的发展历程、现状特点、存在问题及发展趋势，并且运用量化分析工具考察了支付清算体系运行与宏观经济变量、区域经济和金融发展、金融系统稳定、货币政策等的内在关联；专题报告跟踪分析了国内外支付清算体系的发展状况、热点与难点问题，系统梳理了近年来支付领域的相关研究文献。期待以本报告为学术平台，用来促进我们与各界同人加强交流与合作，共同为中国支付清算体系的创新与发展做出贡献。

Abstract

China Payment and Settlement System Development Report (*2020*), as the eighth annual report of Research Center of Payment & Settlement, aims to summarize and reflect the various aspects of China's payment and settlement system and their implication for real economy. It tries to cover the reform and evolution of institutions, rules, and policies on payment and settlement system over the world and track the theoretical frontiers in this area. With ample data and detailed analysis, the report tries to provide reliable and useful references for financial institutes, academic researchers, and regulatory authority. Since its first publication in 2013, the seven issues of the annual report have attracted general and intense attention of academics, market professionals, and policy makers.

The building of financial market infrastructure with payment system playing a key role is the precondition of financial reform. As economic growth is impossible without infrastructure such as roads, airports, and ports, a healthy financial system needs the support of complete financial market infrastructure. At present, China's payment industry is facing unprecedented opportunities and challenges. The coronavirus pandemic is bringing a fundamental impact on payment systems while encouraging the exploration in "contactless financial services". Against this background, we need to rethink and reframe the status quo and future of payment industry.

The report consists of two parts: general reports and special topics. The general report presents a panorama of China's payment and settlement system, including its evolution path, current status, existed problems, and future trends and explores the relationship between payment system indexes with macroeconomic variables, regional development, financial risk, and monetary policy with quantitative methods. Special topics keep a track of the development in domestic and foreign payment and settlement systems as well as the hot issues in this area and provide a selective survey of the literature in FinTech and payment innovation. We expect this report to become a platform for the communication between Research Center of Payment & Settlement and all the peoples and institutes interested in this significant area to contribute to the development of China's payment and settlement system.

前　言

《中国支付清算发展报告（2020）》系中国社会科学院金融研究所支付清算研究中心（国家金融与发展实验室支付清算研究中心）推出的系列年度报告的第八本。报告旨在系统分析国内外支付清算行业与市场的发展状况，充分把握国内外支付清算领域的制度、规则和政策演进，深入发掘支付清算相关变量与宏观经济、金融及政策变量之间的内在关联，动态跟踪国内外支付清算研究的理论前沿。报告致力于为支付清算行业监管部门、自律组织及其他经济主管部门提供重要的决策参考，为支付清算组织和金融机构的相关决策提供基础材料，为支付清算领域的研究者提供文献素材。自 2013 年出版第一本报告之后，连续七本都引起了政策层、实务界和理论界的高度重视与社会的广泛关注。

以支付清算体系为核心的金融基础设施建设，是顺利推进金融改革的出发点与前提。正如经济增长离不开道路、机场、港口等基础设施建设一样，健全的金融体系也与金融基础设施完善程度密切相关。当前，我国支付行业面临前所未有的机遇和挑战，而 2020 年初的新冠肺炎疫情也给支付体系带来了极大冲击并产生了深远影响。在此背景下，需要重新梳理和审视支付行业的现状与未来。

一　影响支付行业发展的外部因素分析

（一）经济背景：经济周期带来的挑战

当前从全球看，经济增长处于长债务周期顶部、创新周期萧条期。同时，受新冠肺炎疫情影响，近期全球金融市场出现剧烈波动，危机与衰退的压力不断上升。从国内看，经济增长的源泉包括要素积累和技术进步，而支撑我国经济高速增长的要素环境已经发生了变化。在此背景下，数字化新经济成为缓解内外冲击的措施之一，正如2019年9月4日联合国贸易和发展会议发布的《2019年数字经济报告》所指出的，全球数字经济活动及其创造的财富增长迅速，且高度集中在美国和中国。由此对支付行业来说，既需直面经济金融波动带来的周期性影响，也需进一步拥抱数字化与新经济。

（二）政策背景：从经济供给侧到金融供给侧结构性改革

2015年11月10日，习近平总书记主持召开中央财经领导小组第十一次会议时首次提出供给侧结构性改革的基本思路。2019年2月22日，中共中央政治局就完善金融服务、防范金融风险举行第十三次集体学习，系统阐述了金融供给侧结构性改革的重要方向。针对金融供给侧结构性改革的要求，支付行业同样需要把握几个方面的重点，如促进金融服务对象结构优化、推动金融服务主体结构优化、在稳增长的基础上防风险、防范金融风险应注重“补短板”、坚持金融“双向开放”等。

（三）技术背景：金融科技变革的大趋势

2017年金融稳定理事会指出，金融科技创新的供给侧驱动因素是不断演进的新技术和不断变化的金融监管，需求侧影响因素是不断变化的企业和消费者偏好。支付行业一直是新技术影响的前沿，尤其对于零售支付体系来说，移动支付工具、金融账户体系、商业模式与生态都发生了日新月异的变化。从零售支付入手，全球复杂支付体系已然形成，使得支付行业的参与主体范围扩大化、支付产品和支付方式多样化、支付载体多元化、支付风控自动化、支付流程非接触化。

二 支付行业发展的主要特点与面临的挑战

（一）主要特点

综合来看，当前我国支付行业已经成为金融体系不可或缺的重要组成部分，并且在发展中呈现以下几个方面的特点。一是规模增长。自 2012 年以来，我国支付业务基本上以超过 10% 的年均复合增长率快速发展，支付服务的渗透率和长尾用户覆盖率得到快速提升。二是效率领先。以零售支付为代表，新兴支付工具、支付模式、支付服务、支付市场对经济金融效率提升起到了重要的促进作用，并且在全球具有一定的比较优势。三是重视安全。支付创新效率与安全的“跷跷板”如何把握，成为近年来市场各方关注的焦点。四是对抗融合。市场竞争格局更加复杂，商业银行与第三方支付机构之间、支付产业链的各类主体之间，都面临既竞争又融合的多元格局。五是双轮驱动。包括大数据、人工智能、区块链等在内的新技术变革，以及包括监管、市场、主体、行为在内的支付制度规则，成为影响支付行业发展的主要因素。六是寻找新机。随着 C 端的支付创新“白热化”乃至呈现“红海”特征，目前行业更加注重支付的 B 端、跨境等“蓝海”领域。七是全面开放。金融开放与全球化是大势所趋，支付行业也需要积极迎接开放改革。例如，需适应全球趋势与原则，进一步优化支付清算基础设施的治理机制。再如，应真正“走出去”适应不同经济体的监管与市场特征，输出支付行业的核心竞争力。八是分层监管。经过一段时间的探索，未来监管的核心思路逐渐转向奖优罚劣，形成高效合理的激励约束机制。九是标准自律。在支付改革与创新中，推动支付标准化是主要抓手，而依托行业协会的自律与备案机制将发挥重要作用。十是权责清晰。支付体系逐渐趋于信息透明，各方交易的复杂性降低，责任分担明确，同时拥有本土特色的“支付 +”，也逐渐明确了创新的底线与边界。

（二）面临的挑战

我国支付行业发展中还存在一些争议与挑战，值得进一步关注。一是需避免对支付行业认识的极端倾向。从舆论上看，近年来过于抬高移动支付的地位，甚至称之为“新四大发明”之一，或者对支付创新“一棍子打死”，这些都是贻害无穷的。二是在支付行业快速发展过程中，仍有许多不平衡、不充分的矛盾需要解决，体现在供给侧、需求侧和中间环节。三是支付行业发展的价值目标不清晰，需要进行优先次序协调。如降低成本、服务实体、增强客户体验、提升增值服务、增加流量入口、数据聚合等各种目标混在一起，容易导致发展失序与矛盾。四是支付运行中的资金安全与信息安全仍不容忽视。无论是支付交易中的常态化安全保障，还是“黑灰”产业的泛滥，都需要高度重视和应对。五是支付服务消费者的分化。从需求角度看，企业和居民的支付需求差异较大，而消费者自身的需求特征也在分化，支付活动给其带来的效用各不相同，消费者追求的支付体验和支付过程也有差异。六是支付服务价格问题将愈加受到关注，因为支付市场均衡运行的基础，是更加合理的价格形成机制。七是“生物识别 + 支付”将成为争议的热点，特别是如何在快速发展与保障安全之间把握好尺度。八是行业利益与矛盾协调变得更加重要。尤其是从零售支付角度看，行业“蛋糕”高速膨胀时代难以持续，这时更需要完善“分蛋糕”的规则。九是支付数据信息统计存在非标准、不准确的现象，容易导致监管层、协会、机构、行业组织、学界、媒体之间出现信息不对称或误读。十是与快速发展的行业现状相比，理论研究严重滞后，普遍来看，支付“话语体系”的专业性不足，缺乏讨论共识与基础。

三　疫情冲击下的创新探索

（一）支持“抗疫”

当前，新冠肺炎疫情给我国经济社会带来了较大冲击，也对金融服务模式产生了深远影响。作为支撑金融体系健康运行的基础设施，支付清算体系也应顺应这些趋势，不断实现数字化时代的“自我赋能”。事实上，支付行业在“抗疫”中已发挥了重要作用，监管部门也出台了一系列重要举措，有效地提升了“非接触支付服务”的动力与能力，从而更好地应对短期与中长期挑战。

例如，2020 年 2 月 1 日，中国人民银行等五部门联合发布《关于进一步强化金融支持防控新型冠状病毒感染肺炎疫情的通知》，要求确保全国范围内支付清算通畅运行，加大电子支付服务保障力度；支持银行业金融机构、非银行支付机构在疫情防控期间采用远程视频、电话等方式办理商户准入审核和日常巡检，通过交易监测强化风险防控。再如，2020 年 2 月 15 日，中国银保监会办公厅发布《关于进一步做好疫情防控金融服务的通知》，要求各银行保险机构积极推广线上业务，强化网络银行、手机银行、小程序等电子渠道服务管理和保障，优化丰富“非接触式服务”渠道，提供安全便捷的“在家”金融服务。据中国银行业协会统计，在政策支持和现实压力下，2020 年初各银行机构线上业务的服务替代率平均达到 96%。

（二）创新尝试——以对公账户为例

我们知道，支付清算基础设施包括大额支付系统、零售支付系统、证券清算结算系统。其中，我国面向个人的支付服务创新在全球领先，即使在新冠肺炎疫情冲击下也保持了线上业务的稳定性。同时，尽管线上化产品已覆盖多数企业的对公业务，但由于业务个性化强、存在监管约束等原因，其线上化程度仍然有限。

就企业开户制度来看，事实上近年来一直在不断变革与优化。2015 年 5 月，中国人民银行下发《关于银行业金融机构远程开立人民币银行账户的指导意见（征求意见稿）》，对银行远程开立账户提出框架性意见。随后，中国人民银行宣布自 2019 年 7 月 22 日起在全国范围内全面取消企业银行账户许可，将更加注重银行账户的事中事后监管。此外，许多银行也推出企业线上开户申请，协助企业进行部分信息的采集和审核工作，申请人只需前往网点一次，便可完成开户申请，从而使得程序更加便捷。

当前在新冠肺炎疫情影响下，政策支持力度进一步加大。银行可在有效防控风险、准确识别客户身份和开户意愿的前提下，探索综合运用远程视频、人脸识别、电子证照、企业信息联网核查和大数据分析等安全有效的方式，通过电子渠道为单位办理开户、变更等账户业务。但疫情结束后，银行仍需及时联系客户补齐相关手续。

应该说，在对公账户领域一直存在许多痛点问题，使得线上化不仅要着眼于短期压力，而且要在中长期“顺水推舟”加快改革。一方面，原有企业开户流程总体看仍然复杂，周期较长，且对公账户的大额交付通道在工作时间之外以及假日的部分时间均难覆盖。另一方面，许多涉及大量中小企业主体的供应链平台交易无法实现全流程线上化，必须通过线下网银或银企直联转账的方式付款，由财务人工认款，平台方人工进行订单核销，影响了交易效率。例如，据调研，某服装类 SaaS 供应链管理平台在帮助批发商进行线上进销存管理及疏通供应链流通环节初见成效，但资金结算环节仍多是通过线下批发市场的档口面对面交易完成的。尤其是新冠肺炎疫情期间，批发市场基本处于关闭状态，影响了中小批发商的生存。

由此可见，推动企业在线开户、实现对公账户电子化等具有重要的现实意义。一是对银行业影响深远，能促进相关业务适度摆脱线下柜面，实现在线化运行。二是适应了客户习惯的变化。这在过去是对公账户服务线上化的主要约束之一，在新冠肺炎疫情期间，企业客户也慢慢习惯并更愿意通过线上进行业务沟通和办理。三是更好地提升小企业服务能力，助力平台型产业链金融快速健康发展。四是针对“面签”的技术解决方案逐渐成熟，包括人脸识别、多因子身份认证等身份识别技术，以及视频双录、基于区块链的电子合同等。

当然，即便是新冠肺炎疫情之后进一步推动改革，也需充分考虑效率与安全的平衡问题。首先，银行账户管理是反洗钱、反欺诈等活动的首道防线，不管开户机制怎么演变，都要始终把账户实名制作为风险管理的核心。其次，由于各银行的综合能力差异较大，应选择少数资产质量、管理、技术、风控水平较高的机构进行局部远程开户试点。同时，为了提高银行对优质客户的甄别能力，更好地服务中小微企业，也可引导大型优质电商平台、面向中小微企业的 SaaS 供应链平台、供应链金融平台等，协助开展对公账户的试点工作。在试点操作上也不能一蹴而就，过渡期或许需要对某些账户功能进行约束。此外，进一步推动相关技术的标准化、规范化，使之在国家和行业层面更加“过硬”，也是保证企业客户身份和行为真实性的关键。最后，与远程开户有关的配套法律法规、银行内控机制也需要进一步完善，如以制度形式认同和保障电子单证、影像、签章、数据的合规性与合法性，以及一旦出现问题如何归责等，既要管控好银行的风险，又要保护好企业和消费者的利益。

四 支付行业发展趋势展望

（一）全局

在《金融市场基础设施原则》中，金融市场基础设施（Financial Market Infrastructures，FMIs）被定义为参与机构（包括系统运行机构）之间用于清算、结算或记录支付、证券、衍生品或其他金融交易的多边系统。2020 年 3 月 5 日，中国人民银行等六部门联合印发了《统筹监管金融基础设施工作方案》。在支付行业发展过程中，应该逐渐基于金融市场基础设施的整体视角来看问题，全面推动其协调发展。例如，如何确定系统重要性金融基础设施？如何处理好支付系统与其他金融市场基础设施的关系？如何处理好央行与其他金融监管者的关系？如何处理好跨境金融基础设施的协调问题？如何应对基于公共网络的分布式金融市场基础设施的挑战？

（二）效率

作为金融体系的核心要素之一，支付清算体系建设也要解决交易中的信息不对称、搜寻成本、匹配效率、交易费用、规模经济等问题。而各类新技术解决方案有助于更有效地应对这些制约因素，提高效率并使风险可控。例如，零售支付创新路径有一些共同特征，即围绕支付安全，利用各种网络虚拟化技术，开发各种摆脱传统有形身份、资金认证载体约束的新技术，让个人消费和交易支付变得更加安全、便捷和高效，让支付不受外在载体和中介的约束。这将大大降低支付过程中的交易成本，甚至完全消除支付摩擦。

（三）结构

支付市场运行逐渐呈现结构性的分化特征。如从支付工具看，电子支付发展突飞猛进。2019 年，银行共处理电子支付业务 2233.88 亿笔，金额 2607.04 万亿元。非银行支付机构共发生网络支付业务 7199.98 亿笔，金额 249.88 万亿元。从支付系统看，2019 年银行卡跨行支付系统业务量增幅较大，共处理业务 211351.75 亿笔，金额 173.60 万亿元，同比分别增长 280.62% 和 44.32%。而银行行内支付系统业务笔数大幅下降，2019 年共处理业务 164.69 亿笔，金额 1218.69 万亿元，同比分别下降 55.12% 和 8.51%。

（四）普惠

金融科技时代的创新与发展，必须摆脱“大干快上”的思路局限，转向更加注重过程和实效，迫切需要“补短板”。要解决数字鸿沟问题，更应靠技术的进一步应用和发展。大量证据也表明，对于广大弱势群体、落后地区来说，实际上包括移动支付在内的金融科技的发展，在某种程度上反而有可能缓解金融发展中不平衡、不充分的矛盾。由此，支付行业创新的生命力之本，还是助力增强金融体系的普惠功能。

（五）功能

作为整个金融体系的基础支撑，支付行业发展应着力于功能完善。从支付工具看，移动支付创新对促进消费具有直接和间接的双重作用。支付工具已由最初的服务于电子商务的支付瓶颈，演变为进一步激发新消费模式的重要载体。应该说，目前各类与居民衣食住行有关的商业场景、公共服务场景，都已成为最典型的移动支付应用场景。在此过程中，移动支付不仅能够提高便利性、降低交易费用，而且依托于“支付 +”，可以进一步推动整个商业模式的效率提升。从支付系统看，通过不断建设与完善支付系统，可以使其对央行货币政策实施起到基础性作用，对调节货币流通量和流通速度起到显著作用，成为央行实施金融监管的重要手段，有利于改善金融服务、加快资金周转、提高资金使用效率等。

当然，金融科技与支付行业的融合互动，赋予了支付行业更加重要的使命，通过资本的力量与支付制度安排，带动底层前沿技术进步，拓展多层次应用场景，通过间接提升支付科技的外溢性，服务于经济增长与社会发展。

（六）安全

近年来，支付行业监管思路更加清晰，逐渐从单个重要环节整顿向支付全流程规范发展，旨在实现对支付产业链条的监管闭环，最终使得支付交易、清算、结算的功能环节更加清晰，参与者的相应风险和责任更加明确。从长远来看，需要对支付风险进行更加细化的甄别，有效辨别潜在的系统性风险与非系统性风险、金融性风险与非金融性风险等。同时，为了进一步推动支付行业安全发展，尤其是为适应支付科技的飞速发展，还需大力推动从支付技术到业务、设备的标准化建设。

（七）理论

未来的支付经济学研究将集中于三大领域。一是大额支付系统。主要分析大额交易的模式与参与者行为，如流动性分析，交易的模式、时间与参与者行为，银行间货币市场，拓扑与网络分析，虚拟场景模拟。二是零售支付系统。如分析技术进步和产业规制等因素对零售支付产业的影响、区分消费者行为类型、分析技术进步和产业规制等因素的影响、提供零售支付领域的新创意等。三是证券清算结算体系。如通过建模、模拟等方式研究中央结算对手方的行为。

五 总结

应该说，无论是从理论层面还是实践层面来看，支付清算领域都有大量有价值的前沿性的问题值得深入研究。本报告持续对支付清算体系的运行状况进行跟踪分析和描述，虽然在应用与实践研究方面做了一些专题性的深入尝试，但还有很多不足之处，尤其是在系统性的理论研究层面仍显薄弱，今后还需不断强化。

总之，《中国支付清算发展报告（2020）》继续从中国和全球两个维度，从理论、实践与政策多个视角，对支付清算领域的相关问题进行“点”“面”结合的研究。本报告分为总报告和专题报告两个部分。

总报告为“我国支付清算体系的发展状况及经济含义”，全面分析了我国支付清算体系的发展历程、现状特点、存在问题及发展趋势，并且运用各类量化分析工具，对支付清算体系运行与宏观经济变量、区域经济和金融发展、金融系统稳定、货币政策等的内在关联进行了实证检验和深入剖析，具体包括“中央银行支付清算体系的建设与运行”“第三方支付机构体系的建设与运行”“证券清算结算体系的建设与运行”“支付清算体系运行与宏观经济变量”“支付清算体系运行与区域经济和金融发展”“支付清算体系运行与金融系统稳定”“支付清算体系运行与货币政策”。

专题报告为“支付清算体系热点考察、比较分析及理论探讨”，深入探讨了国际化背景下我国支付清算体系中的热点与难点问题，对全球支付市场发展中的创新前沿进行了动态跟踪，系统梳理了近年来支付领域的相关研究文献，具体包括“银行卡市场的发展现状与展望”“网联平台的建设与运行”“我国金融账户体系的发展演进和趋势”“非银行支付机构跨境支付业务的发展与监管研究”“全球现金和非现金支付的发展分析”“基于全球视角的城市交通支付创新研究”“国家快速支付体系：基于零期限货币的理论探索”“支付经济学研究动态：理论述评与文献概览”。

《中国支付清算发展报告（2020）》是在国家金融与发展实验室李扬理事长的指导下完成的。本报告在写作过程中得到了中国人民银行支付结算司、中国支付清算协会、中国银联、Visa公司、上海清算所、中央国债登记结算有限责任公司、中国证券登记结算有限公司、社会科学文献出版社等各方的大力支持，在此一并表示诚挚的感谢。本报告由杨涛和程炼担任主编，负责全书的组织编写、部分章节的修改以及全书的统稿和审订工作；周莉萍和董昀担任副主编，负责部分章节的撰写及统编工作。各章执笔人分别为：第一章，宗涛、付家豪；第二章，王邦飞、郑良玉、张晓东；第三章，李鑫、赵亮；第四章，程炼；第五章，程炼；第六章，程炼；第七章，费兆奇、徐扬；第八章，罗沛君、舒冲；第九章，关一濛、王子玥；第十章，陆强华；第十一章，马颖、徐海洲；第十二章，周莉萍；第十三章，Sabina Frizell、Michael Nunes；第十四章，赵鹞；第十五章，董昀。

支付清算研究是一个实务性较强的领域，不仅我国的支付清算体系建设不断出现各类新情况、新问题，而且各国都在此领域面临诸多技术和制度变革带来的新挑战。因研究储备有限，本报告可能会存在一些不足或需完善的地方。我们期盼各界同人的批评和建议，并希望长期坚持这项工作，以此不断地抛砖引玉，促使学术界更加重视支付清算研究，促进研究者与监管者、从业者的深度交流，推动跨学科的交叉研究与探讨，真正使我国的支付经济学得到发展，使支付清算体系的政策与实务研究能够在全球范围内逐渐走向前沿，从而推动我国支付清算体系实现高效、健康、可持续和国际化发展。

目　录

总报告　我国支付清算体系的发展状况及经济含义

第一章　中央银行支付清算体系的建设与运行 …………………………… 003

一　2019 年基本情况及特点 …………………………………………… 003

二　2019 年子系统运行情况 …………………………………………… 006

三　2019 年重要事件 …………………………………………………… 017

四　面临的挑战及完善思路 ……………………………………………… 020

第二章　第三方支付机构体系的建设与运行 …………………………… 023

一　2019 年基本情况及特点 …………………………………………… 023

二　2019 年监管环境分析 ……………………………………………… 030

三　面临的问题与挑战 …………………………………………………… 038

四　发展趋势及前景 ……………………………………………………… 040

第三章　证券清算结算体系的建设与运行 ……………………………… 045

一　2019 年基本情况及特点 …………………………………………… 045

二　2019 年重要进展 …………………………………………………… 056

三　面临的问题及完善思路………………………………………………………… 058

第四章　支付清算体系运行与宏观经济变量………………………………… 060
一　支付业务总体发展态势…………………………………………………… 060
二　支付清算指标与经济增长的联系……………………………………… 076

第五章　支付清算体系运行与区域经济和金融发展………………………… 083
一　各地区资金流动规模……………………………………………………… 083
二　地区之间资金流动情况…………………………………………………… 086

第六章　支付清算体系运行与金融系统稳定………………………………… 097
一　支付清算指标与宏观经济稳定………………………………………… 097
二　银行间资金流动与金融系统稳定性…………………………………… 099

第七章　支付清算体系运行与货币政策……………………………………… 107
一　2019 年货币政策运行分析 ……………………………………………… 108
二　支付系统影响货币供给的实证研究…………………………………… 113
三　第三方支付新发展对货币政策的影响………………………………… 119

专题报告　支付清算体系热点考察、比较分析及理论探讨

第八章　银行卡市场的发展现状与展望……………………………………… 123
一　2019 年银行卡市场发展环境的变化 ………………………………… 123
二　2019 年银行卡市场规模的增长 ……………………………………… 132
三　2019 年银行卡市场发展的结构分析 ………………………………… 137
四　2020 年银行卡市场发展趋势展望 …………………………………… 141

第九章 网联平台的建设与运行 …… 145
一 2019 年建设运行情况 …… 145
二 推动民生支付互联互通 …… 148
三 加快行业治理体系构建 …… 149
四 完成重大峰值保障工作 …… 150
五 2020 年展望 …… 151

第十章 我国金融账户体系的发展演进和趋势 …… 153
一 我国金融账户体系主体构成 …… 154
二 我国金融账户体系发展及特点 …… 156
三 国外账户体系发展和管理借鉴 …… 160
四 我国金融账户服务和管理存在的问题 …… 163
五 我国金融账户体系发展展望和建议 …… 166

第十一章 非银行支付机构跨境支付业务的发展与监管研究 …… 169
一 非银行支付机构跨境支付业务的现状及趋势 …… 170
二 非银行支付机构跨境支付典型业务及其主要风险 …… 173
三 非银行支付机构跨境支付业务监管面临的挑战及国际经验借鉴与合作 …… 185
四 相关建议 …… 189

第十二章 全球现金和非现金支付的发展分析 …… 193
一 主要国家和地区的现金、非现金支付发展 …… 194
二 全球移动支付发展近况 …… 211
三 结论与展望 …… 217

第十三章 基于全球视角的城市交通支付创新研究 …… 220
一 城镇化和超大城市的兴起给城市交通带来挑战 …… 220

二　交通支付创新解决方案…………………………………………………… 223
三　结论与建议……………………………………………………………… 232

第十四章　国家快速支付体系：基于零期限货币的理论探索……………… 234
一　引言……………………………………………………………………… 235
二　零期限货币与快速支付建模…………………………………………… 236
三　与快速支付有关的我国零期限货币的经验分析……………………… 240
四　小结与展望……………………………………………………………… 247

第十五章　支付经济学研究动态：理论述评与文献概览………………… 250
一　引言……………………………………………………………………… 250
二　Libra 与数字货币的新发展：基于文献的分析 ……………………… 252
三　支付清算其他重要领域文献概览……………………………………… 257
四　结语……………………………………………………………………… 262

CONTENTS

General Reports: Development and Economic Implication of China's Payment and Settlement System

Chapter 1 Construction and Operation of China's Central Bank Payment and Settlement System / 003

1. General Picture in 2019 / 003
2. Operation of Subsystems in 2019 / 006
3. Important Issues in 2019 / 017
4. Challenges and Improvement Ideas / 020

Chapter 2 Construction and Operation of China's Third-party Payment System / 023

1. General Picture in 2019 / 023
2. Regulatory Environment in 2019 / 030
3. Problems and Challenges / 038
4. Perspective for Future Development / 040

Chapter 3 Construction and Operation of China's Securities Payment and Settlement System / 045

1. General Picture in 2019 / 045

2. Important Developments in 2019 / 056
3. Challenges and Improvement Ideas / 058

Chapter 4 Macroeconomic Implication of Payment and Settlement Data / 060
1. General Trends and Economic Implication / 060
2. Relationship with Economic Growth / 076

Chapter 5 Regional Perspective of Payment Transactions / 083
1. Regional Allocation of Capital / 083
2. Patterns of Inter-region Capital Flow / 086

Chapter 6 Payment System and Financial Stability / 097
1. Early-warning Indexes for Business Cycle / 097
2. Interbank Capital Flow and Financial Fragility / 099

Chapter 7 Payment System and Monetary Policy / 107
1. Monetary Policy Operation in 2019 / 108
2. Empirical Evidence of Payment System's Effects on Monetary Supply / 113
3. Third-party Payment's Impact on Monetary Policy / 119

Special Topics: Hot Review,Comparative Analysis and Theoretical Discussion of Payment and Settlement Systems

Chapter 8 Development of Bank Card Market / 123
1. Change of Environment in 2019 / 123
2. Growth of the Market Scale in 2019 / 132
3. Change of Market Structure in 2019 / 137
4. Perspective for the Development in 2020 / 141

Chapter 9 Construction and Operation of NetsUnion Clearing System / 145
1. Construction and Operation of NetsUnion Clearing System in 2019 / 145
2. Payment Interconnection in Fields Closely Related to People's Wellbeing / 148
3. Restructuring of Industry Governance / 149
4. Ensuring Stable Services in Peak Times / 150
5. Perspective for the Development in 2020 / 151

Chapter 10 Development and Trend of China's Financial Account System / 153
1. Contents of China's Financial Account System / 154
2. Features of China's Financial Account System / 156
3. Experience from the Development of Financial Account Systems Overseas / 160
4. Problems in the Service and Management of China's Financial Account System / 163
5. Perspective and Policy Recommendations for the Development / 166

Chapter 11 Development and Regulation of Nonbanking Payment Institutions' Cross-border Payment Operation / 169
1. Status Quo and Trends of Nonbanking Payment Institutions' Cross-border Payment Operation / 170
2. Study of Nonbanking Payment Institutions' Cross-border Payment Operation / 173
3. Challenges to the Regulation of Nonbanking Payment Institutions' Cross-border Payment Operation / 185
4. Policy Recommendations / 189

Chapter 12　Development of Cash and Noncash Payment / 193
1. Development of Cash and Noncash Payment in Main Economies of the World / 194
2. Development of Mobile Payment over the World / 211
3. Conclusion and Outlook / 217

Chapter 13　Innovation in Urban Communication Payment from a Global Perspective / 220
1. Challenges to Urban Communication in an Era of Urbanization and Super Metropolis / 220
2. Innovation in Urban Communication Payment / 223
3. Conclusion and Policy Recommendations / 232

Chapter 14　National Faster Payment System: A Theoretic Exploration Based on Money Zero Maturity / 234
1. Introduction / 235
2. Money Zero Maturity and Models on Faster Payment / 236
3. Empirical Analysis of Faster Payment Based on China's Money Zero Maturity / 240
4. Conclusion and Outlook / 247

Chapter 15　Literature Review of Payments Research / 250
1. Introduction / 250
2. Libra and the New Development of Digital Money / 252
3. A Survey of Studies on other Important Areas / 257
4. Conclusion / 262

总报告 | 我国支付清算体系的发展状况及经济含义

General Reports: Development and Economic Implication of China's Payment and Settlement System

第一章
中央银行支付清算体系的建设与运行

宗 涛　付家豪*

摘　要：2019年，我国中央银行支付清算体系稳健运行，非现金支付工具稳步发展，中国人民银行支付清算系统业务量继续攀升，电子汇票、银行卡、电子支付等业务发展呈现新亮点。同时，账户管理改革取得新突破，备付金集中存管、“断直连”工作深入推进，支付清算领域对外开放进一步扩大。特别是新冠肺炎疫情发生后，中国人民银行坚决服从疫情防控大局，及时开通资金汇划“绿色通道”，进一步提升支付服务便捷性，为打好疫情防控阻击战做出了积极贡献。同时，随着社会经济的发展，中央银行在统一金融账户管理、加快支付监管立法、维护支付安全等方面面临一些新的挑战，需要各方面共同努力，更好地促进支付服务行业平稳健康发展。

关键词：中央银行　支付清算体系　账户管理　法律法规　金融创新

一　2019年基本情况及特点①

2019年，我国中央银行支付清算体系运行呈现非现金支付工具稳步发展、

* 宗涛，经济学博士、金融学博士后，中国社会科学院金融研究所支付清算研究中心特约研究员，主要研究领域为宏观经济、货币政策、支付清算等；付家豪，安徽大学经济学院。

① 本部分数据如无特别说明，均来自中国人民银行支付结算司发布的2019年各季度和全年支付体系运行总体情况，详见中国人民银行网站。

人民币银行结算账户数量恢复增长、中国人民银行支付清算系统业务量继续攀升等特点，特别是电子汇票、银行卡、电子支付等业务发展呈现新亮点。

（一）2019年我国非现金支付工具的基本情况

非现金支付工具对经济社会发展具有重要意义。当前，我国非现金支付工具主要有汇票、支票、本票和银行卡及其他结算业务等。2019 年，我国非现金支付业务呈现笔数大幅增长、金额微幅增长、结构持续分化的态势，全国共办理非现金支付业务 3310.19 亿笔，金额 3779.49 万亿元，同比分别增长 50.25% 和 0.29%。

一是电子商业汇票业务发展亮点突出。2019 年，全国共发生各类票据业务 1.90 亿笔，金额 133.81 万亿元，同比分别下降 14.46% 和 10.11%。其中，支票、银行汇票、银行本票等业务均有一定程度的下降。与之相反，电子商业汇票系统业务量保持增长。截至 2019 年末，电子商业汇票系统出票 1990.21 万笔，金额 19.50 万亿元，同比分别增长 37.19% 和 16.11%。此外，承兑、贴现业务也有较大幅度的增长。

二是银行卡发卡量和交易量继续稳步增长。从发卡量看，截至 2019 年末，全国银行卡在用发卡量为 84.19 亿张，同比增长 10.82%。全国人均持有银行卡 6.03 张，同比增长 10.40%。其中，人均持有信用卡和借贷合一卡 0.53 张，同比增长 8.36%。截至 2019 年末，银行卡跨行支付系统共有联网商户 2362.96 万户、联网 POS 机具 3089.28 万台、ATM 机具[①] 109.77 万台，较上年末分别减少 370.04 万户、325.54 万台和 1.31 万台。从交易量看，银行卡交易量继续增长。2019 年，全国共发生银行卡交易 3219.89 亿笔，金额 886.39 万亿元，同比分别增长 53.07% 和 2.82%；日均交易 8.82 亿笔，金额 2.43 万亿元。特别地，银行卡信贷规模持续增长。截至 2019 年末，银行卡授信总额为 17.37 万亿元，同比增长 12.78%；银行卡应偿信贷

① 自 2018 年第一季度起，ATM 机具数量统计口径有所调整，不仅统计了银行业存款类金融机构布放的在用自助存款机、自助取款机、存取款一体机、自助缴费终端等传统自助设备，而且统计了自助服务终端、可视柜台（VTM）、智能柜台等新型终端设备。

余额为7.59万亿元，同比增长10.73%。银行卡卡均授信额度为2.33万元，授信使用率为43.70%。

三是贷记转账等其他非现金结算业务总体保持平稳。2019年，全国银行业金融机构共发生贷记转账、直接借记、托收承付、国内信用证等其他业务88.41亿笔，金额2759.28万亿元，同比分别下降9.15%和增长0.06%。其中，贷记转账业务83.85亿笔，金额2706.20万亿元。

四是电子支付尤其是移动支付业务继续保持迅猛增长势头。2019年，全国银行业金融机构共处理电子支付业务2233.88亿笔，金额2607.04万亿元。其中，网上支付业务781.85亿笔，金额2134.84万亿元，同比分别增长37.14%和0.40%；移动支付业务1014.31亿笔，金额347.11万亿元，同比分别增长67.57%和25.13%；电话支付业务1.76亿笔，金额9.67万亿元，同比分别增长11.12%和25.94%。

（二）2019年我国人民币银行结算账户运营情况

2019年，我国人民币银行结算账户保持增长。截至2019年末，全国共开立人民币银行结算账户113.52亿户，同比增长12.07%，增速较上年末上升2.24个百分点。相比之下，2018年末人民币银行结算账户数同比增速下降0.6个百分点。2019年增速上升，表明账户开设制度改革取得积极成效。其中，单位银行结算账户6836.87万户，同比增长11.73%，增速较上年末上升0.15个百分点；个人银行结算账户112.84亿户，同比增长12.07%，增速较上年末上升2.25个百分点。

（三）2019年我国支付系统运行情况

2019年，我国支付系统稳健运行，共处理支付业务5685.12亿笔，金额6902.22万亿元。其中，中国人民银行支付系统共处理支付业务180.17亿笔，金额5212.49万亿元，同比分别增长14.68%和13.35%，占支付系统业务笔数和金额的3.17%和75.52%；日均处理业务5109.89万笔，金额20.63万亿元，具有笔数少、金额大的特点。

二　2019年子系统运行情况

当前，我国支付清算体系包括大额实时支付系统等 11 个子系统。[①] 2019 年，各支付清算子系统处理的业务量总体保持稳定增长态势，受支付技术和社会主体支付习惯变化等因素影响，个别系统业务有所萎缩。

（一）中国人民银行支付系统[②]

1. 大额实时支付系统

2019 年，大额实时支付系统业务稳步增长。全年共处理业务 10.94 亿笔，金额 4950.72 万亿元，同比分别增长 1.97% 和 13.72%，增速较上年略有下降；日均处理业务 437.68 万笔，金额 19.80 万亿元。可以看出，大额实时支付系统笔数少、金额大，是支撑社会经济运转资金流转的主动脉。

从处理业务笔数看，大额实时支付系统业务季节性波动较小。第一季度，处理业务 2.67 亿笔，同比增长 6.29%；日均处理业务 444.49 万笔。第二季度，处理业务 2.70 亿笔，同比增长 3.61%；日均处理业务 435.55 万笔。第三季度，处理业务 2.95 亿笔，同比增长 6.28%；日均处理业务 446.89 万笔。第四季度，处理业务 2.63 亿笔，同比下降 7.58%；日均处理业务 423.42 万笔（见图 1 - 1）。

从处理业务金额看，第一季度，处理业务 1180.02 万亿元，同比增长 18.95%；日均处理业务 19.67 万亿元。第二季度，处理业务 1245.23 万亿元，同比增长 20.22%；日均处理业务 20.08 万亿元。第三季度，处理业务 1261.22 万亿元，同比增长 8.35%；日均处理业务 19.11 万亿元。第四季

① 参照中国人民银行支付结算司的分类方法。

② 2019 年第三季度大额实时支付系统、境内外币支付系统、同城票据清算系统、人民币跨境支付系统均实际运行 66 个工作日，其他支付系统均实际运行 92 个工作日。此处按实际运行工作日计算。

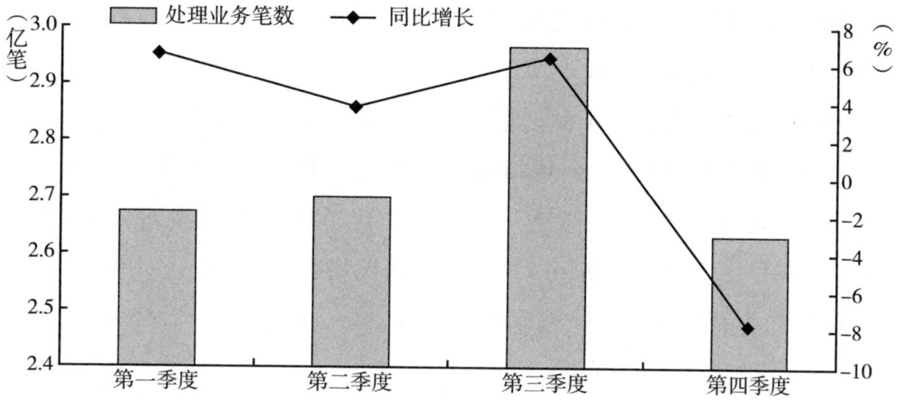

图1-1　2019年各季度大额实时支付系统处理业务笔数及其同比增长情况

资料来源：中国人民银行支付结算司发布的2019年各季度支付体系运行总体情况，详见中国人民银行网站。

度，处理业务1264.25万亿元，同比增长8.83%；日均处理业务20.39万亿元（见图1-2）。

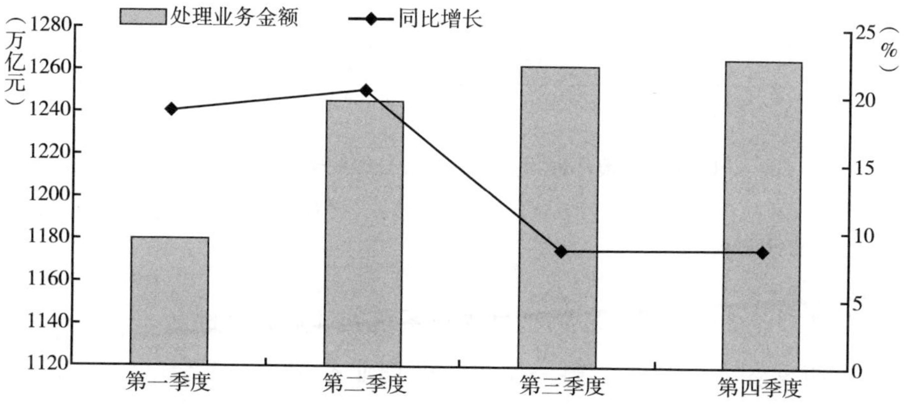

图1-2　2019年各季度大额实时支付系统处理业务金额及其同比增长情况

资料来源：中国人民银行支付结算司发布的2019年各季度支付体系运行总体情况，详见中国人民银行网站。

2. 小额批量支付系统

2019年，小额批量支付系统业务快速增长。全年共处理业务26.27亿笔，金额60.58万亿元，同比分别增长20.37%和70.48%；日均处理业务719.86万笔，金额1659.62亿元。

从处理业务笔数看，小额批量支付系统处理业务笔数逐季攀升。第一季度，处理业务5.51亿笔，同比增长10.36%；日均处理业务612.70万笔。第二季度，处理业务5.98亿笔，同比增长14.58%；日均处理业务657.30万笔。第三季度，处理业务6.81亿笔，同比增长21.55%；日均处理业务739.70万笔。第四季度，处理业务7.97亿笔，同比增长32.63%；日均处理业务866.72万笔（见图1－3）。

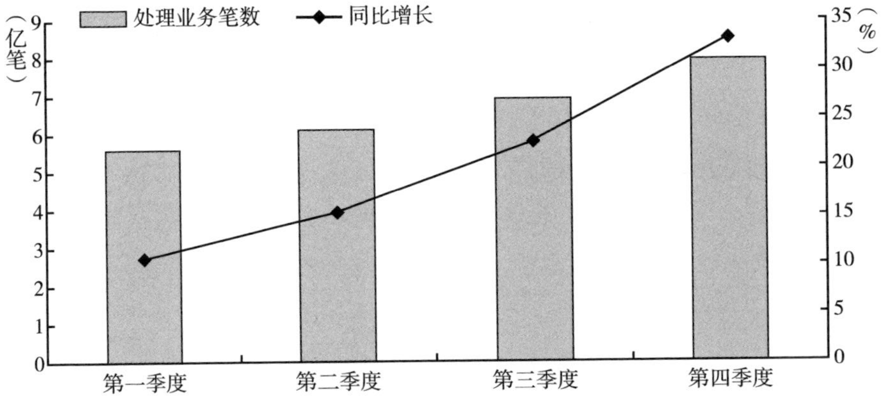

图1－3　2019年各季度小额批量支付系统处理业务笔数及其同比增长情况

资料来源：中国人民银行支付结算司发布的2019年各季度支付体系运行总体情况，详见中国人民银行网站。

从处理业务金额看，小额批量支付系统处理业务金额前三季度基本持平，第四季度大幅增加。第一季度，处理业务12.74万亿元，同比增长65.24%；日均处理业务1415.84亿元。第二季度，处理业务12.22万亿元，同比增长49.38%；日均处理业务1342.54亿元。第三季度，处理业务12.51万亿元，同比增长38.13%；日均处理业务1360.26亿元。第四季度，处理业务23.10万亿元，同比增长118.29%；日均处理业务2511.10亿元（见图1－4）。

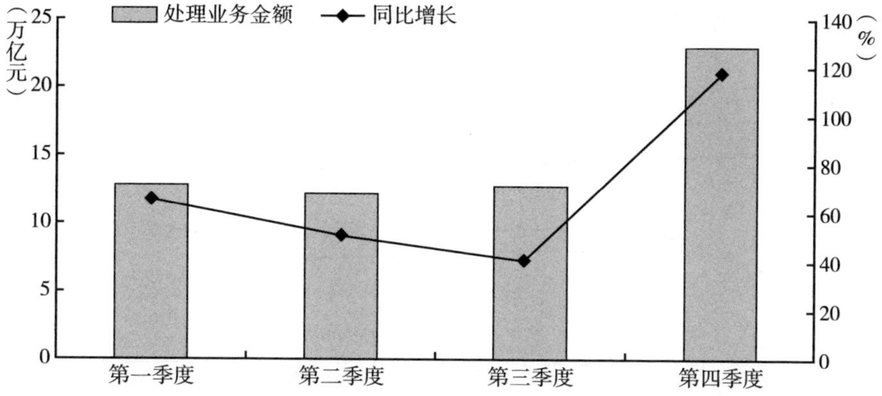

图 1－4　2019 年各季度小额批量支付系统处理业务金额及其同比增长情况

资料来源：中国人民银行支付结算司发布的 2019 年各季度支付体系运行总体情况，详见中国人民银行网站。

3. 网上支付跨行清算系统

2019 年，网上支付跨行清算系统业务仍处于较快增长通道，但增速有所放缓。全年共处理业务 140.11 亿笔，金额 110.77 万亿元，同比分别增长 15.81% 和 24.38%，增速较上年分别下降 26 个和 20 个百分点；日均处理业务 3838.58 万笔，金额 3034.72 亿元。

从处理业务笔数看，网上支付跨行清算系统处理业务笔数逐季增长。第一季度，处理业务 29.94 亿笔，同比增长 14.96%；日均处理业务 3326.72 万笔。第二季度，处理业务 33.81 亿笔，同比增长 14.91%；日均处理业务 3715.31 万笔。第三季度，处理业务 37.00 亿笔，同比增长 13.63%；日均处理业务 4022.11 万笔。第四季度，处理业务 39.36 亿笔，同比增长 19.45%；日均处理业务 4277.73 万笔。

从处理业务金额看，第一季度，处理业务 24.05 万亿元，同比增长 20.32%；日均处理业务 2672.73 亿元。第二季度，处理业务 25.52 万亿元，同比增长 18.21%；日均处理业务 2804.11 亿元。第三季度，处理业务 27.59 万亿元，同比增长 18.54%；日均处理业务 2998.71 亿元。第四季度，处理业务 33.61 万亿元，同比增长 38.85%；日均处理业务 3652.94 亿元（见图 1－5）。

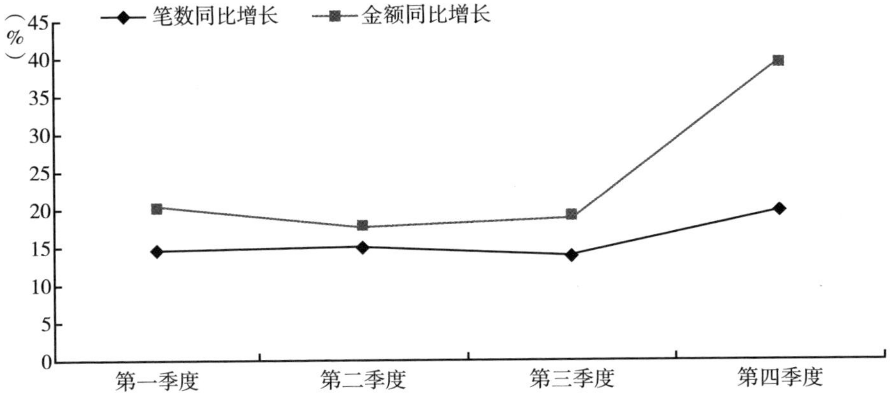

图 1-5　2019 年各季度网上支付跨行清算系统处理业务笔数和金额同比增长情况

资料来源：中国人民银行支付结算司发布的 2019 年各季度支付体系运行总体情况，详见中国人民银行网站。

4. **同城清算系统**①

2019 年，同城清算系统业务继续下滑。全年共处理业务 2.82 亿笔，金额 81.89 万亿元，同比分别下降 20.48% 和 26.90%；日均处理业务 112.89 万笔，金额 3275.52 亿元，同比均有不同程度的下降。

从同城清算系统处理业务笔数的季度数据看，第一季度，处理业务 7751.54 万笔，同比增长 1.62%；日均处理业务 129.19 万笔。第二季度，处理业务 7264.38 万笔，同比下降 16.51%；日均处理业务 117.17 万笔。第三季度，处理业务 7796.26 万笔，同比下降 16.27%；日均处理业务 118.13 万笔。第四季度，处理业务 5410.24 万笔，同比下降 45.07%；日均处理业务 87.26 万笔（见图 1-6）。

从同城清算系统处理业务金额的季度数据看，第一季度，处理业务 24.81 万亿元，同比下降 19.92%；日均处理业务 4134.81 亿元。第二季度，处理业务 23.53 万亿元，同比下降 17.35%；日均处理业务 3794.69 亿元。第三季度，处理业务 22.24 万亿元，同比下降 19.33%；日均处理业务

① 同城清算系统包括同城票据交换系统和同城电子清算系统。

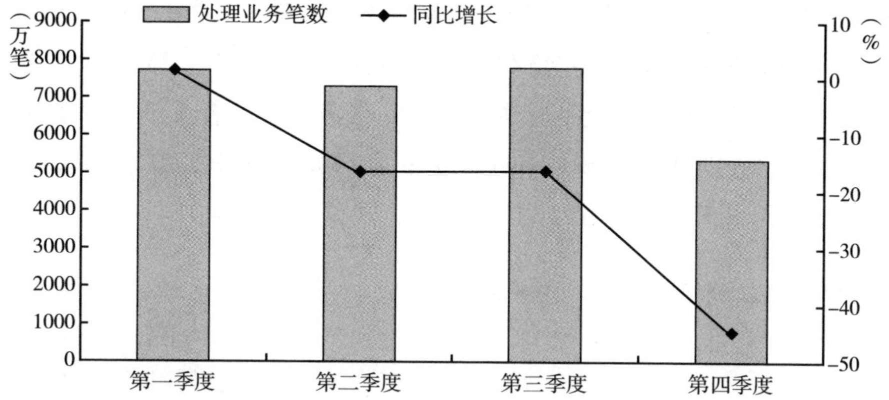

图 1-6　2019 年各季度同城清算系统处理业务笔数及其同比增长情况

资料来源：中国人民银行支付结算司发布的 2019 年各季度支付体系运行总体情况，详见中国人民银行网站。

3370.22 亿元。第四季度，处理业务 11.31 万亿元，同比下降 54.78%；日均处理业务 1823.95 亿元。

5. 境内外币支付系统

2019 年，境内外币支付系统业务总体平稳。全年共处理业务 220.26 万笔，金额 1.23 万亿美元（折合人民币约 8.54 万亿元①），同比分别增长 3.16% 和下降 1.22%；日均处理业务 8810.21 笔，金额 49.38 亿美元（折合人民币约 341.40 亿元）。

从境内外币支付系统处理业务笔数和金额的季度数据看，第一季度，处理业务 50.36 万笔，金额 3111.33 亿美元（折合人民币约 2.10 万亿元），同比分别下降 4.99% 和增长 0.41%；日均处理业务 8393.18 笔，金额 51.86 亿美元（折合人民币约 349.17 亿元）。第二季度，处理业务 53.74 万笔，金额 2912.56 亿美元（折合人民币约 2.00 万亿元），同比分别增长 5.31% 和下降 6.30%；日均处理业务 8667.32 笔，金额 46.98 亿美元（折合人民币约 322.95 亿元）。第三季度，处理业务 58.14 万笔，金额 2932.43 亿美元

① 境内外币支付系统业务量使用每个季度末最后一个交易日的汇率按季度折算为人民币。

（折合人民币约2.07万亿元），同比分别增长3.69%和下降3.59%；日均处理业务8809.03笔，金额44.43亿美元（折合人民币约314.25亿元）。第四季度，处理业务58.02万笔，金额3388.26亿美元（折合人民币约2.36万亿元），同比分别增长8.62%和4.32%；日均处理业务9357.94笔，金额54.65亿美元（折合人民币约381.24亿元）（见图1－7）。

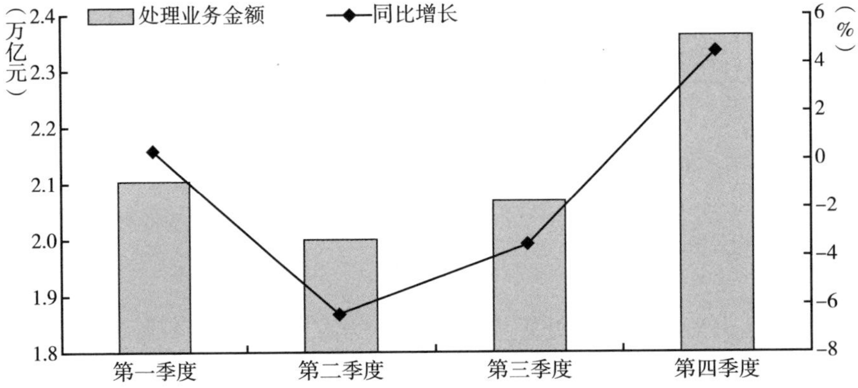

图1－7　2019年各季度境内外币支付系统处理业务金额及其同比增长情况

资料来源：中国人民银行支付结算司发布的2019年各季度支付体系运行总体情况，详见中国人民银行网站。

（二）其他机构支付系统[①]

1.银行业金融机构行内支付系统

2019年，银行业金融机构行内支付系统业务有所下滑。全年共处理业务164.69亿笔，金额1218.69万亿元，同比分别下降55.12%和8.51%；日均处理业务4512.03万笔，金额3.34万亿元，较上年均有不同程度的下降。

① 根据中国人民银行“断直连”工作要求，第三方支付机构全部接入银联或网联系统，商业银行与第三方支付机构之间的业务，以及城银清算服务有限责任公司和农信银资金清算中心成员机构与第三方支付机构之间的业务不再计入行内系统、城市商业银行支付清算系统和农信银支付清算系统业务量统计。

从银行业金融机构行内支付系统处理业务笔数和金额的季度数据看，第一季度，处理业务43.33亿笔，金额302.87万亿元，同比分别下降47.52%和10.49%；日均处理业务4814.42万笔，金额3.37万亿元。第二季度，处理业务37.78亿笔，金额298.67万亿元，环比分别下降12.82%和1.39%；日均处理业务4151.12万笔，金额3.28万亿元。第三季度，处理业务40.34亿笔，金额302.96万亿元，环比分别增长6.80%和1.44%；日均处理业务4385.07万笔，金额3.29万亿元。第四季度，处理业务43.24亿笔，金额314.19万亿元，环比分别增长7.19%和3.71%；日均处理业务4700.16万笔，金额3.42万亿元（见图1－8、图1－9）。

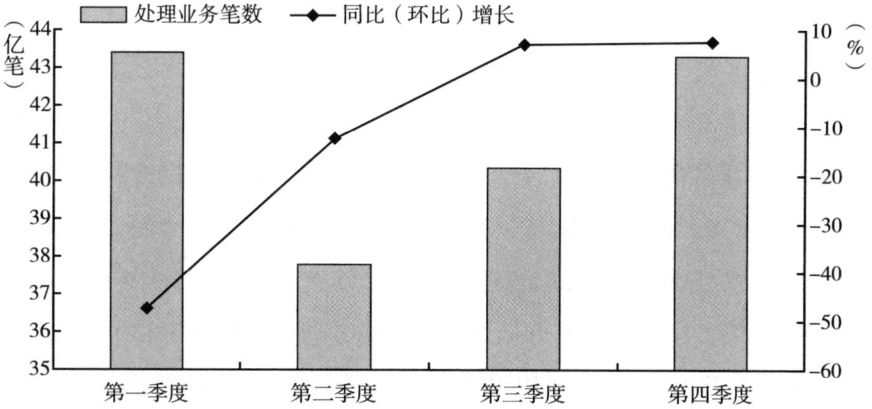

图1－8　2019年各季度银行业金融机构行内支付系统处理业务笔数及其同比（环比）增长情况

资料来源：中国人民银行支付结算司发布的2019年各季度支付体系运行总体情况，详见中国人民银行网站。

2. 银行卡跨行支付系统①

2019年，银行卡跨行支付系统业务大幅增长。全年共处理业务1351.75亿笔，金额173.60万亿元，同比分别增长280.62%和44.32%；日均处理业务3.70亿笔，金额4756.27亿元，较上年均有显著增长。

① 银行卡跨行支付系统数据来自中国银联股份有限公司。

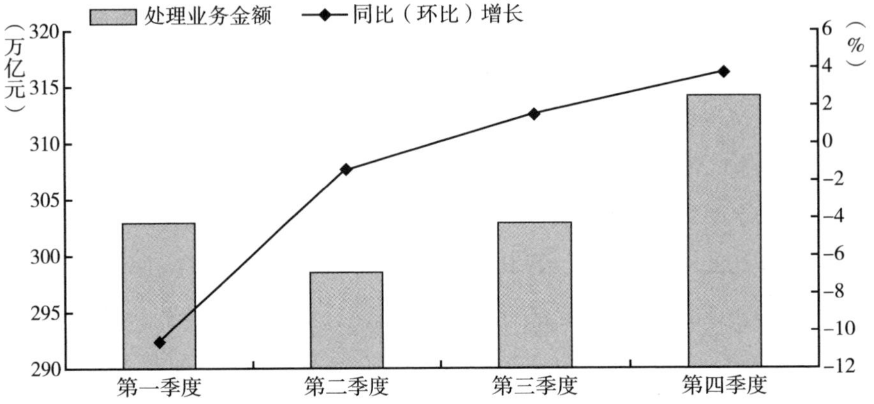

图1－9　2019年各季度银行业金融机构行内支付系统处理业务金额及其同比（环比）增长情况

资料来源：中国人民银行支付结算司发布的2019年各季度支付体系运行总体情况，详见中国人民银行网站。

从银行卡跨行支付系统处理业务笔数和金额的季度数据看，第一季度，处理业务227.99亿笔，金额38.27万亿元，同比分别增长283.32%和40.69%；日均处理业务2.53亿笔，金额4251.81亿元。第二季度，处理业务343.83亿笔，金额44.68万亿元，环比分别增长50.81%和16.76%；日均处理业务3.78亿笔，金额4909.71亿元。第三季度，处理业务384.04亿笔，金额44.91万亿元，环比分别增长11.69%和0.53%；日均处理业务4.17亿笔，金额4882.05亿元。第四季度，处理业务395.89亿笔，金额45.74万亿元，环比分别增长3.09%和1.85%；日均处理业务4.30亿笔，金额4972.19亿元（见图1－10、图1－11）。

3.城市商业银行汇票处理系统和支付清算系统①

2019年，城市商业银行汇票处理系统和支付清算系统业务笔数大幅下降，但金额明显增加。全年共处理业务477.20万笔，金额7320.89亿元，同比分别下降92.42%和增长24.45%；日均处理业务1.31万笔，金额

① 城市商业银行汇票处理系统和支付清算系统数据来自城银清算服务有限责任公司。

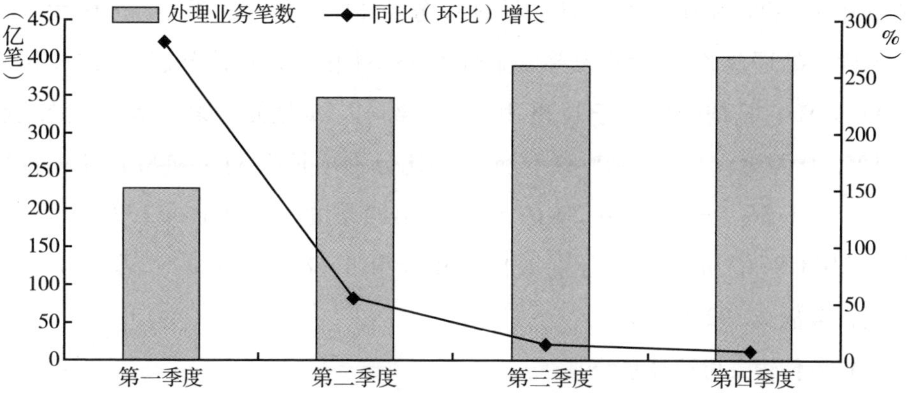

图 1－10　2019 年各季度银行卡跨行支付系统处理业务笔数及其同比（环比）增长情况

资料来源：中国人民银行支付结算司发布的 2019 年各季度支付体系运行总体情况，详见中国人民银行网站。

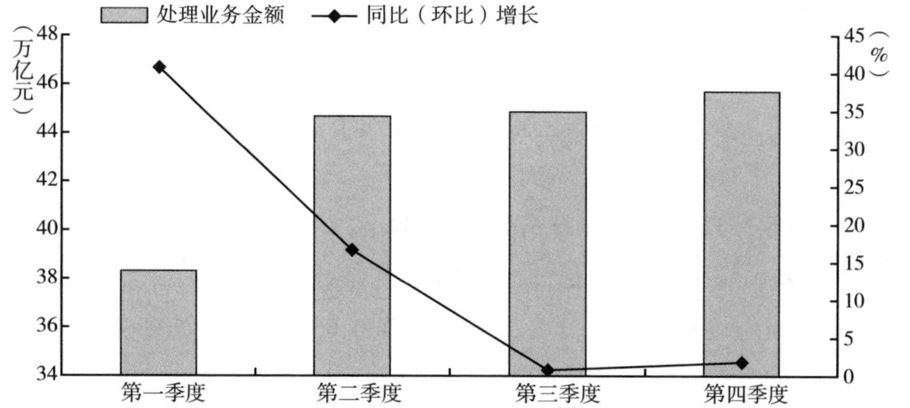

图 1－11　2019 年各季度银行卡跨行支付系统处理业务金额及其同比（环比）增长情况

资料来源：中国人民银行支付结算司发布的 2019 年各季度支付体系运行总体情况，详见中国人民银行网站。

20.06 亿元。

从城市商业银行汇票处理系统和支付清算系统处理业务笔数和金额的季度数据看，第一季度，处理业务 103.04 万笔，金额 1561.89 亿元，同比分别下降92.80%和0.91%；日均处理业务1.14万笔，金额17.35亿元。第二季度，处理业务116.54万笔，金额1748.34亿元，环比分别增长13.10%和11.94%；日均处理业务1.28万笔，金额19.21亿元。第三季度，处理业务125.10万笔，金额1901.81亿元，环比分别增长7.34%和8.78%；日均处理业务1.36万笔，金额20.67亿元。第四季度，处理业务132.52万笔，金额2108.86亿元，环比分别增长5.93%和10.89%；日均处理业务1.44万笔，金额22.92亿元。

4. 农信银支付清算系统①

2019年，农信银支付清算系统业务下滑较快。全年共处理业务13.02亿笔，金额2.93万亿元，同比分别下降84.59%和65.35%；日均处理业务356.82万笔，金额80.23亿元。

从农信银支付清算系统处理业务笔数和金额的季度数据看，第一季度，处理业务2.20亿笔，金额7901.28亿元，同比分别下降83.17%和57.18%；日均处理业务243.97万笔，金额87.79亿元。第二季度，处理业务2.86亿笔，金额6943.70亿元，环比分别增长30.22%和下降12.12%；日均处理业务314.21万笔，金额76.30亿元。第三季度，处理业务3.84亿笔，金额7243.51亿元，环比分别增长34.42%和4.32%；日均处理业务417.78万笔，金额78.73亿元。第四季度，处理业务4.13亿笔，金额7196.46亿元，环比分别增长7.33%和下降0.65%；日均处理业务448.42万笔，金额78.22亿元。

5. 人民币跨境支付系统②

2019年，人民币跨境支付系统业务持续较快增长。全年共处理业务188.43万笔，金额33.93万亿元，同比分别增长30.64%和28.28%；日均处理业务7537.15笔，金额1357.02亿元。

从人民币跨境支付系统处理业务笔数和金额的季度数据看，第一季度，

---

① 农信银支付清算系统数据来自农信银资金清算中心。

② 人民币跨境支付系统数据来自跨境银行间支付清算有限责任公司。

处理业务 38.78 万笔，金额 7.62 万亿元，同比分别增长 17.97% 和 39.76%；日均处理业务 6462.80 笔，金额 1270.13 亿元。第二季度，处理业务 45.20 万笔，金额 8.21 万亿元，同比分别增长 33.27% 和 25.44%；日均处理业务 7290.74 笔，金额 1324.86 亿元。第三季度，处理业务 51.25 万笔，金额 9.43 万亿元，同比分别增长 34.41% 和 34.48%；日均处理业务 7765.48 笔，金额 1429.01 亿元。第四季度，处理业务 53.20 万笔，金额 8.66 万亿元，同比分别增长 35.31% 和 16.50%；日均处理业务 8580.19 笔，金额 1396.64 亿元。

三　2019年重要事件

2019 年是我国中央银行支付清算体系发展和改革开放的重要一年。企业银行账户行政许可全面取消，本外币账户一体化试点有序实施，备付金集中存管和“断直连”工作顺利推进，支付清算领域对外开放进一步扩大。同时，为应对突发的新冠肺炎疫情，中国人民银行及时开通资金汇划“绿色通道”，使资金快速、顺畅运转，积极响应国家号召，并对一些业务免收手续费。

（一）深化账户体系基础性管理改革

账户管理在维护经济秩序、防范金融风险、抑制经济犯罪等方面发挥着基础性作用。2019 年以来，随着我国市场经济环境的变化，中国人民银行对银行账户、企业账户、非内地居民开立账户等管理体制进行较为全面的改革调整，进一步完善了银行账户管理体系框架。

在企业账户方面，加快落实“放管服”改革要求，中国人民银行于 2019 年 7 月 22 日全面完成取消企业银行账户行政许可，比国务院要求的时间提前了 5 个多月。企业银行账户行政许可取消后，开户效率进一步提升，企业开设基本账户数量增加，业务处理总体平稳，社会反响良好，民营企业和小微企业是最大的受益者。2019 年 7 月 1 日，中国人民银行联合工业和信息化部、国家税务总局、国家市场监督管理总局开通运行企业信息联网核查系统，该系统具有企业相关人员手机号码、企业纳税状态、企业登记注册信息核查三大功能，为企业银行账户行政许可取消后，加强企业账户事中事后监管提供了配套措施。

在统一本外币银行账户方面，中国人民银行作为银行账户的主要监督管理部门，高度重视账户管理制度设计和管理体系建设工作。2019 年，中国人民银行结合人民币国际化进展和外汇管理体制改革需要，研究推进以银行账户实名制为核心，统一本外币账户管理基本规则。在 2019 年 6 月举办的第十一届陆家嘴论坛上，中国人民银行行长易纲明确表示将在上海自贸区新片区试点建立本外币一体化的账户体系。2020 年 2 月，经国务院批准后，中国人民银行等部门与上海市政府联合发布《关于进一步加快推进上海国际金融中心建设和金融支持长三角一体化发展的意见》，明确在临港新片区内探索取消外商直接投资人民币资本金专用账户，探索开展本外币合一跨境资金池试点。

在非内地居民开户方面，2019 年 3 月，中国人民银行推出香港居民在港代理见证开立内地账户试点，即香港客户只需携带香港永久性居民身份证及港澳居民来往内地通行证，前往试点银行网点便可开立内地个人Ⅱ、Ⅲ类银行账户，并可在港管理内地银行账户，绑定电子支付 App 后，享受内地移动支付服务。

（二）顺利推进备付金集中存管和“断直连”工作

有序落实支付机构撤销人民币客户备付金账户政策要求，截至 2019 年 1 月 14 日，支付机构完成人民币客户备付金账户核销，客户备付金全部交由中国人民银行接管，从根本上消除了客户保证金被挪用的风险。按预定方案，完成“断直连”，实现支付机构与商业银行开展的网络支付业务在全国通过网联、银联处理，并成功经受住春节、“双十一”等支付高峰的考验。“双十一”当天，网联、银联共处理网络支付业务 17.79 亿笔，金额 14820.70 亿元，同比分别增长 35.49% 和 162.60%。

（三）继续扩大支付清算领域对外开放

稳步扩大银行卡清算市场准入。2019 年 3 月，中国人民银行依法受理万事达相关机构的银行卡清算机构筹备申请。2020 年 2 月，中国人民银行会同银保监会审查通过了万事网联信息技术（北京）有限公司（以下简称万事网联）的筹备申请。按照相关规定，万事网联在一年筹备期内完成筹备工作后，将依法定程序向中国人民银行申请开业。此外，2019 年 6 月，中国人民银行会同银保监会审查通过了中国银联的申请，向中国银联颁发银行卡清算业务许可证。

扩大外资支付机构准入。2019 年 10 月，美国数字支付平台贝宝（PayPal）获得中国人民银行批准，通过旗下公司购买国内支付公司国付宝的控股权，从而成为首家进入中国支付服务市场的外资机构。国付宝拥有移动和跨境人民币等多张支付服务许可证。美国派安盈（Payoneer）公司通过其控股的安付科技有限公司向中国人民银行申请互联网支付和银行卡收单两项支付业务许可。

此外，2019 年 8 月 6 日，环球银行金融电信协会（SWIFT）正式在北京成立全资中国法人机构。全资子公司所提供的产品和服务将适用中国法律，并以人民币计价和支付。这是 SWIFT 在全球范围内继美元、欧元之后接受的第三种国际货币，将有力推动人民币更广泛的国际使用，并促进中国金融业与国际市场和金融机构互联互通。

（四）全力支持打好新冠肺炎疫情阻击战

一是开通大额资金汇划“绿色通道”。按照中国人民银行《大额支付系统运行管理办法（试行）》，春节等法定节假日期间，大额支付系统一律关闭。2020 年，为了满足新冠肺炎疫情防控需要，特别是满足疫情防控应急货款、境内外社会各界捐赠物资的大额资金交易需求，中国人民银行“特事特办”，开设大额资金汇划“绿色通道”。在春节及节后周末期间放开小额支付系统业务限额，确保境内外各类大额资金的汇划需要。据中国人民银行统计，2020 年 1 月 24 日至 2 月 14 日，大额支付系统与小额支付系统共处理 1000 万元以上支付业务 39.35 万笔，金额 77.37 万亿元。其中，与抗击疫情相关的支付业务 872 笔，金额 447.96 亿元。同时，人民币跨境支付系统（CIPS）也开设了跨境支付的“特殊通道”。2020 年春节假期结束后，还延长了大额支付系统运行时间，以保障银行间市场交易和中国人民银行专项再贷款业务的需要。

二是建立单位银行账户防疫“绿色通道”。对财政专项划拨资金、应急处置专项资金等需要开立核准类银行账户的实行特事特办、即见即办。同时，优化账户业务办理，对暂时无法提供完整开户证明材料的防疫账户，商业银行可在有效识别客户身份的情况下先开后补。

三是积极提升支付服务效率，引导企业和个人在线办理支付结算和账户业务。组织各支付清算基础设施单位及时启动疫情防控应对预案，在受疫情影响现金支付减少的背景下，商业银行小额支付、微信和支付宝等非银行支付业务持续稳定。此外，还鼓励清算机构、商业银行、非银行支付机构减免支付结算业务手续费，全国性商业银行对抗击疫情捐赠款业务一律免收手续费。

四　面临的挑战及完善思路

在我国中央银行支付清算体系快速发展、中央银行支付管理不断完善的同时，也应该认识到当前我国支付清算市场发展仍然面临一些突出问题和挑战，需要在未来积极稳妥应对。

（一）金融账户多元，管理规则不一

在长期发展演变中，中国金融体系逐渐形成了以商业银行账户为主体，期货经纪、期货交易、信托、证券、农村信用社、外资银行等账户共存的高度分散的金融账户体系，各类账户管理模式和管理制度不尽相同。此外，人民币账户和外币账户也存在管理规则不统一的问题。金融账户体系以及银行账户内部存在的分割分立，宏观上不利于社会资金的顺畅流转和高效配置，

增大了金融监管的难度，微观上也增大了商业银行等金融机构有效管理内部资金的难度。

（二）中央银行支付监管权威性不够，不能充分满足行业发展需要

构建高效、安全的中央银行支付清算体系，必须建立健全权威且能够与时俱进的法律法规框架。目前，支付清算领域的部分法律法规和制度法律层级不够、权威性不足，有些法律和制度建设滞后于行业日新月异的发展步伐。例如，作为非银行支付业务发展最重要的法规，《非银行支付机构网络支付业务管理办法》于 2016 年 7 月 1 日正式实施。该管理办法在法律层级只是部门规章，并且支付行业经过最近几年的快速发展后，该管理办法中的部分规定已不能完全适应当前需要。有些支付创新业务仍处于无法可依的局面，对于一些违法违规支付行为找不到依法打击的法律依据，或根据现有法律处罚的力度过小，起不到威慑作用。

（三）支付清算安全体系仍存在薄弱环节

金融体系是计算机信息技术密集型产业，对软硬件信息领域的基础设施高度依赖。目前，我国在核心软件、数据存储、移动支付操作系统等领域拥有自主知识产权的产品还较少，存在一定的潜在技术安全风险。在跨境支付领域，金融机构对国际支付清算信息报送系统的依赖程度较高，人民币跨境支付服务系统的使用范围还有很大的拓展空间。在个人支付信息安全领域，目前还存在信息泄露、信息诈骗以及支付机构对消费者信息过度提取等问题，对金融消费者的权益和支付服务行业的健康发展都构成挑战。

鉴于此，建议从以下几个方面有针对性地提升中央银行支付清算体系安全性，完善中央银行对支付清算市场发展治理体系。

一是全面深化金融账户管理改革。根据社会经济发展需要，对银行账户体系及管理制度实施全面改革，在统一监管规则的前提下，完善银行账户分类管理制度，为规范引导金融创新提供优质的账户服务基础。加强企业银行账户行政许可取消后的事中事后管理，推广并不断完善企业信息联网核查系

统，在提高企业银行账户服务质量的同时，防范行政许可取消后可能出现的各种风险。立足建设高水平、开放型经济新体制的顶层要求，适应人民币国际化的中观需要，满足各类经济主体贸易投资便利化的微观诉求，尽快明确本外币合一银行账户的管理要求，有序推动试点工作取得积极成效。

二是加快推动完善支付监管法律体系。加快推进出台《非银行支付机构条例》，按照业务实质完善监管框架，避免监管真空和套利，引导市场主体将更多力量投入加强创新和改进服务。抓紧修订《非银行支付机构客户备付金存管办法（征求意见稿）》，适应备付金集中存管后的市场发展需要。同时，修订非银行支付机构分类评级、业务退出等法规，尽快填补跨境支付服务有关管理制度空白。

三是建立与支付服务市场双向开放相适应的风险防范制度体系。前瞻性地应对支付服务市场扩大对外开放以及我国支付机构加快“走出去”带来的新问题、新挑战，加强对跨境支付、数字货币等前沿问题的研究和政策储备，确保监管体系和监管能力跟上支付服务市场改革开放的步伐。

参考文献

陆强华、杨志宁：《深度支付》，中国金融出版社，2018。

中国人民银行支付结算司：《2019 年第一季度支付体系运行总体情况》，中国人民银行网站，2019 年 7 月 3 日。

中国人民银行支付结算司：《2019 年第二季度支付体系运行总体情况》，中国人民银行网站，2019 年 8 月 22 日。

中国人民银行支付结算司：《2019 年第三季度支付体系运行总体情况》，中国人民银行网站，2019 年 11 月 22 日。

中国人民银行支付结算司：《2019 年第四季度支付体系运行总体情况》，中国人民银行网站，2020 年 3 月 17 日。

中国人民银行支付结算司：《2019 年支付体系运行总体情况》，中国人民银行网站，2020 年 3 月 17 日。

第二章
第三方支付机构体系的建设与运行

王邦飞　郑良玉　张晓东*

摘　要：　2019年，我国第三方支付市场继续快速发展，用户习惯已建立，移动支付进入稳步增长阶段，但由于移动支付的快速渗透，互联网支付规模增速明显放缓。同时，监管机构进一步加强对第三方支付市场的监管，不断完善行业监管规则，持续加大行业监管力度，第三方支付行业进一步朝着合规化的方向有序发展。未来，第三方支付行业商业模式将发生变革，逐步打造支付生态圈，随着支付清算市场的扩大开放，支付国际化将迎来新高潮，而随着刷脸支付技术的进步，刷脸支付将实现更多场景的落地。

关键词：　第三方支付　移动支付　监管政策

一　2019年基本情况及特点

（一）移动支付：用户习惯已建立，进入稳步增长阶段

中国互联网络信息中心第44次《中国互联网络发展状况统计报告》数

* 王邦飞，中国社会科学院金融研究所副研究员，主要研究领域为金融监管、金融风险管理、商业银行经营管理等；郑良玉，任职于中国农业银行，主要研究领域为债券市场、资产证券化；张晓东，任职于中国农业银行，主要研究领域为债券市场、公司金融。

据显示，截至2019年6月末，我国手机网络用户规模达8.47亿人，较2018年末增加2984万人，网民中使用手机上网的比例提升至99.1%，较2018年末上升0.5个百分点。艾瑞咨询数据显示，2019年前三季度，我国第三方支付行业移动支付交易规模达到166.4万亿元，较上年同期增加28.6万亿元，同比增长20.8%（见图2－1）。伴随着用户移动支付习惯的建立以及移动支付场景覆盖率的不断提高，我国移动支付市场交易规模已经结束了快速增长期，进入稳步增长阶段。

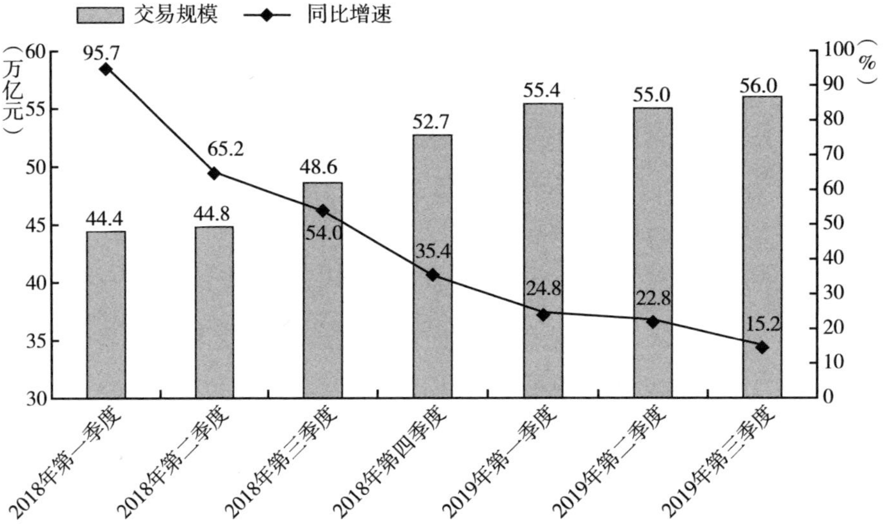

图2－1　2018年第一季度至2019年第三季度我国第三方支付行业移动支付交易规模及其同比增速

注：已计入C端用户主动发起的虚拟账户间转账交易规模，历史数据已做相应调整；统计企业中不含银行，仅指规模以上非金融机构支付企业；艾瑞咨询根据最新掌握的市场情况，对历史数据进行修正。

资料来源：艾瑞咨询。

交易规模结构方面，2019年前三季度，线下扫码支付市场持续以快于整体市场的增速增长，带动移动消费占比持续上升，第三方支付行业移动支付交易规模结构中的移动消费占比由2018年第四季度的20.8%上升至2019年第三季度的22.2%；由于移动支付的用户群体渗透率已经达到较高水平，且用户间红包、转账等需求在非春节季较为稳定，个人应用的交易规模日趋稳定，占比相应下滑（见图2－2）。

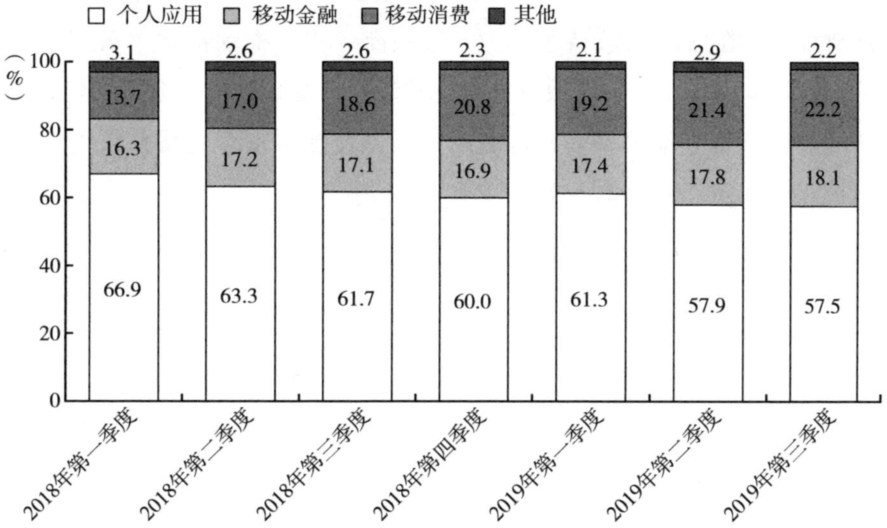

图2－2 2018年第一季度至2019年第三季度我国第三方支付行业移动支付交易规模结构

注：已计入C端用户主动发起的虚拟账户间转账交易规模，历史数据已做相应调整；移动消费包括移动电商、移动游戏、移动团购、网约车、移动航旅和二维码扫码，移动金融包括货币基金、P2P和其他口径内移动金融产品，个人应用包括信用卡还款、银行卡间转账、银行卡至虚拟账户转账、虚拟账户间转账，其他包括生活缴费、手机充值和其他口径内交易；艾瑞咨询根据最新掌握的市场情况，对历史数据进行调整。

资料来源：艾瑞咨询。

市场份额方面，2019年第三季度数据显示，我国第三方支付行业移动支付市场依然保持市场份额比较集中的情况，第一梯队的支付宝、财付通分别占据了54.5%和39.5%的市场份额。第二梯队的支付企业在各自的细分领域发力。其中，壹钱包通过举办“920年度营销节”，联合上海迪士尼度假区首发“迪士尼奇梦卡挚爱套装”，并联动平安集团开展“金融消费生活节”等多重创新营销活动，带动壹钱包App交易活跃度提升；京东支付针对大型商超零售场景在全国近百个城市的千家门店推出了智能收银解决方案——自助收银机，以“自助收银＋人脸支付”的方式提升用户结算体验，交易规模排名第四；联动优势受益于平台化、智能化、链化、国际化战略，推出面向行业的“支付+供应链金融”综合服务，促进交易规模平稳增长；快钱在万达场景如购物中心、院线、文化旅游等场景快速扩展；易宝支付加大营销力度，在航旅领域持续发力；银联商务积极推动银联“云闪付”在民生领域的广泛应用，持续改善和优化移动支付受理环境；苏宁支付致力于O2O化发展，为C端消费者、B端商户提供便捷、安全的覆盖线上线下的全场景支付服务（见图2-3）。

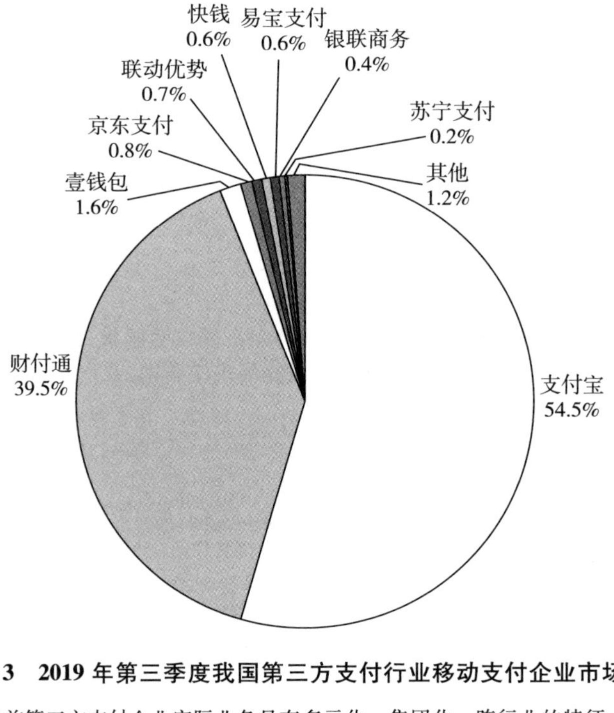

图2-3　2019年第三季度我国第三方支付行业移动支付企业市场份额

注：因目前第三方支付企业实际业务具有多元化、集团化、跨行业的特征，核算数据仅代表艾瑞咨询针对支付交易规模这一业务维度的观点；交易规模统计口径为C端用户在移动端主动发起的C2C、B2C、B2B2C单边交易规模，不包括资金归集等B2B业务；交易规模核算范围为移动消费、移动金融、个人应用、其他；部分企业业务情况未单独披露；艾瑞咨询根据最新掌握的市场情况，对历史数据进行调整。

资料来源：艾瑞咨询。

近场通信（Near Field Communication，NFC）支付交易方面，2019年前三季度数据显示，我国移动智能终端NFC支付交易规模为246.6亿元，占整体移动支付交易规模的比例较小，但增速较快，同比增速达到87.2%（见图2－4）。其中，京东闪付依托安全、便捷、优惠力度大等优势，在智慧公共出行领域增长迅速，全国支持公交/地铁的城市已达700座，覆盖北京、上海、广州、深圳、杭州等一、二线城市及下沉地级市，“一分钱乘公交”优惠更是受到各地市民欢迎。当前，京东支付移动智能终端NFC支付交易规模超过其他第三方支付机构，位列市场第一。

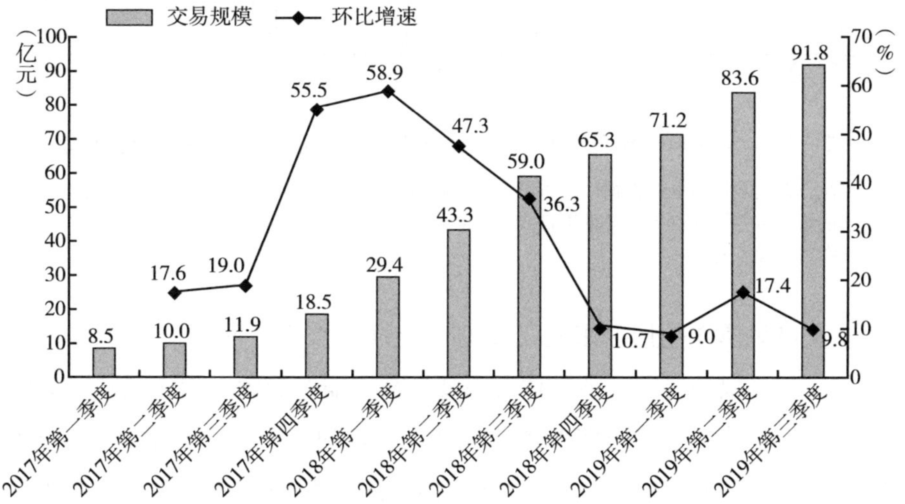

图2－4 2017年第一季度至2019年第三季度我国移动智能终端NFC支付交易规模及其环比增速

资料来源：艾瑞咨询。

（二）互联网支付：年度交易规模持续增长，季度增速波动下降

截至2019年末，我国第三方支付行业互联网支付交易规模为28.59万亿元，较上年同期增加2.07万亿元，同比增长7.8%（见图2－5）。但从季度数据看，2019年以来，互联网支付交易规模呈小幅下滑趋势，较2018年交易规模增速继续下降。根据易观统计及分析，互联网支付交易规模下降的主要原因是移动支付不断渗透。

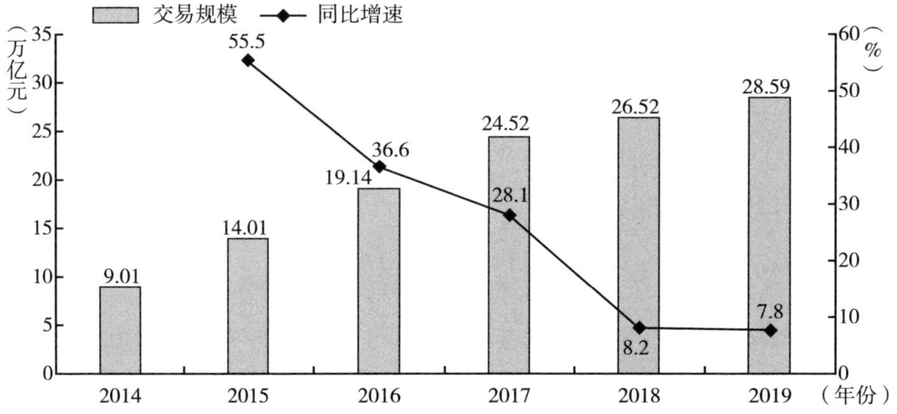

图 2－5　2014～2019 年我国第三方支付行业互联网支付交易规模及其同比增速

注：以上数据由易观根据厂商访谈、自有监测数据和研究评估模型估算获得；易观根据掌握的最新市场情况对历史数据进行修正，部分企业未涵盖。

资料来源：易观。

从交易规模变化情况来看，2019 年互联网金融、网络借贷等行业因监管整顿呈现小幅动荡，行业整体交易规模被压缩，受此影响，互联网支付整体交易规模在第一季度短期上扬的基础上，表现为环比小幅下降。一方面，随着行业逐渐趋向稳定，以及支付机构不间断的场景拓展、线上线下联动的增加、相关营销活动的推广，行业内新用户增速呈现良好表现，同时老用户的交易频次也因互联网支付对场景的渗透而增加，这在一定程度上支持了互联网支付行业交易规模的增长。另一方面，电商行业与零售行业的互动进一步加深，消费金融快速发展，但是电商行业已经度过高速发展期，互联网支付暂未拓展新的增长点，而智能支付终端的逐渐普及、用户扫码习惯的形成、支付机构对移动支付的大力投入与二维码的推广，也导致支付行为由 PC 端逐渐向移动端迁移，形成“社交＋支付”的综合业务模式。因此，互联网支付规模增速难以避免呈逐渐下滑态势。

从市场份额来看，互联网支付市场仍然呈现寡头垄断的局面。支付宝、银联商务、腾讯金融的市场份额依然占据市场前三位（见图 2－6）。2019 年理财、互联网金融以及消费金融等行业仍然持续波动，在此情况下用户更倾向于稳健的理财和消费行为。互联网支付行业呈现两极分化态势，一方面，部分机构相关行业业务规模缩小；另一方面，巨头和平台型机构受到的影响较小，甚至产生虹吸效应，这也导致前三家机构占有行业整体份额有一定幅度的提升。

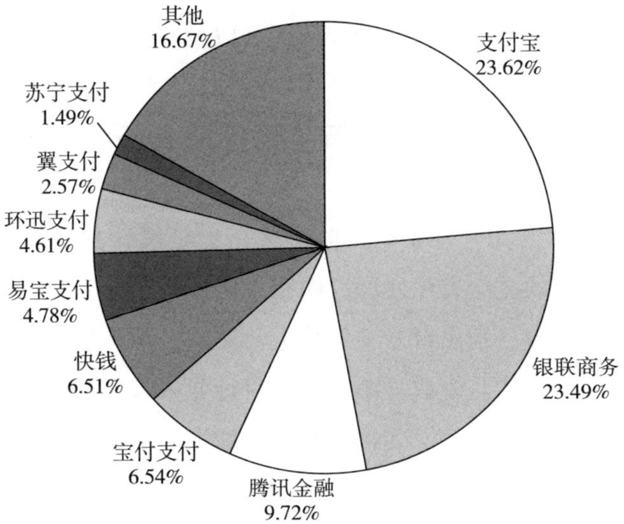

图 2-6 2019 年我国第三方支付行业互联网支付企业市场份额

注：以上数据由易观根据厂商访谈、自有监测数据和研究评估模型估算获得；易观根据掌握的最新市场情况对历史数据进行修正，部分企业未涵盖。

资料来源：易观。

2019 年，支付宝依靠电商和金融服务等行业的支撑，交易规模继续保持行业第一位。支付宝通过打造开放平台，在完善金融产品体系的前提下，推广差异化产品，带动用户数量和交易规模的增长。腾讯金融则得益于对游戏场景的控制以及商户服务内容的增加，通过移动端对平台端的流量带动，在游戏和增值服务等领域有良好表现，互联网支付交易规模保持稳定。在自有场景中，阿里巴巴等电商巨头的财报均披露了良好的交易增幅，为促进其互联网在线支付交易规模持续增长打下了良好基础。值得注意的是，部分机构开始稳健转型，在保持原有行业优势的前提下，正努力拓展更多优质行业，特别是电商等支付系统改造仍然有很大空间的行业。苏宁支付通过内外部场景联动实现用户新增和转化，在内部场景，苏宁支付结合“818”大促进行精准营销。在线下场景，苏宁支付通过主打“五折购”，继续强化用户品牌心智，并利用券包社群裂变分享等方式进一步扩大用户规模；继续加强对外部公共出行场景的渗透，接入多地地铁和公交，通过高频出行、发券购物联动的方式进一步带动用户活跃度的提升以及交易规模的增长。

二 2019年监管环境分析

2019 年，第三方支付行业的强监管进一步延续，并逐渐成为常态，行业继续朝着合规化的方向有序发展。中国人民银行等监管机构结合行业发展现状从各个细分领域分别出台专项风险整治文件，从严惩处支付机构的违法违规行为，合规化、严监管成为第三方支付行业未来发展的必然趋势。随着第三方支付行业的日益规范，支付机构不断加强内部管理规范，业务模式在摸索中逐渐明晰。2019 年出台的与第三方支付行业有关的监管政策及采取的监管行动主要如下。

（一）不断完善行业监管规则

1. 制度打补丁：《关于修改〈教育储蓄管理办法〉等3件规章和〈非金融机构支付服务管理办法实施细则〉等5件规范性文件的决定（征求意见稿）》

2019 年 11 月 14 日，中国人民银行公示《关于修改〈教育储蓄管理办法〉等 3 件规章和〈非金融机构支付服务管理办法实施细则〉等 5 件规范性文件的决定（征求意见稿）》（以下简称《征求意见稿》）。涉及第三方支付的主要有三项制度办法。

（1）《非金融机构支付服务管理办法》

《非金融机构支付服务管理办法》（中国人民银行令〔2010〕第 2 号，以下简称 2 号令）对非金融机构支付服务及其主要业务类型网络支付、预付卡的发行与受理、银行卡收单进行了定义，并规定了支付业务许可证的申请条件、支付机构涉及许可程序的事项、对支付机构的监督与管理，以及相关罚则。《征求意见稿》将 2 号令第十一条第十项由“申请人及其高级管理人员的无犯罪记录证明材料”修改为“申请人及其高级管理人员出具的无犯罪记录承诺书”。

（2）《非金融机构支付服务管理办法实施细则》

《非金融机构支付服务管理办法实施细则》（中国人民银行公告〔2010〕第 17 号，以下简称 17 号文）主要对 2 号令规定的“预付卡”“高级管理人员的条件”“拥有申请人实际控制权的出资人”“持有申请人 10% 以上股权的出资人”“履历材料”“主要出资人的相关材料”等概念进行了进一步细化。《征求意见稿》将 17 号文第十六条对“履历材料”的定义由“包括高级管理人员的履历说明以及学历、技术职称相关证明材料”改为“包括高级管理人员的履历以及学历、技术职称复印件”，将第二十九条第二款中的“还应当提交与所涉支付机构签订的支付业务信息移交协议相关证明文件”修改为“还应当提交与所涉支付机构签订的支付业务信息移交协议”。

（3）《支付机构客户备付金存管办法》

《支付机构客户备付金存管办法》（中国人民银行公告〔2013〕第 6 号，以下简称《存管办法》）主要规定了支付机构客户备付金存管的基本原则、备付金银行账户管理、客户备付金的使用与划转以及相关监督管理。《征求意见稿》将《存管办法》第三十三条第二款“备付金银行应当对支付指令审核无误后，办理资金划转，必要时可以要求支付机构提交相应的证明文件”中的“证明文件”修改为“确能表明交易真实性的文件材料”。

2. 规范变更流程：中国人民银行发布《关于进一步规范非银行支付机构变更事项监督管理的通知》

2019 年 7 月 23 日，中国人民银行办公厅发布《关于进一步规范非银行支付机构变更事项监督管理的通知》（银办发〔2019〕143 号）。该通知进一步规范了对非银行支付机构变更事项的监督管理，包括变更事项审批范围和申请材料要求、变更事项审批程序、变更事项备案程序、换发支付业务许可证程序等方面。2 号令规定的需事前审批的事项为：①变更公司名称、注册资本或组织形式；②变更主要出资人；③合并或分立；④调整业务类型或改变业务覆盖范围。除以上事项外，该通知明确增加以下事前审批事项：①变更实际控制人、受益人、非主要出资人；②变更支付业务类型，缩减业务类型；③扩大或缩小支付业务地域覆盖范围；④变更董事、监事和高级管理人员。同时，该通知明确以下事项履行变更事项报备程序即可：①变更法定代表人、注册地址（同一省、自治区、直辖市和计划单列市）、公司章程；②支付机构境内外首次公开发行股票后，上市交易或再融资行为导致其股权结构变化仅涉及非主要出资人的，不再进行事前审批，应于每季度初 10 个工作日内上报股权结构情况。

3. 明晰代收业务规则：中国人民银行公示《关于规范代收业务的通知（征求意见稿）》

2019 年 12 月 2 日，中国人民银行公示《关于规范代收业务的通知（征求意见稿）》（以下简称《代收征求意见稿》）。代收业务是指经付款人同意，收款人委托代收机构按照约定的频率、额度等条件，从付款人开户机构扣划付款人账户资金给收款人，且付款人开户机构不再与付款人逐笔进行交易确认的支付业务。代收业务适用于收款人固定、付款频率或额度等条件事先约定且相对固定的特定场景。支付业务许可证许可的业务类型包括网络支付、预付卡的发行与受理和银行卡收单。取得网络支付业务许可的支付机构可为网络特约商户提供代收服务，取得银行卡收单业务许可的支付机构可为实体特约商户提供代收服务。

《代收征求意见稿》在 2 号令、《银行卡收单业务管理办法》（中国人民银行公告〔2013〕第 9 号）、《非银行支付机构网络支付业务管理办法》（中国人民银行公告〔2015〕第 43 号）的框架下，进一步明确了代收业务、代收机构的定义，明晰了代收业务与小额免密业务的边界，细化规定了付款人授权与付款人开户机构的管理、收款人与代收机构的管理、代收业务适用的场景、清算机构业务规范及相关监督管理与罚则，并将付款人授权限定为“两两授权”及“三方协议”两种模式。同时，《代收征求意见稿》强调代收机构应当采取有效措施控制代收业务适用场景，不得通过代收业务为各类投融资交易、外汇交易、股权众筹、P2P 网络借贷，以及各类交易场所（平台）和电子商务平台等办理支付业务。

4. 防范电信网络违法犯罪：中国人民银行发布《关于进一步加强支付结算管理防范电信网络新型违法犯罪有关事项的通知》

2019 年 3 月 28 日，中国人民银行发布《关于进一步加强支付结算管理防范电信网络新型违法犯罪有关事项的通知》（银发〔2019〕85 号）。该通知作为《关于加强支付结算管理防范电信网络新型违法犯罪有关事项的通知》（银发〔2016〕261 号）的“进一步”政策文件，在加强账户实名制管理、健全紧急止付和快速冻结机制、加强转账管理等方面进行了延续与拓展。其中，以下两个方面的加强措施尤为明显。

一是在加强账户实名制管理方面，将支付机构对开户的实名制审查向实质性审查拓展。具体要求支付机构为单位开立支付账户应当严格审核单位开户证明文件的真实性、完整性和合规性，对于存在异常开户情形的，支付机构应当按照反洗钱等规定采取延长开户审核期限、强化客户尽职调查等措施，必要时应当拒绝开户。

二是在强化特约商户与受理终端管理方面，要求支付机构加强信息识别和监测。具体要求支付机构在通过收单机构拓展特约商户时，应当通过中国支付清算协会或银行卡清算机构的特约商户信息管理系统查询其签约、更换收单机构情况和黑名单信息；同时要求收单机构对移动受理终端实施改造，对移动受理终端所处的位置持续开展实时监测，并逐笔记录交易位置信息，对于无法监测位置或与商户经营地址不符的交易，暂停办理资金结算并立即核实；逾期未完成改造的，暂停该业务功能。

5. 跨境支付施行名录登记管理：国家外汇管理局发布《关于印发〈支付机构外汇业务管理办法〉的通知》

2019 年 4 月 29 日，国家外汇管理局发布《关于印发〈支付机构外汇业务管理办法〉的通知》（汇发〔2019〕13 号，以下简称《外汇业务管理办法》）。《外汇业务管理办法》生效后，《关于开展支付机构跨境电子商务外汇支付业务试点的通知》（汇综发〔2013〕5 号）和《关于开展支付机构跨境外汇支付业务试点的通知》（汇发〔2015〕7号）失效，对支付机构开展跨境外汇支付业务的监管变更为名录登记管理。支付机构办理贸易外汇收支企业名录登记后，方可在登记的业务范围内开展外汇业务，名录登记的有效期为5年，期满可申请延续登记。支付机构外汇业务的单笔交易金额原则上不得超过等值5万美元。对于有真实、合法超限额需求的，支付机构应向注册地分局提出登记变更申请。同时，《外汇业务管理办法》强调对交易真实性的审核，要求支付机构制定交易信息采集制度，按照真实、可跟踪稽核、不可篡改原则采集交易信息，确保交易信息来源客观、可信、合法。

（二）持续加大行业监管力度

1. 继续推进监管整顿工作

（1）加强对第三方支付反洗钱行为监管

洗钱过程必然涉及资金的转移和支付，所以银行、第三方支付机构均处于反洗钱的一线阵地。针对洗钱工作，世界各国均建立了严密的监控体系和操作规程，我国第三方支付机构也已纳入反洗钱统一监管框架之中，反洗钱是支付机构合规经营的红线。

2019年1月1日，中国人民银行等部门联合发布的《互联网金融从业机构反洗钱和反恐怖融资管理办法（试行）》正式施行，明确了互联网金融领域的反洗钱、反恐怖融资义务，对互联网金融从业机构反洗钱和反恐怖融资工作进行规范。

同时，关于非银行支付机构开展大额交易报告的新规也于2019年正式施行，这意味着央行对个人和企业账户的监管不仅仅包括银行账户收支情况、网银收支记录等，还包括支付宝、微信、财付通等非银行支付机构的记录。当个人出现上述任一情况时，不管通过何种渠道单日消费达5万元以上或跨境转账20万元以上或境内转账50万元以上等，都有可能被列入大额可疑交易并被监控。

（2）加强对条码支付的统一监管

随着国内移动支付产业的快速发展，银行支付、第三方支付等众多支付平台不断涌现，但均采用了独立开发的支付条码技术，长期以来难以实现统一。目前，国内市场上支持二维码的手机 App 超过 400 个，其背后对应的是已经和即将上线的近 10 种二维码支付标准，部分市场参与主体借此建立竞争壁垒，导致用户手机 App 和商户的码标之间通常无法互认，用户需要切换手机 App 才能完成支付，从而影响了消费者的支付体验。另外，支付条码缺乏标准规范，支付安全存在较大风险隐患，也容易滋生伪冒、诈骗的条码交易风险。

2019 年 1 月 22 日，中国支付清算协会发布《条码支付受理终端监测规范》和《条码支付移动客户端软件监测规范》；2019 年 9 月，中国人民银行发布《金融科技（FinTech）发展规划（2019 ~ 2021 年）》，明确提出要加大科技赋能支付服务力度，推动条码支付互联互通，研究制定条码支付互联互通技术标准，统一条码支付编码规则，构建条码支付互联互通技术体系，打通条码支付服务壁垒，实现不同 App 和商户条码标识互认互扫。

在监管机构的持续推动下，2019 年 12 月 30 日，网联首笔互联互通交易在宁波落地，交易双方为账户方平安付壹钱包与收单方乐刷。网联条码互联互通业务在杭州银行的成功验证，标志着央行标准条码互联互通验证范围进一步扩展到银行与支付机构之间。

条码支付的互联互通，有利于统一条码支付标准，防范伪冒、诈骗的条码交易，加强对条码支付的监督管理。同时，构建一个标准统一、公平公允的四方模式互扫互认网络，也有利于让收单方、账户方、清算方回归自身业务本质。

（3）加强支付结算管理督查工作

2019 年 8 月，中国人民银行支付结算司发布《关于开展加强支付结算管理督查工作的通知》，在全国范围内开展加强支付结算管理督查工作。其中，针对银行和支付机构的督查重点主要包括取消企业银行账户开户许可、防范电信网络新型违法犯罪、“断直连”相关工作。

本次检查的目的是督促中国人民银行分支机构、银行业金融机构和非银行支付机构全面做好取消企业银行账户开户许可、防范电信网络新型违法犯罪、“断直连”相关工作，进一步加强支付结算管理，防范业务风险。

本次督查工作分为三个阶段：2019 年 8 月底前完成机构自查自纠工作，推进整改；2019 年 9 月底前完成监管现场督查工作，由央行省级分支机构支付结算处负责组织，对辖区内各银行、支付机构开展现场督查，且督查率需达到 50%；2019 年 11 月底前完成问题处理，对加强支付结算管理工作要求落实不到位的机构，采取约谈、通报等措施，责令其限期整改，并将相关机构列入现场检查重点对象。

（4）加强支付牌照审核监管工作

2019 年 7 月，中国人民银行官网公布 2019 年 7 月非银行支付机构支付业务许可证准予续展公示信息，此次有 17 家第三方支付牌照成功续展，支付牌照有效期延长至 2024 年 7 月 9 日，这也是自 2016 年以来中国人民银行公布的第七批支付牌照续展结果。而牌照有效期同为 2019 年 7 月 9 日的 2 家机构未出现在中国人民银行此次公布的准予续展公示名单中，分别为天下支付科技有限公司、新疆一卡通商务服务有限公司。

中国人民银行在支付牌照审核与续期方面始终保持严厉的监管态势。但是，中国人民银行考虑到续展工作不同于行政处罚、支付服务市场的规范发展需要时间、应避免对市场产生较大的冲击等因素，部分机构的支付业务许可证也获得续展。本次支付牌照未全部续展，也表明中国人民银行对支付牌照发放与续展工作的监管日益收紧，进一步从资质审核方面加大对支付行业的监管力度。

2. 进一步加大违规处罚力度

2019 年支付监管高压态势持续。据《经济参考报》不完全统计，2019 年第三方支付行业共收到监管罚单 105 张，罚没金额合计近 1.5 亿元，其中不乏百万元、千万元级罚单；2018 年第三方支付机构共收到中国人民银行的罚单 127 张，其中涉罚金的有 105 张，累计罚金及罚没金额达 2.064 亿元。

从具体被罚原因来看，反洗钱、可疑交易监测不到位、为非法交易提供支付服务、未落实实名制等成为重点处罚领域。此外，未按规定披露客户投诉和风险信息、违反金融消费权益保护等也引起监管部门的关注。近年来，一些机构无序创新，支付渠道成为犯罪活动资金转移的通道，反洗钱、为非法交易提供支付服务等成为监管部门监管的重点领域。支付是重要的金融基础设施，也是防范风险的关口，未来支付行业仍将继续保持监管高压态势。

从罚款金额来看，2019 年中国人民银行对支付机构开出了多张罚单，处罚金额屡创新高，突破千万元。这体现出第三方支付行业已经进入转型发展的深水区。国家对第三方支付的管控力度加大、监管从严，通过行政处罚加快支付市场出清，推动第三方支付向下一阶段健康发展。

3. 完善对外资支付机构的监管体系

2019 年 12 月 30 日，中国人民银行会同银保监会对《关于修改〈银行卡清算机构管理办法〉的决定（征求意见稿）》（以下简称《征求意见稿》）公开征求意见。主要修订内容涉及四大方面。

其一，在坚持业务安全性和连续性等核心监管原则的前提下，允许银行卡清算机构采取多样化转接清算业务模式，相应明确银行卡清算机构如采取合作模式应满足的监管要求。

其二，根据《外商投资法》关于外商投资管理的最新要求和反洗钱、反恐怖融资相关规定，调整银行卡清算机构申请人应提交的申请材料要求。

其三，规范银行卡清算机构准入工作程序，明确银行卡清算机构申请人变更申请方案相关程序和提交虚假申请材料的法律责任。根据《外商投资法》，调整银行卡清算机构准入相关外商投资国家安全审查要求。

其四，结合监管需要，为有效维护银行卡市场秩序，明确银行卡清算机构、我国境内无商业存在但开展外币银行卡清算业务的境外机构的业务报告要求，以及商业银行、非银行支付机构与相关境外机构开展业务合作的监管要求，调整相关机构违反有关法律法规规定的法律责任。

《征求意见稿》中，特别删去旧版第四条中的“且其核心业务系统不得外包”等条款，并放松了对参股、持股条件的要求，为外资机构参与银行卡清算市场扫清了障碍。

《征求意见稿》完善了对外资支付机构的监管体系，从支付前端延伸至清算环节，旨在推动形成银行卡市场开放新格局，进一步健全银行卡市场管理制度，加强银行卡清算机构准入管理，促进构建多元化、多层次的银行卡清算服务体系，保障国家金融安全。

三　面临的问题与挑战

（一）支付机构经营乱象犹存

1. 违规行为时有发生

据21CN聚投诉统计，2019年，21CN聚投诉共受理全国消费者对第三方支付行业有效投诉量55833件，比2018年的14727件增长2.8倍。行业整体解决量为32630件，解决率为58.4%，比2018年的39%提升明显。

据统计，第三方支付企业违规、违法行为主要包括违规提供支付通道、变相收取或挪用POS机押金、违规网销或电销POS机、无序发展代理商、变相出租或出借支付牌照等。特别是2019年监管持续高压，违规现象进一步凸显。

2. 聚合支付合规问题凸显

处于初步发展阶段的聚合支付，在合规经营、支付场景、支付体验等方面仍需完善。一方面，聚合支付风险防控水平较低，合规问题频发。近年来，聚合支付始终伴随洗钱、违规清算等问题；聚合支付机构起步较晚，在数据安全、信息保护、风险防控等方面也缺乏经验；部分聚合支付机构无证从事支付结算业务，违规截留商户结算资金、网络诈骗、赌博洗钱等违法行为屡禁不止，进一步造成行业乱象。另一方面，聚合支付行业缺乏明确标准，竞争较为混乱。聚合支付总体处于盲目发展阶段，恶性竞争、违规行为滋生等也使这一领域出现了劣币驱逐良币的情况。

（二）市场逐渐固化，中小机构转型压力增大

1. 现有市场逐渐固化，形成事实垄断

经济下行期间，支付场景已经固化，新的场景尚在孕育中。过去支付机

构赖以生存的消费金融、电商、吃穿住行、医疗、教育、物流等场景已经固化，把控在少数几家巨头手中，形成事实上的垄断，市场壁垒越来越高，而新的支付场景存在行业的天花板限制，或者短期投入大，暂时无法形成行业扩张的新动力。

2. 市场竞争加剧，中小机构面临转型压力

现有第三方支付市场中，支付宝与微信支付占据主要市场份额，而扫码支付互联互通，可能会进一步提高市场竞争程度。此外，在支付市场上，银行过去主要是提供接口和通道，处在整个产业链的上游。未来银行将加大在支付领域的投入，第三方支付公司将迎来有力的竞争对手。特别是居于中游的第三方支付机构可能面临市场份额的重新洗牌，并冲击长期形成的线下支付格局。

（三）对外资机构监管尚处于探索阶段

1. 支付清算市场开放程度进一步加深

2018 年，李克强总理在《政府工作报告》中提出，将“有序开放银行卡清算等市场”，正式拉开了银行卡清算市场对外开放的序幕；2019 年 3 月 28 日，李克强总理在博鳌亚洲论坛上表示，我国将持续扩大金融业对外开放，大幅放松银行卡清算和非银行支付的准入限制；2019 年 7 月，中国人民银行发布《关于进一步扩大金融业对外开放的有关举措》，推出 11 条金融业对外开放措施。尽管在 11 条金融业对外开放措施中并未就开放国内银行卡清算市场提出相应规划，但我国支付行业对外开放程度不断加深已是大势所趋。

2019 年 9 月 30 日，中国人民银行发布公告，批准国付宝股权变更申请。支付巨头 PayPal 通过旗下的全资子公司美银宝信息技术（上海）有限公司收购国付宝 70% 的股权，成为国付宝的实际控制人并正式进入中国支付市场。不断对外开放的支付清算市场，也对监管机构及现有市场参与者提出了更大的挑战。

2. 对外资支付机构的监管经验不足

与外资积极探索开拓中国支付市场相对的，是国内监管体系对外资支付机构缺乏充足的监管经验。近年来，国内第三方支付行业快速发展，监管体系也不断完善，但对外资机构的准入、监管处于起步阶段，缺乏经验，大型国际支付机构的进入是否会对国内现有支付体系、产业链形成冲击仍不明确。因此，在不断扩大对外开放的同时，如何做好宏观监管与微观治理成为全新的挑战。

（四）业务发展与监管体系存在错配

目前第三方支付行业面临监管和业务不匹配以及商业模式和牌照种类、业务实施标准错配。虽然中国人民银行已经下发了条码支付管理办法，且收单、网络（偏互联网支付）和预付卡都有专属的法规，但手机支付对应的移动支付管理办法尚未出台。目前已经出台的管理办法侧重于安全管理，条码支付并未明确归属，属于收单、移动还是网络支付业务尚有争议。

此外，2019 年快速发展的生物识别支付（如刷脸支付、虹膜支付等）已得到应用。生物识别的标准、业务牌照审核尚未下发明确的监管规则，与市场业务发展存在明显的脱节，容易形成法律漏洞、产生业务纠纷并带来重大风险。

四　发展趋势及前景

（一）商业模式变革，打造第三方支付生态圈

第三方支付行业的核心收入主要来自三个板块：支付手续费、备付金利息和增值服务（见图 2－7）。2018 年及以前，第三方支付行业的收入主要来自支付手续费和备付金利息，其中后者占比接近 20%；2019 年施行备付金全额缴存制度后，基于对监管政策与上游支付机构抵制零费率、维护服务商市场健康发展的响应，部分第三方支付服务商上调支付渠道费率，费率的

市场化回归标志着大规模的流量争夺暂时告一段落，市场走上理性健康发展的道路，基于支付服务与费率的支付能力对行业竞争的影响力将在一定程度上被削弱。

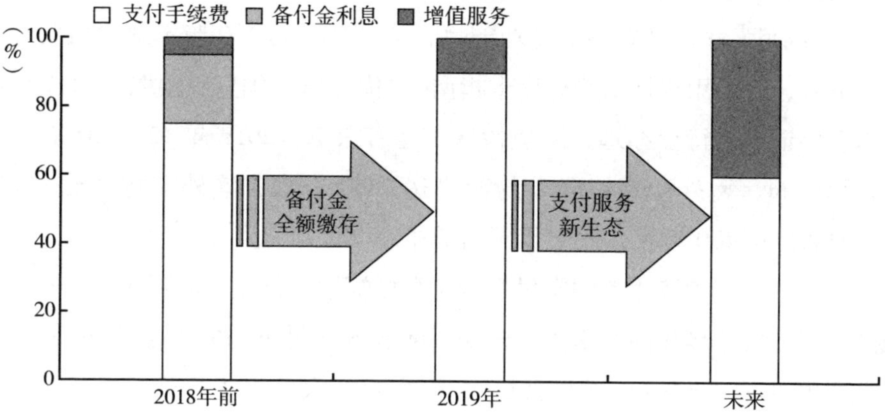

图 2－7　第三方支付商业模式变化

在移动支付和互联网支付成为人们的日常支付方式之后，依托近年来巨大交易量的数据积累，其背后的数字化经营逐步成为第三方支付行业发展的新方向。对于用户而言，其未来的核心关注点将转向全流程服务方案与变现，针对用户提供的精准营销、店铺管理、活动规划、金融服务等支付生态圈将成为第三方支付企业核心竞争力的体现。随着各类基于数据的增值服务的落地，增值服务有望超越支付手续费成为行业的主要收入来源，尤其是金融服务、各类 SaaS（软件即服务）有望获得较大的增长空间。

（二）支付清算市场扩大开放，支付国际化迎来新高潮

近年来，在“一带一路”等扶持政策的推动作用之下，越来越多的中国企业与国际接轨，我国对“一带一路”沿线国家和地区的出口占全球出口的比重逐年上升。随着贸易规模的增长，跨境支付业务的需求增长迅猛，支付国际化成为新常态。未来，预计我国支付企业在全球的市场占有率将逐步提升。

在支付业务国际化方面，支付行业龙头争先发力。以银联为例，2019年7月，银联“云闪付”App开通数字化退税服务，覆盖境外27个国家和地区超400个退税点，用户无须手填卡号信息，只需向工作人员展示退税码，被扫码后税款即可以人民币的形式实时入账至用户绑定的银联卡。此外，“云闪付”App的跨境服务功能也日益完善，其7.0版本除支持跨境支付服务外，还为用户提供境外用卡指南、“优计划”优惠码领取、40个国家和地区签证或通行证办理、跨境快递寄送等服务。2019年12月31日，银联国际宣布，境外受理银联卡的商户达2850万家，境外支持“云闪付”App的商户达400万家，比上年同期增加近100万家。

目前，持有跨境业务的支付机构正积极探索支付业务国际化的未来服务模式，以形成差异化的竞争力。未来，随着各支付机构完善自身服务机制，行业竞争将进一步加剧。但支付业务国际化的大前提为合规，业务只有合规，才能持久存在下去。牺牲合规去发展业务，最终都会面临被罚款甚至被取缔的巨大风险。在支付业务国际化领域，在不同地域合规展业的前提是具有相对应的牌照或资质，牌照或资质成为筛选合格跨境支付企业的第一步。面对日趋复杂多变的用户需求，产品能否及时更迭决定了未来的市场份额，而合规能力则构建了第三方支付机构长久的市场竞争力。

（三）刷脸支付技术将实现更多场景的落地

近年来，金融科技迅猛发展。随着人脸识别技术的不断完善，国内第三方支付机构开始进行刷脸支付的技术研发与商用探索，目前呈现阿里系、腾讯系与银联系三足鼎立的态势。

在阿里系方面，2017年9月，支付宝在肯德基概念餐厅KPRO上线刷脸支付，实现刷脸支付在国内的首次商用试点。2018年12月，支付宝正式推出“蜻蜓”刷脸支付产品，用户可以在医院、商超、餐厅、品牌零售店等场所进行刷脸支付。2019年4月，“蜻蜓2.0”发布，不仅提升了机身轻巧化、刷脸通过率与支付稳定性，而且推出了刷脸即会员的功能。

作为阿里巴巴的商业竞争对手，腾讯同样布局了刷脸支付，于 2018 年开始线下推广使用微信刷脸支付系统。2019 年 3 月，微信刷脸支付设备“青蛙”正式上线并开始在全国进行商户拓展。2019 年 8 月，微信支付正式发布搭载扫码器、双面屏的“微信青蛙 Pro”。

除了上述两家机构，银联也开始开拓刷脸支付业务。2017 年 1 月，银联在新加坡金融科技节上展示了基于脸部识别的支付系统“Face Pay”。2019 年 10 月，银联联合工商银行、邮储银行与中信银行等多家机构联合发布“刷脸付”支付产品，并于同月底发布了刷脸支付终端“蓝鲸”，实现了银联刷脸支付与微信刷脸支付的终端聚合，用户可以自行选择进入不同的刷脸支付操作环境。

总的来看，借助技术手段提升用户体验与保障支付安全是支付行业的必然出路，目前刷脸支付已经在市场上得到了一定的应用，预计在未来的发展过程中将呈现以下趋势。

一是人脸识别的精确性提升。尽管刷脸支付进入了商用阶段，但在实际使用过程中仍会出现识别效率偏低的情形，从而降低了用户体验。另外，长相相近的双胞胎以及整容带来的面部特征变化等也会影响刷脸支付的识别结果。随着人工智能算法及摄像头硬件技术的进步，人脸识别的准确性有望逐步提升，从而有效提升刷脸支付的用户体验。

二是产品标准化。虽然多家机构已经上线刷脸支付产品，但是刷脸支付的业务流程、性能及安全标准尚缺少统一的规范。2019 年 11 月，全国金融标准化技术委员会发布了《关于征求〈人脸识别线下支付安全应用技术规范〉等四项金融行业标准意见的通知》。未来，对刷脸支付产品的标准化与规范化也将是刷脸支付的发展趋势之一。

三是应用场景拓展。目前刷脸支付主要集中于零售及餐饮场景应用，未来随着市场普及程度的提高，其应用场景必然会逐步拓展至出行、生活缴费等领域，以满足用户更多的场景需求。

四是聚合支付服务。目前刷脸支付服务提供商在人脸识别算法、摄像头模块组选择等方面存在一定的差异性，尚缺少能够同时支持支付宝、微信支付与银联刷脸支付的终端。出于硬件成本及用户需求等方面的考虑，聚合支付也将是未来刷脸支付的发展趋势。

参考文献

21CN 聚投诉，http：//ts. 21cn. com。
艾瑞网，http：//www. iresearch. cn。
移动支付网，http：//www. mpaypass. com. cn。
易观网，https：//www. analysys. cn/。
中国互联网络信息中心第 43 次、第 44 次《中国互联网络发展状况统计报告》。
中国人民银行网站，http：//www. pbc. gov. cn。
中国支付清算协会网站，http：//www. pcac. org. cn。

第三章
证券清算结算体系的建设与运行

李 鑫 赵 亮*

摘 要： 我国证券清算结算体系在2019年总体保持了运行平稳、业务规模增长迅速的局面。同时，证券清算结算体系建设也在全面推进，诸多领域取得突破性进展，证券清算结算体系的效率和安全均有所改善，国际化进程继续推进。本章对我国2019年证券清算结算体系的建设与运行进行了细致的梳理，并针对我国证券清算结算体系面临的主要问题提出了一系列改进建议。

关键词： 清算 结算 股票 债券

一 2019年基本情况及特点

从中央债券综合业务系统、中国证券登记结算系统以及银行间市场清算所股份有限公司业务系统来看，2019年证券清算结算体系总体运行平稳。

（一）中央债券综合业务系统

1. 年度发行总量继续增加

2019年，在中央国债登记结算有限责任公司（以下简称中央结算公司）

* 李鑫，国家金融与发展实验室特聘研究员；赵亮，中国社会科学院大学博士研究生。

登记新发债券面额共计15.31万亿元，较上年增加1.64万亿元，同比增长12.00%（见图3－1）。其中，政府债券发行83715.28亿元，同比增长8.63%（其中，记账式国债发行37564.30亿元，同比增长12.69%；地方政府债发行43624.27亿元，同比增长4.74%）；政策性银行债发行36602.10亿元，同比增长6.59%；政府支持机构债券发行1650.00亿元，同比减少34.78%；商业银行债券发行15975.50亿元，同比增长74.36%（其中，二级资本工具发行5950.00亿元，同比增长48.48%）；非银行金融机构债券发行1874.50亿元，同比增长1.16%；企业债券发行3609.19亿元，同比增长49.63%；资产支持证券发行9634.59亿元，同比增长3.39%。2019年中央结算公司各券种累计发行量占比见图3－2。

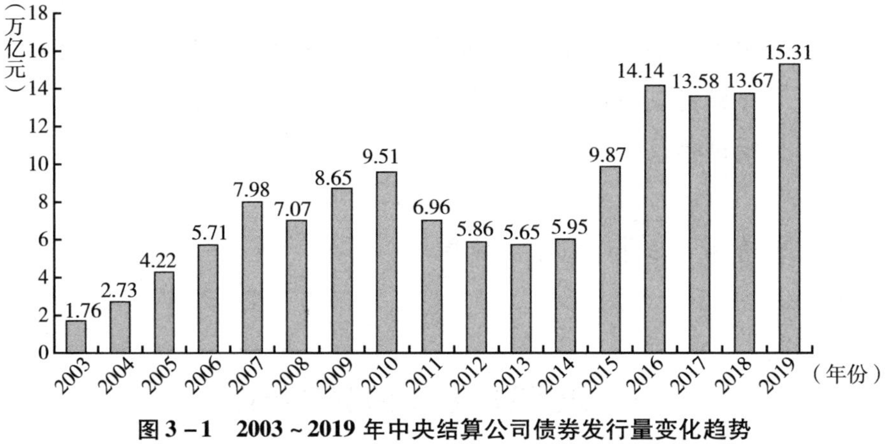

图3－1　2003～2019年中央结算公司债券发行量变化趋势

资料来源：中国债券信息网。

2.托管总量持续增长

截至2019年末，在中央结算公司托管的债券总量为64.98万亿元，比上年增加7.36万亿元，同比增长12.77%（见图3－3）。其中，政府债券托管量为372228.96亿元，同比增长14.77%（其中，记账式国债托管量为153061.17亿元，同比增长12.21%；地方政府债托管量为211182.93亿元，同比增长16.87%）；央行票据托管量为220亿元；政策性银行债托管量为156946.98亿元，同比增长8.11%；政府支持机构债券托管量为16725.00

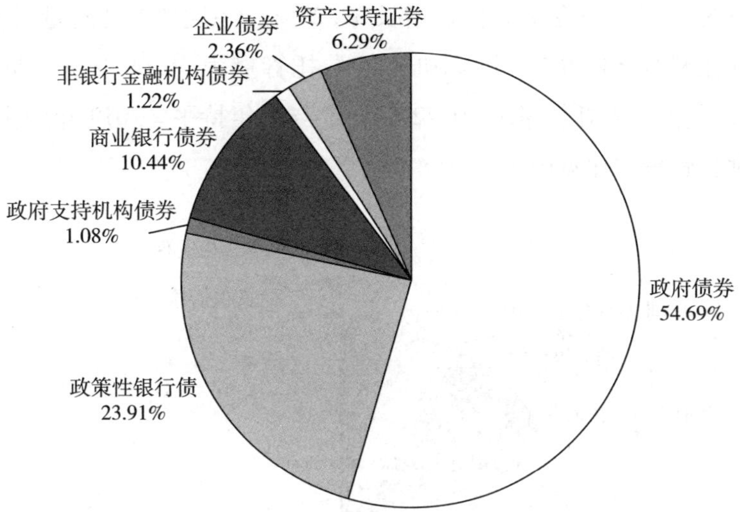

图 3－2　2019 年中央结算公司各券种累计发行量占比

资料来源：中国债券信息网。

亿元，同比增长 3. 59%；商业银行债券托管量为 46963. 58 亿元，同比增长 23. 38%（其中，二级资本工具托管量为 19996. 07 亿元，同比增长 15. 94%）；非银行金融机构债券托管量为 5559. 50 亿元，同比增长 32. 56%；企业债券托管量为 29782. 36 亿元，同比减少 4. 11%；资产支持证

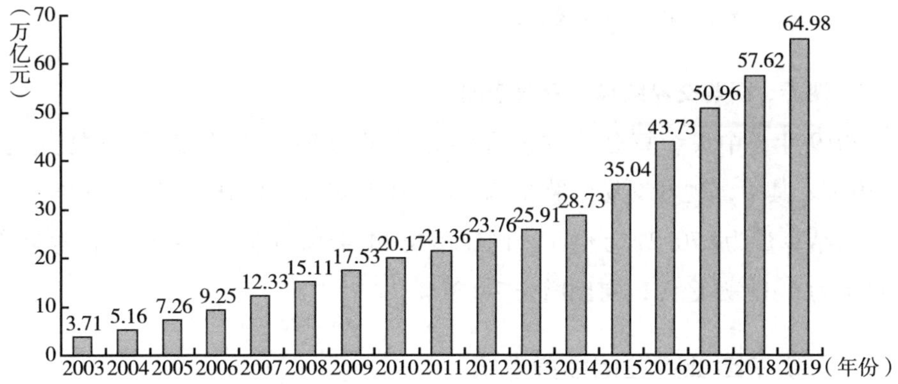

图 3－3　2003～2019 年中央结算公司债券托管量变化趋势

资料来源：中国债券信息网。

券托管量为19716.18亿元，同比增长33.25%；中期票据托管量为1547.93亿元，同比减少33.89%；国际机构债券托管量为30.00亿元，同比减少25.00%；其他债券托管量为59.72亿元，与上年持平。2019年中央结算公司各券种托管量占比见图3-4。

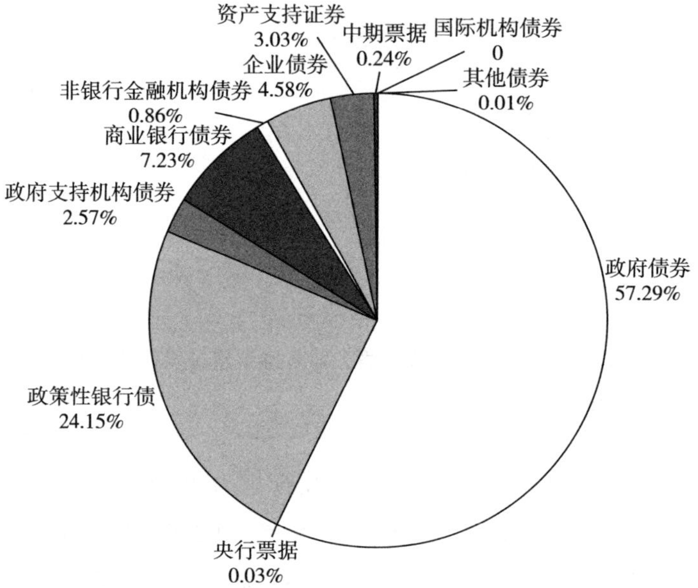

图3-4　2019年中央结算公司各券种托管量占比

资料来源：中国债券信息网。

3. 现券、回购交易结算量双双增加

2019年，中央结算公司的债券结算总量为813.79万亿元，同比增长22.19%。其中，现券交易结算量为139.40万亿元，同比增长78.86%；回购交易结算量为670.21万亿元，同比增长14.43%（见图3-5）；债券借贷结算量为4.19万亿元，同比增长74.31%。

（二）中国证券登记结算系统

1. 投资者情况

截至2019年末，期末投资者总数为15975.24万户。自然人有15937.22

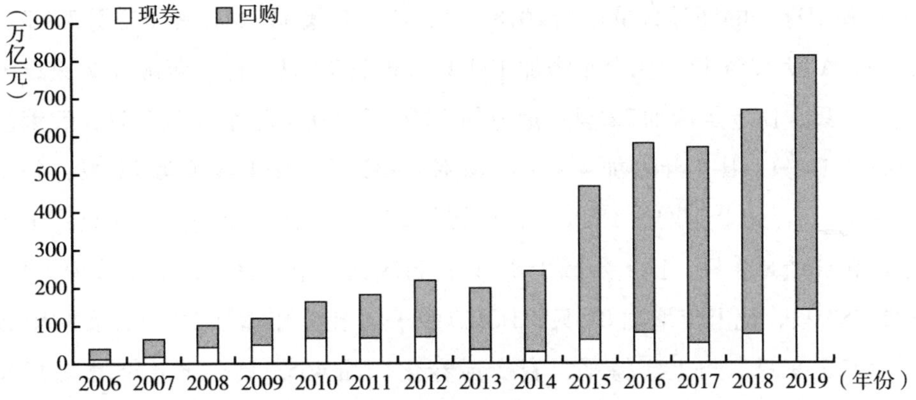

图 3－5　2006～2019 年中央结算公司现券、回购交易结算量变化趋势

资料来源：中国债券信息网。

万户，其中已开立 A 股账户的投资者有 15874.80 万户，已开立 B 股账户的投资者有 237.99 万户；非自然人有 38.02 万户，其中已开立 A 股账户的投资者有 35.86 万户，已开立 B 股账户的投资者有 2.19 万户。2019 年每月新增投资者数量变化情况见图 3－6。

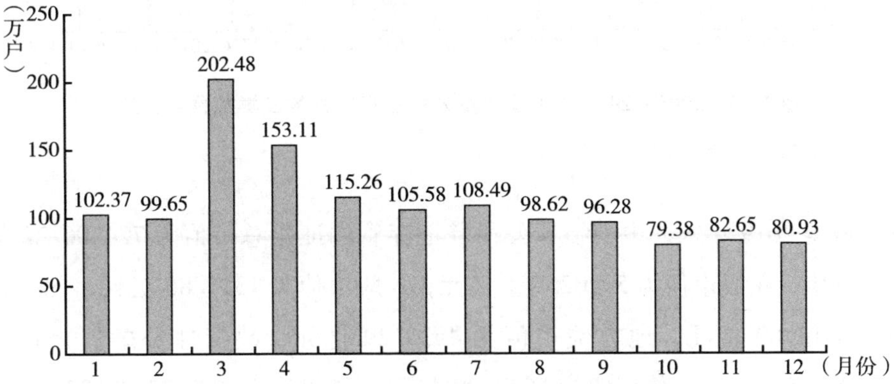

图 3－6　2019 年每月新增投资者数量变化情况

资料来源：中国结算公司网站。

2. 登记存管的主要证券数量继续增加

截至 2019 年末，在中国证券登记结算有限公司（以下简称中国结算公司）登记存管的证券数量达到20785只，比上年增加3441只（见图3－7）。其中，A股3764只，比上年增加194只；B股97只，比上年减少2只；国债340只，比上年增加72只；地方债1446只，比上年增加262只；政策性金融债16只，比上年增加4只；企业债1882只，比上年增加21只；公司债6541只，比上年增加1528只；可转债223只，比上年增加103只；中小企业私募债809只，比上年减少84只；封闭式基金3只，比上年减少5只；ETF 283只，比上年增加84只；LOF 719只，比上年增加18只；实时申赎货币基金9只，与上年持平；资产证券化产品4653只，比上年增加1246只。2019年中国结算公司登记存管的证券数量占比见图3－8。

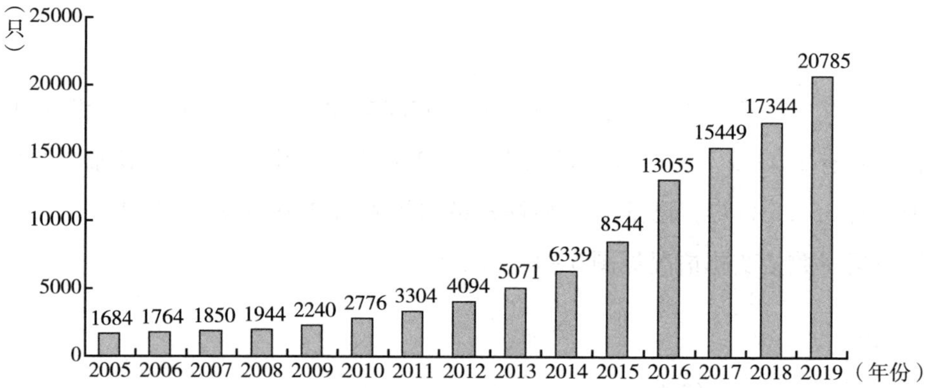

图3－7　2005～2019年中国结算公司登记存管的证券数量变化趋势

资料来源：中国结算公司网站。

截至2019年末，中国结算公司登记存管的证券总市值为724506.22亿元。其中，A股市值为592025.41亿元，B股市值为1315.86亿元，国债市值为6013.69亿元，地方债市值为4535.29亿元，政策性金融债市值为1503.89亿元，企业债市值为6647.00亿元，公司债市值为77170.82亿元，可转债市值为4053.34亿元，中小企业私募债市值为7680.43亿元，封闭式基金市值为101.81亿元，ETF市值为7111.65亿元，LOF市值为831.52亿元，实时申赎货币基金市值为184.27亿元，资产证券化产品市值为15331.21亿元。2019年中国结算公司登记存管的证券市值占比见图3－9。

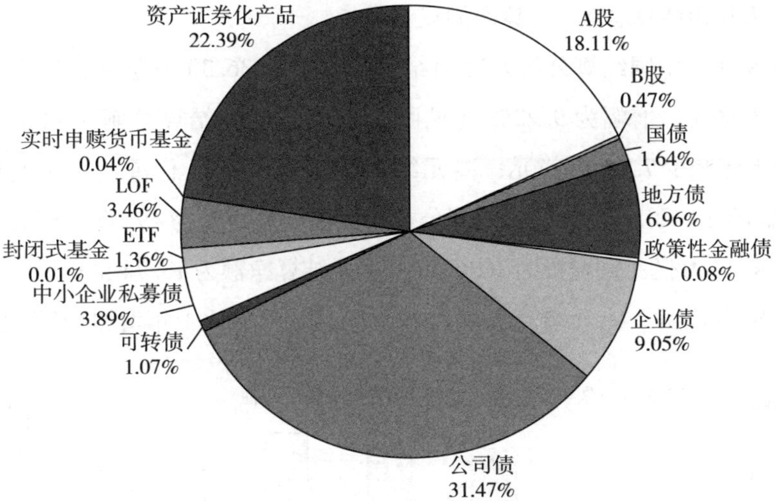

图 3－8　2019 年中国结算公司登记存管的证券数量占比

资料来源：中国结算公司网站。

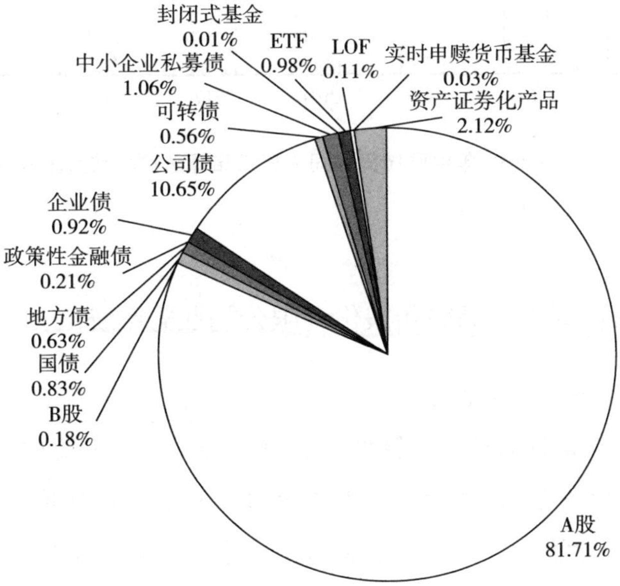

图 3－9　2019 年中国结算公司登记存管的证券市值占比

资料来源：中国结算公司网站。

3. **人民币结算总额、结算净额双双增长**

2019 年，中国结算公司人民币结算总额为 1236.30 万亿元，比上年增加 104.34 万亿元，增幅为 9.22%（见图 3－10）；美元结算总额为 111.36 亿美元，比上年减少 7.28 亿美元；港元结算总额为 537.20 亿港元，比上年减少 95.03 亿港元。2019 年，中国结算公司人民币结算净额为 49.55 万亿元，比上年增加 4.77 万亿元，增幅为 10.65%；美元结算净额为 13.74 亿美元，比上年减少 2.85 亿美元；港元结算净额为 196.26 亿港元，比上年增加 8.27 亿美元。

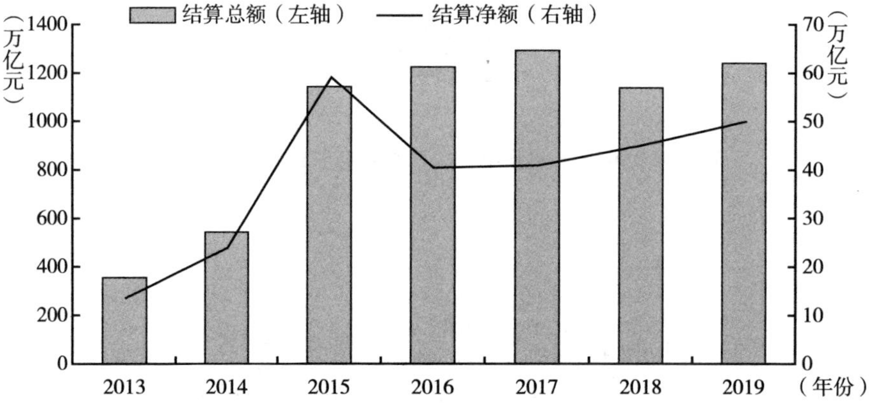

图 3－10　2013～2019 年中国结算公司人民币结算总额和结算净额变化趋势

资料来源：中国结算公司网站。

（三）银行间市场清算所股份有限公司业务系统

1. **年度发行总量有所增长**

2019 年，在银行间市场清算所股份有限公司（以下简称上海清算所）登记新发人民币债券 34871 只，比上年增加 2165 只，同比增长 6.62%；发行量共计 25.18 万亿元，比上年减少 1.62 万亿元，同比减少 6.04%（见图 3－11）。其中，超短期融资券发行 31363.99 亿元，同比增长 18.48%；非公开定向债务融资工具发行 6165.32 亿元，同比增长 13.25%；短期融资券发行 4436.20 亿元，同比减少 7.26%；证券公司短期融资券发行 4491.00 亿元；非金融企业资产支持票据发行 2887. 36 亿元，同比增长 128. 93%；金融债发行 2025. 00 亿元，同比增长 151. 68%；中期票据发行 18352. 40 亿元，同比增长 9. 37%；同业存单发行 179705. 73 亿元，同比减少 14. 76%；标准化票据发行 13. 80 亿元；绿色债务融资工具发行 318. 00 亿元，同比增长 78. 85%；政府支持机构债券发行 2070. 00 亿元。2019 年上海清算所各券种累计发行量占比见图 3 - 12。

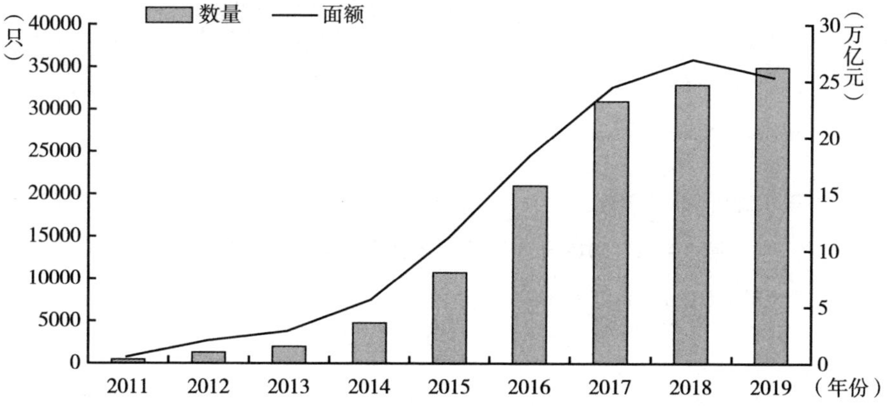

图 3 - 11　2011 ~ 2019 年上海清算所人民币债券发行量变化趋势

资料来源：上海清算所网站。

2. 托管总量继续增长

截至 2019 年末，在上海清算所托管的人民币债券总量为 22. 35 万亿元，比上年增加 2. 64 万亿元，同比增长 13. 39%（见图 3 - 13）。其中，超短期融资券托管量为 15423. 99 亿元，同比增长 4. 54%；非公开定向债务融资工具托管量为 20815. 49 亿元，同比增长 4. 19%；短期融资券托管量为 4512. 30 亿元，同比减少 7. 35%；信贷资产支持证券托管量为 411. 45 亿元，与上年持平；证券公司短期融资券托管量为 1745. 00 亿元，同比增长 279. 35%；非金融企业资产支持票据托管量为 4032. 08 亿元，同比增长 117. 71%；金融债托管量为 4054. 60 亿元，同比增长 53. 81%；中期票据托管量为 61778. 67 亿元，同比增长 16. 88%；同业存单托管量为 107239. 45 亿

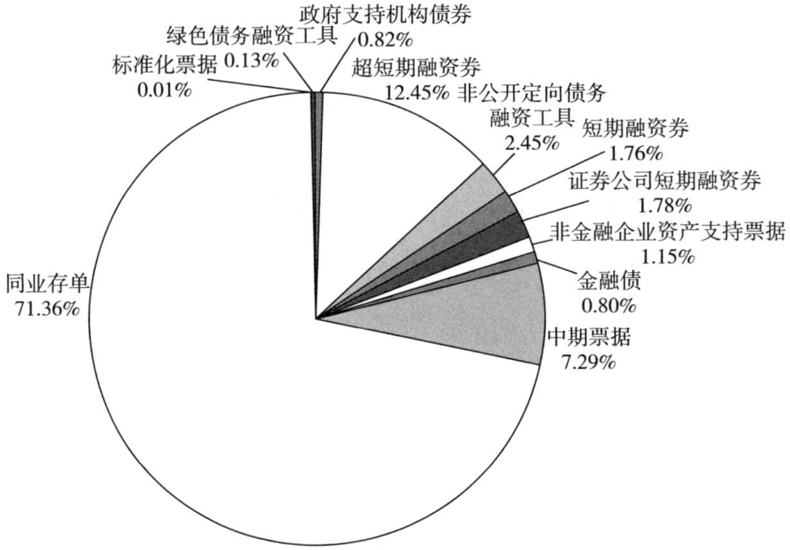

图 3－12　2019 年上海清算所各券种累计发行量占比

资料来源：上海清算所网站。

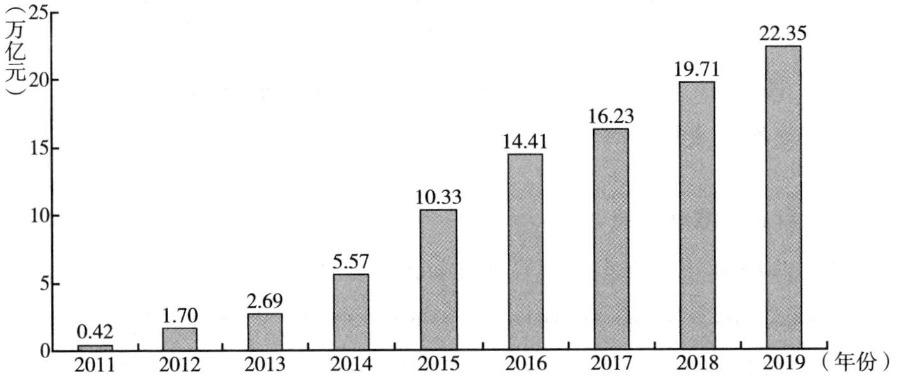

图 3－13　2011～2019 年上海清算所人民币债券托管量变化趋势

资料来源：上海清算所网站。

元，同比增长 8.48%；标准化票据托管量为 1.00 亿元；项目收益票据托管量为 103.60 亿元，同比减少 4.60%；绿色债务融资工具托管量为 652.80 亿元，同比增长 89.33%；政府支持机构债券托管量为 2720.00 亿元，同比增长 159.05%。2019 年上海清算所各券种托管量占比见图 3－14。

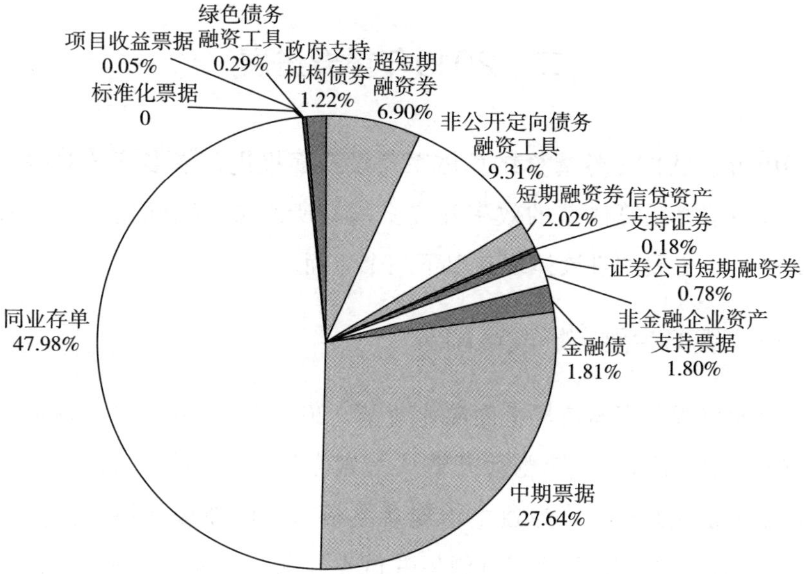

图 3－14　2019 年上海清算所各券种托管量占比

资料来源：上海清算所网站。

3. 现券交易清算量有所减少，回购交易清算量继续攀升

2019 年，上海清算所交易清算总量为 254.24 万亿元，同比增长 4.66%。其中，现券交易清算量为 71.17 万亿元，同比减少 1.02%；回购交易清算量为 183.07 万亿元，同比增长 7.05%（见图 3－15）。

图 3－15　2011～2019 年上海清算所现券、回购交易清算量变化趋势

资料来源：上海清算所网站。

二　2019年重要进展

2019 年，我国证券清算结算体系建设全面推进，诸多领域取得突破性进展，证券清算结算体系的效率和安全均有所改善，国际化进程也有所加快。其中，最主要的进展体现在以下三个方面。

（一）服务金融市场改革创新

一是支持服务资本市场全面深化改革。2018 年 11 月 5 日，习近平总书记在首届中国国际进口博览会开幕式上宣布设立科创板。2019 年 6 月 13 日，科创板正式开板。作为独立于现有主板市场的新设板块，证监会发布《关于在上海证券交易所设立科创板并试点注册制的实施意见》，在科创板内实行注册制试点。上交所与中国结算公司完成注册制试点改革所涉登记结算各项制度、业务和技术建设工作，有效保障了科创板于 2019 年 7 月 22 日顺利开市并实现持续平稳运行。同时，新三板改革方案由全国股转公司与中国结算公司合作制定，完成登记结算业务所涉各项制度、业务和技术准备工作。在推动沪深 ETF 结算模式统一方面，中国结算公司完成深市 ETF 结算模式调整，配合深交所推出 ETF 期权，并推进沪市 ETF 期权业务优化；明确私募资管新规所涉过户做法，加强资管行业基础设施建设，优化公募基金统一账户和中央数据交换平台建设，完成个税递延养老账户体系和信息平台业务及技术准备工作。

二是提升债券市场服务能力。中央结算公司支持国开行开展做市支持、弹性招标、置换招标、新基准浮动利率债等业务创新，支持商业银行永续债发行；实现与中国银行资金清算系统对接，打造多币种资金清算渠道；支持铁道债跨市场发行，推动企业债电子化转托管、跨市场债券 ETF 业务落地。与全部 6 家期货交易所合作，向期货市场全面引入债券冲抵保证金业务；建立健全担保品违约处置机制，完成首场违约处置拍卖；首次向保险资管领域引入担保品服务，首次支持境外投资者使用债券作为保证金参与境内期货市场交易，首单商业银行同业授信质押业务落地；支持普惠金融、地方政府产业升级和社保资金运作管理。此外，中央结算公司进一步完善金融市场定价服务。发布保险资管产品估值、中资美元债价格产品、离岸人民币债价格产品等创新品种，推进信贷资产、理财资产、信托资产估值公允体系建设。中国结算公司则配合推出信用保护工具、“双非可转债”，建立特定债券转让机制，延长回购交易时间，做好商业银行入市支持服务。

（二）加强全面风险管理

在债券风险防控方面，中国结算公司持续做好交易所债券质押式回购风险防控化解工作，加强风险监测排查，优化完善债券内部评级及估值工作，持续开展折扣系数动态调整，优化质押库结构；有效应对债券偿付高峰期及复杂多变的信用风险形势；建立与地方局的信息共享和监管协作机制；健全完善债券质押回购制度，统筹推动债券质押回购差额最低备付金制度，推动《债券质押式回购交易结算风险控制指引》修订；加大对发行人“自融”行为的专项排查力度；强化对结算参与人的风险管控，多次组织参与人进行风险自查。

在股票质押风险防控方面，中国结算公司持续做好股票质押风险防控，完善股票质押登记制度，提高质押要素基础数据采集质量，积极支持上市公司纾解股票质押风险。

在结算风险方面，中国结算公司继续推动托管银行结算模式改革，持续加强全面风险管理，建立压力测试制度，开展压力测试，修订完善证券登记结算突发事件应急预案。

在 IT 风险管理方面，中央结算公司启动信息安全专项治理，完成首次攻防演练，开展安全漏洞扫描和系统加固；推进重点风险排查整改，开展重要系统应急演练，加强重点领域 IT 制度建设。全年完成项目开发近 150 个，处理运维请求 2 万余项。此外，中央结算公司新一代系统建设取得新突破，顺利完成“1908”先期部署及切换演练；全面落实系统建设各项任务，创新开展迭代开发、多轮测试，有序推进数据迁移、总体投产上线等工作；星光数据中心投产使用。上海数据中心、北京数据中心建设取得关键性进展；多中心一体化运维体系建设取得实效，成立统一运维体系建设工作组，完成数据中心架构规划暨三年行动方案的编制工作。

（三）深化开放，加强国际合作与交流

一是推进跨境互联合作。中央结算公司创设跨境互联的澳门 MOX 模式，支持财政部在澳门首次发行 20 亿元人民币国债，完成澳门国债发行系统交付；支持首单上海自贸区和境外债券发行；与欧清银行签署合作备忘录。中国结算公司完成全面推开 H 股全流通改革各项准备工作，配合上交所顺利实施“沪伦通”项目和中日 ETF 互通项目，配合深交所研究论证与境外金融基础设施互联互通项目，持续做好沪深港通优化工作，配合证监会 QFII/RQFII 制度改革。

二是扩大价格产品和担保品跨境应用。中央结算公司与中国工商银行、新加坡交易所签署合作备忘录，并在新加坡交易所展示合作指数；首只含绿债中债指数 ETF 基金在台湾证券交易所上市；推动“人民币债券成为英国市场普遍接纳的合格担保品”写入第十次中英经济财金对话政策成果，促进了中英担保品的跨境互认。

三　面临的问题及完善思路

经过多年的不懈努力，我国证券清算结算体系建设取得了较大成就，效率和安全持续改善，国际化进程稳步推进。尽管如此，我国证券清算结算体系仍存在一些不足之处，主要集中在以下两个方面。

一是交易所债券市场与银行间债券市场互联互通程度仍有待进一步提高，在一定程度上影响了债券市场安全与效率。如虽然中国结算公司与中央结算公司建立了互联互通关系，但上海清算所尚未与中国结算公司建立联通关系；在债券跨市场托管方面，目前仅国债、地方政府债和部分企业债可办理跨市场转托管，其他债券市场品种的转托管业务仍然受限。此外，转托管

业务尚未实现系统对接和业务直通式处理，指令流转部分环节需人工处理，对效率和安全产生了一定的影响。

二是目前证券市场尚未建立明确的场外交易数据库，存在市场数据信息多头报送现象。根据支付与市场基础设施委员会（CPMI）和国际证监会组织（IOSCO）于2012年4月联合发布的《金融市场基础设施原则》（PFMI），交易数据库与支付系统、中央对手方、中央证券存管以及证券结算系统被共同纳入金融市场基础设施范畴，在防范风险、维护市场平稳运行中应发挥重要作用。目前，公募基金、私募资产管理计划、证券公司柜台市场及区域性股权交易市场相关数据由不同机构进行统计，缺乏统一的数据集中报送机制。报送数据的标准无法有效统一，对后续数据挖掘以及市场监测监控工作的顺利开展产生了一定影响。

针对上述提及的主要问题，未来可着重从以下两个方面进一步完善。

第一，积极支持债券市场深化改革，进一步推动我国多层次资本市场金融基础设施互联互通。在央行和证监会关于互联互通机制总体框架下，进一步丰富可参与互联互通机制的债券品种；提升现有互联互通机制效率，推动托管结算机构信息共享、顺畅连接，夯实互联互通机制基础；继续拓展互联互通业务的广度和深度，进一步优化跨市场资源配置，在“防风险、守底线”的基础上支持债券市场健康发展。

第二，完善场外交易数据库制度建设工作，进一步研究健全场外市场数据报送机制。改善目前场外数据报送工作多头独立管理的现状，建立并强化协调机制，统一报送要素、数据口径及报送格式，提升数据质量；进一步加强交易数据库的数据统计分析工作，充分利用相关数据为服务监管工作及维持市场安全稳定提供有力支持。

第四章
支付清算体系运行与宏观经济变量

程　炼*

摘　要：　本章基于2007～2019年的季度数据考察了我国支付清算指标与宏观经济运行之间的关联，发现非现金支付工具、支付系统业务和银行结算账户等方面的一些指标具有反映和预测宏观经济运行情况的能力。尽管在2012年，尤其是2015年之后许多支付清算指标与宏观经济变量之间的关系发生了变化，但类似单位银行结算账户这样的指标依然与CPI等宏观经济变量之间具有一定的相关性。

关键词：　非现金支付工具　支付系统业务　银行结算账户　宏观经济

一　支付业务总体发展态势

2019年，全国银行业金融机构共办理非现金支付业务3310.19亿笔，金额3779.49万亿元，同比分别增长50.25%和0.29%；支付系统共处理业务5685.12亿笔，金额6902.22万亿元，同比分别增长163.54%和12.36%（见图4－1）。支付系统业务交易笔数的增加主要来自2018年全面投入运行的网联平台，截至2019年末已经有534家商业银行和115家支付机构接入，

* 程炼，经济学博士，研究员，中国社会科学院金融研究所《金融评论》编辑部主任、支付清算研究中心副主任，主要研究领域为国际金融、金融地理与金融监管、支付清算等。

2019 年全年共处理业务 3975.42 亿笔，占支付系统业务总交易笔数的 69.93%。与支付系统业务交易笔数迅速增加形成对照的是，非现金支付工具业务交易金额自 2015 年以来进入了稳定期，没有出现大幅度的增长。

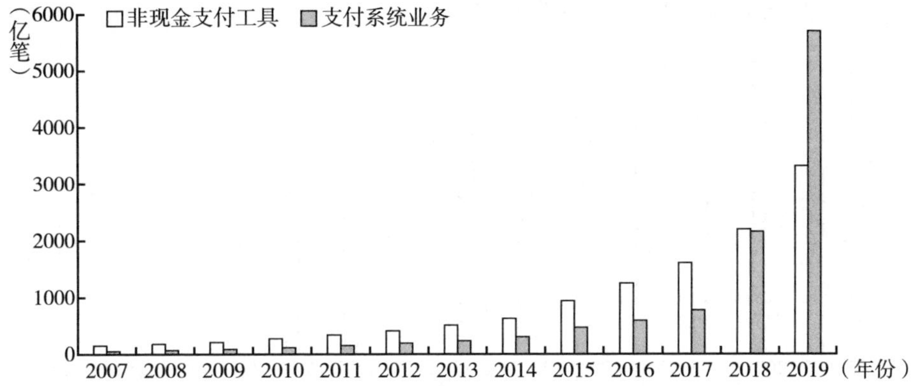

a　2007～2019 年支付清算业务交易笔数增长态势

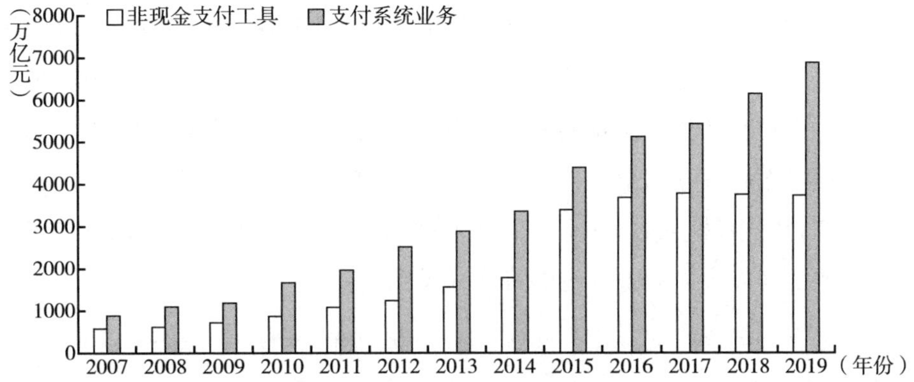

b　2007～2019 年支付清算业务交易金额增长态势

图 4－1　2007～2019 年支付清算业务交易笔数和交易金额增长态势

由于非现金支付工具和支付系统业务的交易笔数增速均大大超过交易金额增速，两者的平均交易规模显著下降。2019 年，非现金支付工具的平均交易规模为 1.14 万元/笔，较 2018 年的 1.71 万元/笔下降了 33.33%；支付系统业务的平均交易规模则从 2018 年的 2.85 万元/笔变为 1.21 万元/笔，下降了 57.54%（见图 4－2）。可以看到，尽管非现金支付工具的交易金额增速远远低于支付系统业务，但是由于后者的交易笔数增长更快，因此平均交易规模的下降幅度反而更大，也使得两者的平均交易规模更为趋近。这种现象显示了技术进步带来的交易费用下降对支付活动以及支付平台之间替代效应的影响。

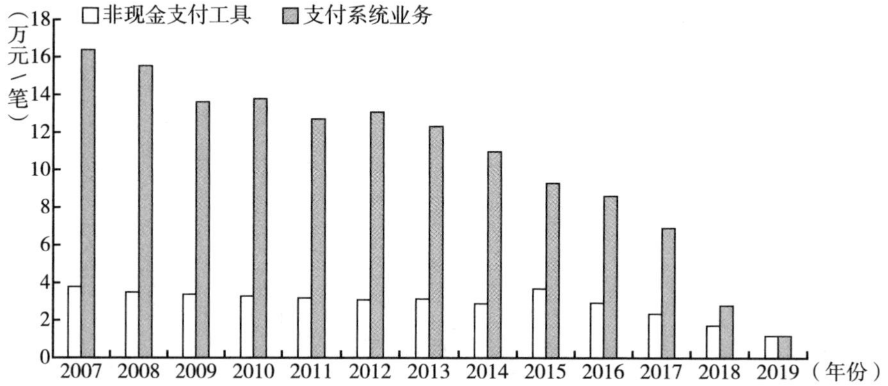

图 4－2　2007～2019 年支付清算业务平均交易规模

从更细的层面来看，在非现金支付工具内部，票据的平均交易规模总体上在逐渐上升，这是由于随着其业务占比的下降，小额业务更快地被其他非现金支付方式所替代。贷记转账等其他支付方式的平均交易规模则在 2013 年达到顶峰之后逐渐回落，但 2018 年以来又有所上升。银行卡的平均交易规模是三者之中最小的，基本在 1 万元/笔以下，并且自 2016 年以来持续下降，反映了其以个人业务为主的特征（见图 4－3）。

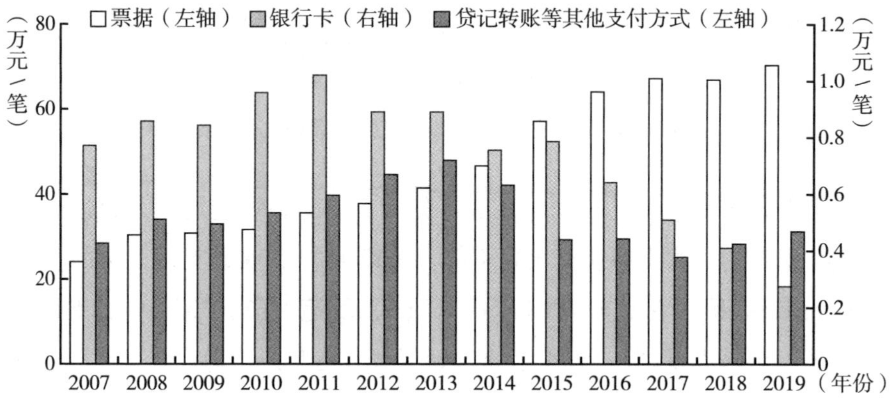

图 4－3　2007～2019 年非现金支付业务平均交易规模

电子支付业务，尤其是由非银行支付机构处理的网络支付业务总体保持增长态势，不过增速较以往有所下降，尤其是交易金额的增速下降更为明显。2019 年，银行业金融机构共处理电子支付业务 2233.88 亿笔，金额 2607.04 万亿元，同比分别增长 27.51% 和 2.65%，交易笔数增速高于上年的 14.82%，交易金额增速低于上年的 4.98%。非银行支付机构共处理网络支付业务 7199.98 亿笔，金额 249.88 万亿元，同比分别增长 35.69% 和 20.10%，增速显著低于上年的 85.05% 和 45.23%。从业务规模的季节性特征看，银行业金融机构处理的移动支付和网上支付业务都保持了 2018 年的模式，即第一季度较大，第二季度回落，之后两个季度再次上升。非银行支付机构处理的网络支付业务则没有延续 2018 年的上述季节性特征，而是变为从第一季度到第四季度业务规模逐步扩大，与 2016 年和 2017 年的情况相同（见图 4－4）。相比之下，2018 年非银行支付机构处理的网络支付业务的季节性特征变化很可能是自当年第二季度起将实体商户条码支付业务数据由网络支付调整至银行卡收单进行统计导致的短期冲击。

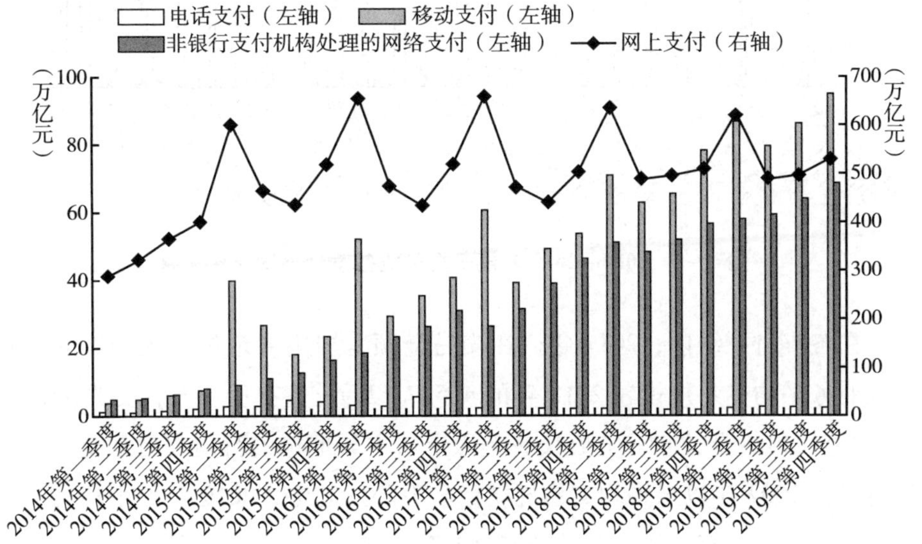

图 4－4　2014～2019 年电子支付业务季度交易规模

在平均交易规模方面，非银行支付机构处理的网络支付业务延续了2016年以来的下降趋势，2019年为347.06元/笔，较2018年的392.13元/笔下降了11.49%。2019年，银行业金融机构处理的网上支付和移动支付业务的平均交易规模分别为2.73万元/笔和0.34万元/笔，均低于2018年的水平，但电话支付业务的平均交易规模则为5.49万元/笔，高于2018年的4.86万元/笔。另外，银行业金融机构处理的网上支付和移动支付业务以及非银行支付机构处理的网络支付业务在平均交易规模方面都保持着自2016年以来的季节性特征，即第一季度的平均交易规模显著超出其他季度，而电话支付业务则没有这样的季节性特征（见图4－5）。

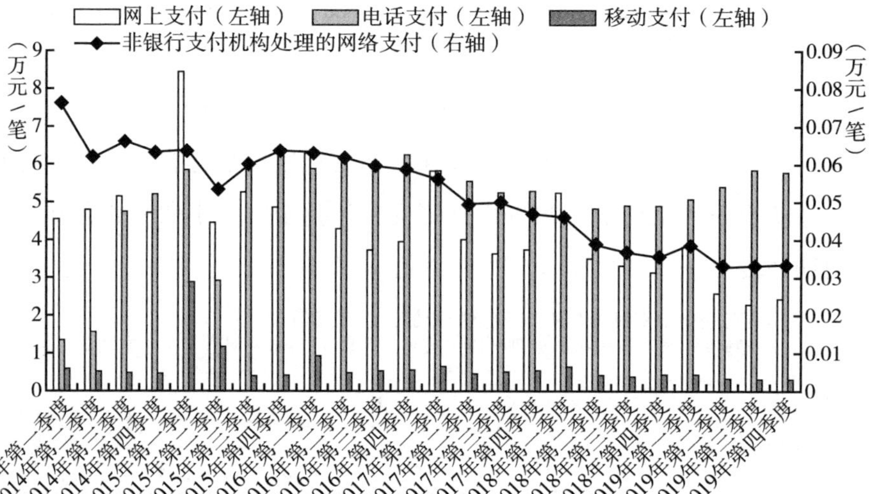

图4－5　2014～2019年电子支付业务季度平均交易规模

在各支付系统内，2019年，在交易金额上居主导地位的大额实时支付系统业务平均交易规模较2018年的405.73万元/笔有所上升，变为452.53万元/笔。2018年之前一直在交易笔数上居主导地位的行内支付系统业务则扭转了自2007年以来平均交易规模稳步下降的趋势，2019年的平均交易规模为7.40万元/笔，较2018年的3.63万元/笔增长了1.04倍。这是由于在第三方支付机构全部接入银联或网联系统后，很多相关业务不再计入行内支付系统，使其大量的小额支付业务被分流。而平均交易规模自 2016 年以来稳步上升的银行卡跨行支付系统业务平均交易规模则从 2018 年的 0.45 万元/笔骤降至 2019 年的 0.13 万元/笔（见图 4－6）。这是由于自 2019 年第一季度起，银行卡跨行支付系统业务量在统计中纳入支付机构发起的通过银行卡跨行支付系统处理的涉及银行账户的网络支付业务，其中包含大量小额支付交易，因而降低了平均业务规模。

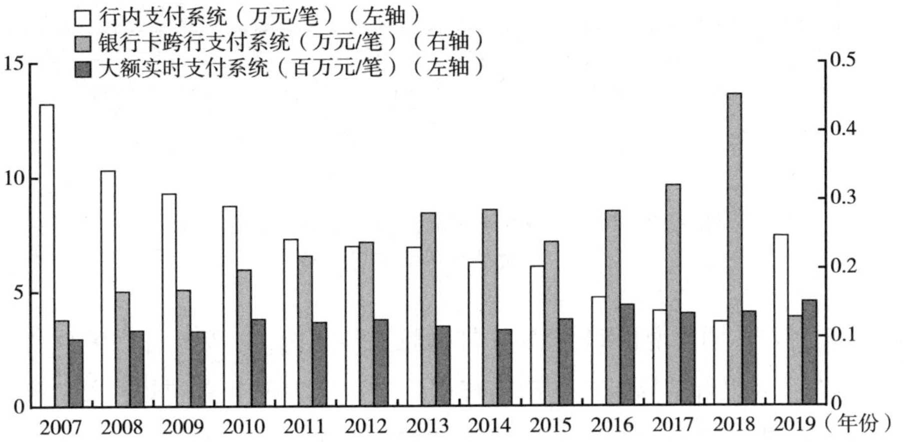

图 4－6　2007～2019 年各支付系统业务平均交易规模

网联清算平台的交易量在 2019 年继续保持增长势头，但增速趋于平稳。2019 年第四季度，网联清算平台的季度业务规模已经达到 1257.71 亿笔，金额 78.49 万亿元（见图 4－7）。2019 年，网联清算平台共处理业务 273975.42 亿笔，金额 259.84 万亿元，分别占支付系统业务总量的 69.93% 和 3.76%。从交易笔数和交易金额占比可以看出，网联清算平台的平均交易规模要远远低于支付系统总体的平均交易规模，并且由于交易笔数相比交易金额增长更快，因此其平均交易规模在 2019 年的四个季度有所下降。

在银行结算账户方面，截至 2019 年末，全国共开立个人银行结算账户 112.84 亿户，同比增长 12.07%，增速快于 2018 年的 9.82%，从而扭转了自 2012 年以来增速总体下降的趋势；全国共开立单位银行结算账户

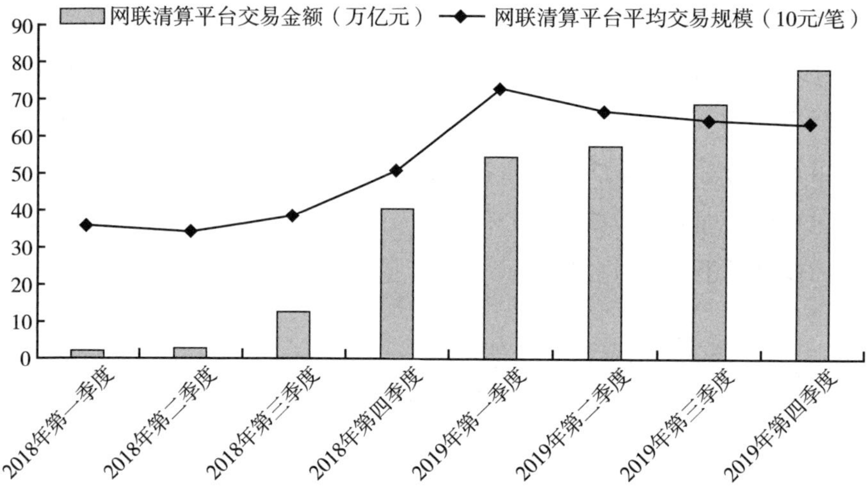

图 4－7　2018～2019 年网联清算平台业务季度交易金额与平均交易规模

6836.87 万户，同比增长 11.73%，增速较上年末的 11.59% 上升 0.14 个百分点。在个人银行结算账户数量加速增长之后，2019 年单位银行结算账户在银行结算账户总量中的占比较 2018 年有所下降，为 0.60%，与 2016 年的水平相当（见图 4－8）。

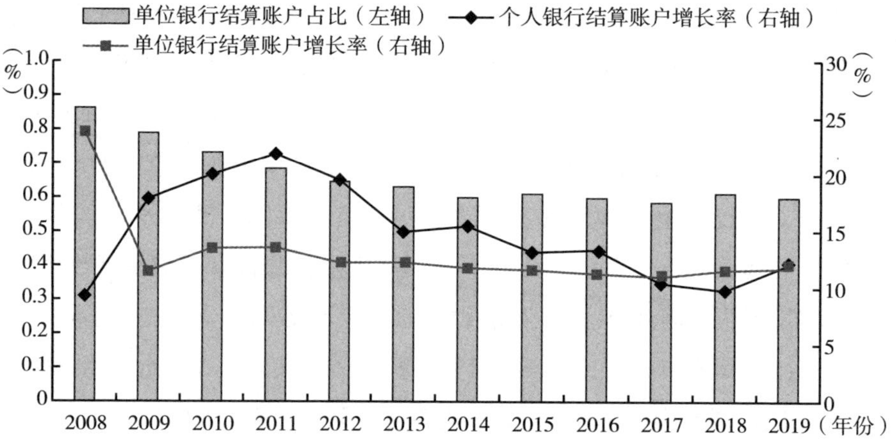

图 4－8　2008～2019 年银行结算账户占比及其增长率

由于非现金支付工具的交易金额增速远远慢于支付系统业务，基于两者计算的货币流通速度出现了相反的趋势。非现金支付工具交易规模与 M2 的比值自 2016 年后不断下滑，而支付系统业务交易规模与 M2 的比值在 2018 年后则保持上升势头。2019 年末，我国 M2 存量为 198.6 万亿元，较 2018 年末的 182.67 万亿元增长 8.72%，增速较上年的 8.93% 有所下降，M2 增速自 2017 年以来连续 3 年保持在 10% 之内。2019 年，非现金支付工具交易规模与 M2 的比值为 19.03，低于 2018 年的 20.63；支付系统业务交易规模与 M2 的比值为 34.75，高于 2018 年的 33.63（见图 4－9）。在 M2 增速已然下降的情况下，以非现金支付工具测算的货币流通速度仍在下降，这一现象的实体经济含义有待进一步发掘。

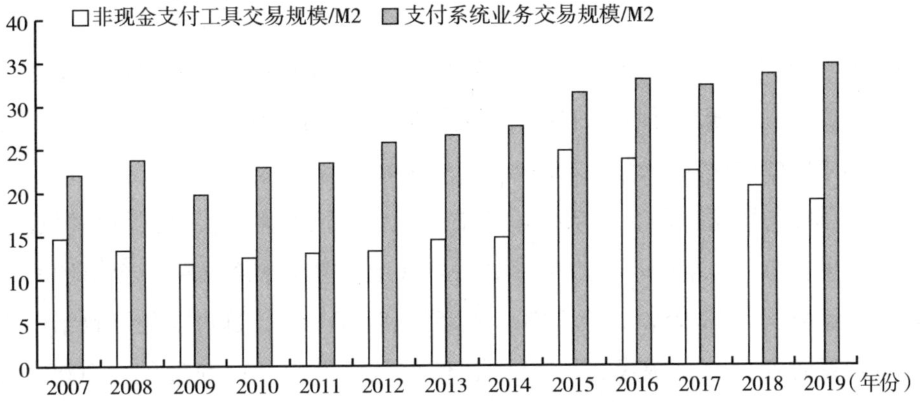

图 4－9　2007～2019 年基于支付清算业务交易规模估算的货币流通速度

在创造 GDP 所需的平均交易规模方面，我们也看到了类似的分化趋势。2019 年，创造 1 单位 GDP 所需的非现金支付工具交易规模为 38.24，低于 2018 年的 41.86，延续了 2016 年以来的下降趋势；创造 1 单位 GDP 所需的支付系统业务交易规模为 69.83，较 2018 年的 68.23 有所上升，也是自 2008 年以来的最高值（见图 4－10）。

在季节性特征上，非现金支付工具交易规模与 GDP 的比值在 2019 年延续了自 2014 年以来的模式，即从第一季度到第四季度呈递减态势。支付系统业务交易规模与 GDP 的比值在 2019 年的季节性特征模式则发生了变化。2016～

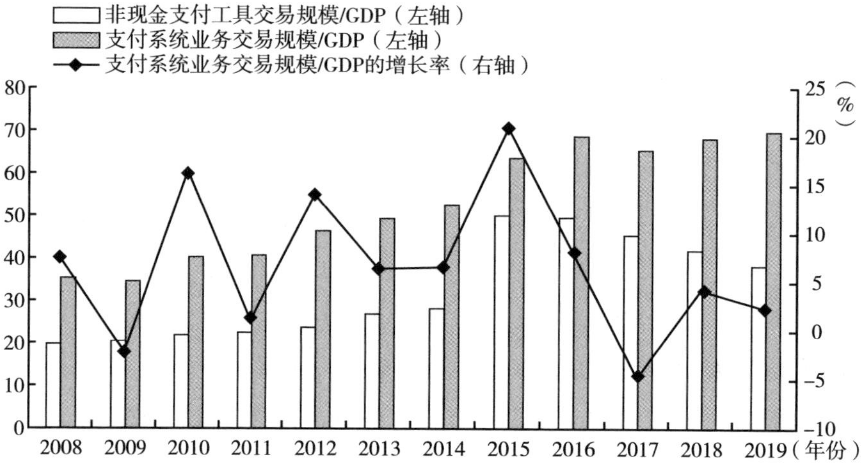

图 4－10　2008～2019 年支付清算业务交易规模与 GDP 的比值及其增长率

2018 年，支付系统业务交易规模与 GDP 的比值都是在第一季度最高，第二季度下降，第三季度有所回升，第四季度最低，但是在 2019 年，则从第一季度到第四季度依次递减，呈现与非现金支付工具类似的模式（见图 4－11）。分析四个季度的数据，在支付系统业务中居主导地位的大额实时支付系统业务交易规模在第三、第四季度的增长率明显低于前两个季度（第一至第四季度的增长率分别为 18.95%、20.22%、8.35% 和 8.84%），这可能是导致第四季度支付系统业务交易规模与 GDP 的比值偏低的原因。这种现象在 2008 年、2011 年、2013 年等年份也曾经出现过，其背后的机制和经济含义还有待分析。

在支付系统业务交易金额占比方面，大额实时支付系统一直居主导地位，自 2012 年以来基本围绕 70% 上下波动。2019 年，大额实时支付系统在支付系统业务中的交易金额占比为 71.73%，较 2018 年的 70.87% 有所上升。在支付系统业务交易金额占比中居第二位的是行内支付系统，2019 年的占比为 17.66%，较 2018 年的 21.68% 显著下降。2019 年网联清算平台业务交易金额占比为 3.76%，较 2018 年的 0.94% 大幅上升，已经高于小额批量支付系统、同城票据清算系统、银行卡跨行支付系统的占比。另外，其他支付系统的交易金额占比在近两年也明显上升，2019 年的占比为 6.04%（见图 4－12）。

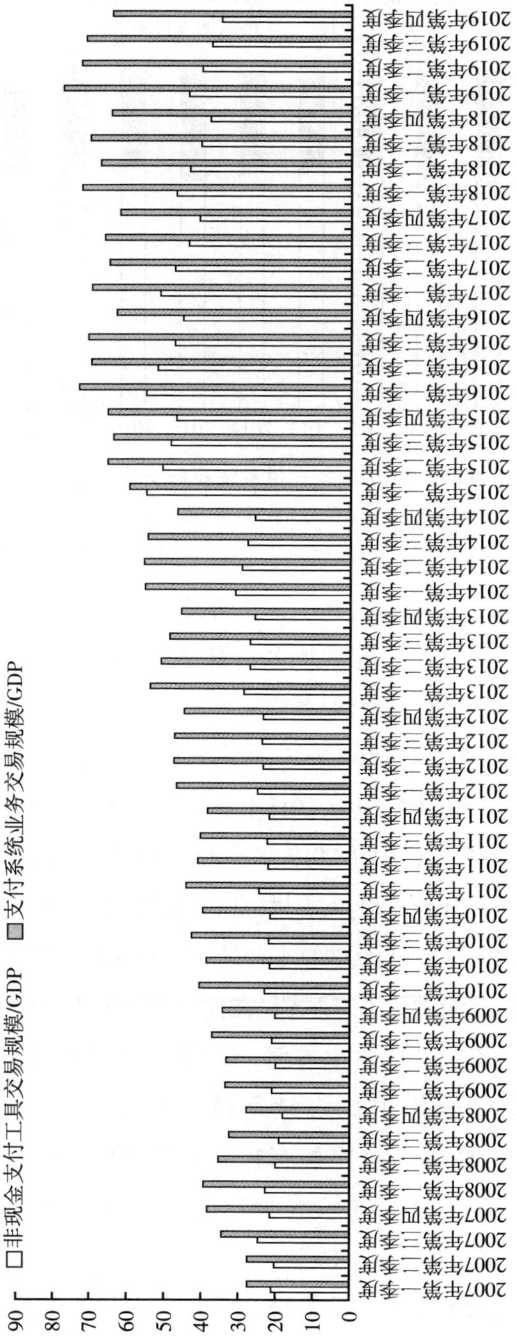

图 4-11　2007～2019 年支付清算业务交易规模与 GDP 的比值（按季度）

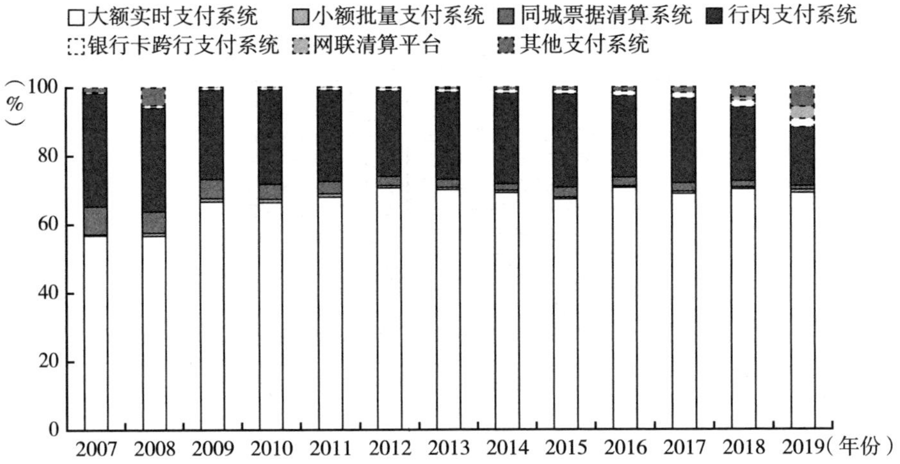

图 4－12　2007～2019 年各支付系统业务交易金额占比

在各支付系统业务交易笔数占比方面，长期居主导地位的是行内支付系统和银行卡跨行支付系统，二者合计占比在 2018 年之前可以达到 80% 或更高，在 2010～2012 年更是高达 90% 以上。但是网联清算平台投入运营之后，上述格局被彻底改变。2018 年，网联清算平台业务交易笔数占比达到 59.56%，一跃而成为领先者。2019 年，其占比上升至 69.93%，占据压倒性地位。相形之下，2019 年，行内支付系统业务交易笔数占比从 2018 年的 17.01% 骤跌到 2.90%，银行卡跨行支付系统业务交易笔数占比则从 2018 年的 12.20% 上升至 23.78%，这一攀升主要是由于统计口径的变化，即纳入支付机构发起的通过银行卡跨行支付系统处理的相关业务（见图 4－13）。网联清算平台的崛起和银行卡跨行支付系统业务交易笔数占比的变化清晰地反映了第三方支付在我国零售支付体系中的重要地位。

在非现金支付工具交易金额占比方面，2019 年基本保持了 2015 年以来的格局。票据业务交易金额占比继续下降，从 2018 年的 3.95% 变为 3.54%；银行卡业务交易金额占比稍有扩张，从 2018 年的 22.88% 变为 23.45%；贷记转账等其他支付方式交易金额占比由 2018 年的 73.17% 变为 73.01%，基本保持稳定（见图 4－14）。

在非现金支付工具交易笔数占比方面，银行卡占绝对主导地位，并且自 2016 年以来其占比还在进一步上升。2019 年银行卡业务交易笔数占比达到

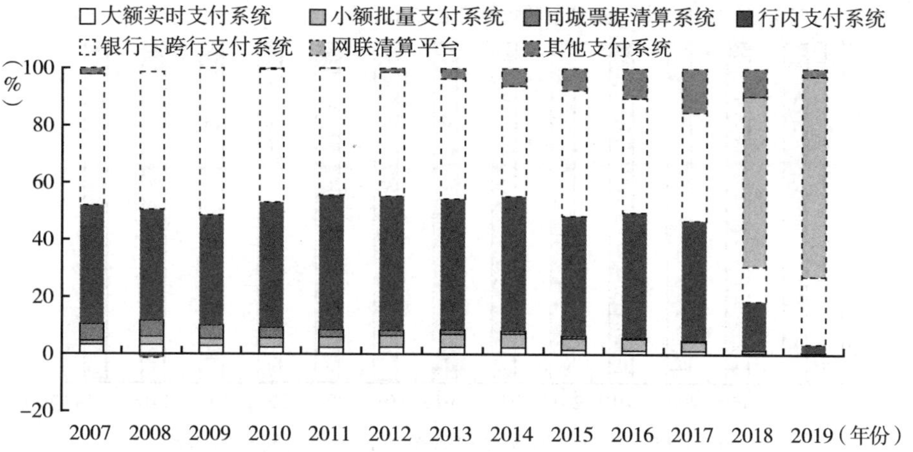

图 4-13　2007～2019 年各支付系统业务交易笔数占比

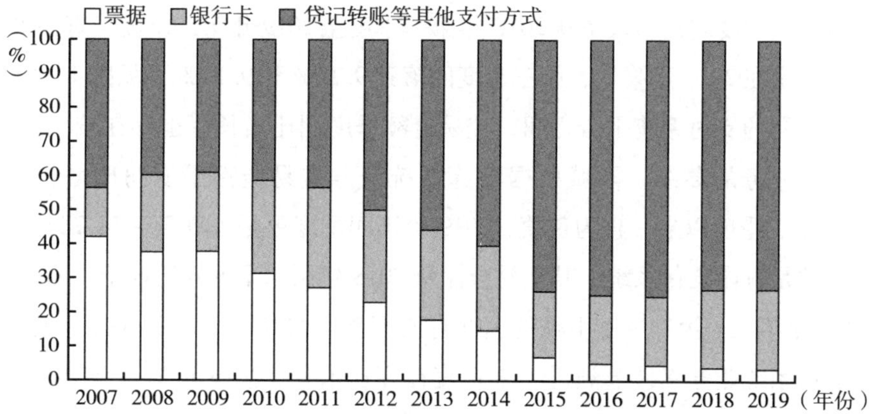

图 4-14　2007～2019 年非现金支付工具交易金额占比

了 97.27%。票据业务交易笔数占比与其交易金额占比一样一直在同步下降，2019 年仅为 0.06%。贷记转账等其他支付方式交易笔数占比自 2016 年以来也在持续下降，2019 年为 2.67%，是历史最低值（见图 4-15）。

不同类型支付清算业务交易金额的季度同比增长率变化情况也不尽相同。首先，支付指标两大板块——非现金支付工具与支付系统业务交易金额季度同比增长率变化自 2017 年以来出现了明显的差异。非现金支付工具交易金额季度同比增长率从 2017 年第四季度开始一直在 1% 以下，2019 年第二、第三

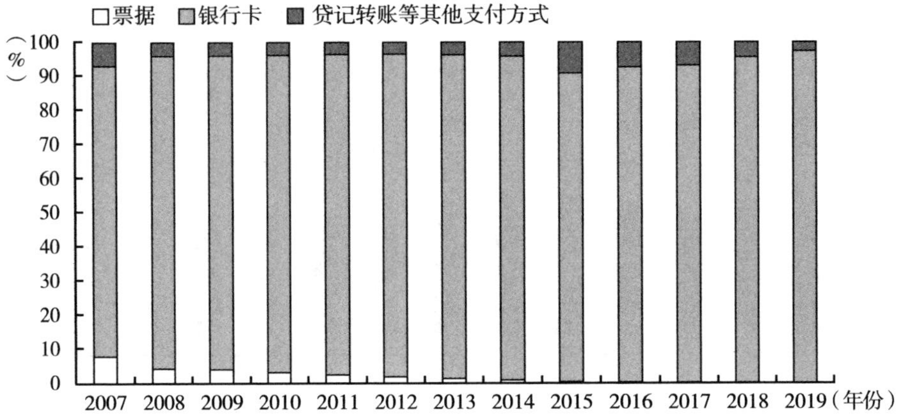

图4－15　2007～2019年非现金支付工具交易笔数占比

季度甚至下跌到0.05%左右的水平，第四季度回调到0.90%；而支付系统业务交易金额季度同比增长率从2018年第一季度至2019年第二季度一直在10%以上，只是在2019年第二、第三季度回落到9.11%和9.14%（见图4－16）。

在不同的支付系统平台之间，交易金额季度同比增长率也存在较大差异。由于票据业务的萎缩，同城票据清算系统业务交易金额季度同比增长率自2017年第三季度以来一直为负值，2019年第四季度更是下跌至－54.78%。与此类似的是行内支付系统，其交易金额从2018年第四季度开始处于收缩状态，但2019年第三、第四季度下跌的速度有所回调。与其形成对照的是，银行卡跨行支付系统业务交易金额近年来一直在高速增长，2019年第一至第四季度同比增长率都在40%以上，第二季度更是达到了54.55%。小额批量支付系统业务交易金额在2019年大幅增长，第一至第四季度同比增长率都创了2011年以来的新高，第四季度更是达到了118.34%（见图4－17）。

在银行结算账户增量方面，单位银行结算账户基本延续以往的季节性特征，即账户增量从第一季度到第二季度有一个跃升，之后的两个季度则逐步回落。2019年第二季度，单位银行结算账户增量创下了199.55万户的历史新高。个人银行结算账户增量在2019年的季节性形态则与往年不同，表现为第二季度的账户增量不仅显著低于其他三个季度，而且低于上年同期水平。不过，个人银行结算账户在2019年其他三个季度则表现出了强劲的增长势头（见图4－18）。

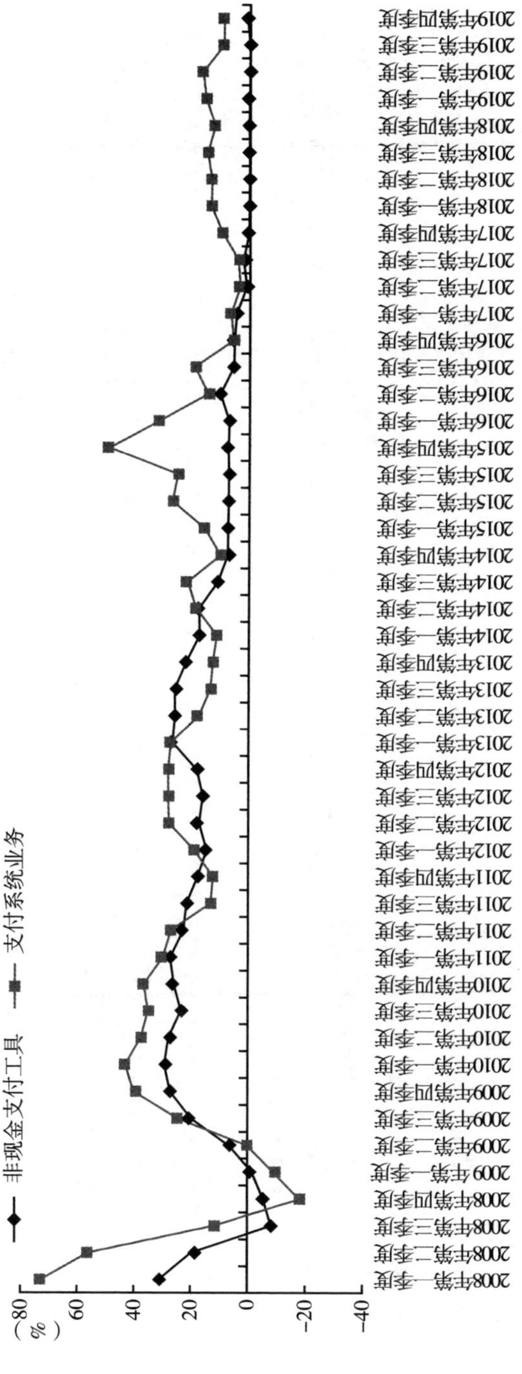

图 4－16　2008～2019 年支付清算业务交易金额季度同比增长率变化情况

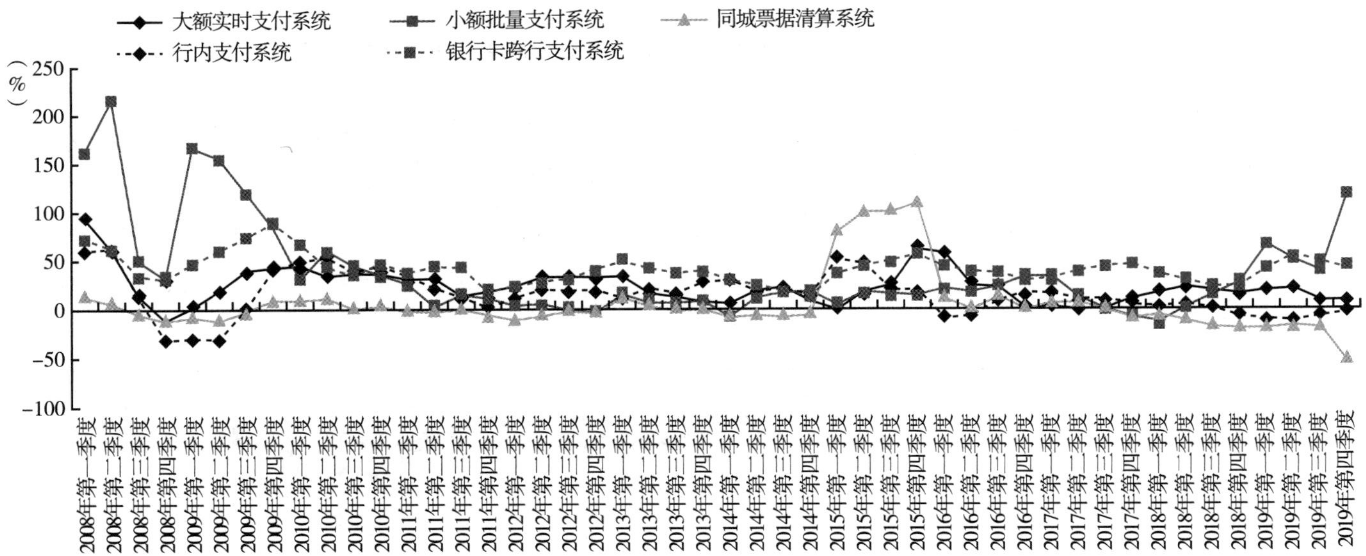

图 4－17　2008～2019 年支付系统业务交易金额季度同比增长率变化情况

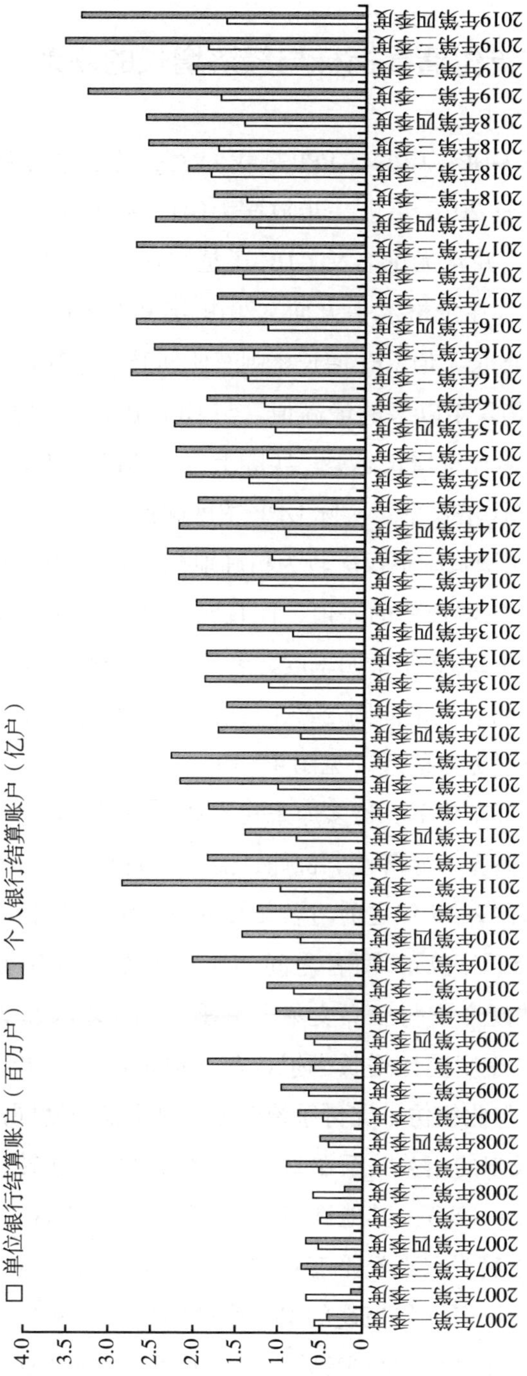

图4－18　2007～2019年银行结算账户季度增量

二　支付清算指标与经济增长的联系

名义 GDP、实际 GDP、CPI 与 PPI 是我们关心的宏观经济指标。2019 年，我国的经济增速较 2018 年进一步放缓，GDP 为 988458.0 亿元，实际 GDP 增长率为 6.2%，并且无论名义 GDP 还是实际 GDP，各季度的增长率都低于上年同期水平。在价格水平方面，2019 年 PPI 增长率继续下滑，第三、第四季度变为负增长，但 CPI 增长率则有所回升，尤其是第四季度达到了 4.27%，创下了 2012 年以来的最高值。与 CPI 相比，PPI 的变化情况更能够反映近年来的实体经济增长态势。实际上，长期以来 PPI 季度同比增长率与名义 GDP 季度同比增长率、实际 GDP 季度同比增长率构成了显著的协整关系。PPI 季度同比增长率不仅能较为精确地拟合名义 GDP 季度同比增长率与实际 GDP 季度同比增长率的差值，而且对经济增速的总体走势也有较大的指示作用。不过在 2019 年第四季度，名义 GDP 季度同比增长率与实际 GDP 季度同比增长率的差值走向则与 PPI 季度同比增长率发生了背离，反而与 CPI 季度同比增长率更为接近（见图 4 – 19）。

在近期的宏观经济态势下，许多原来对宏观经济变量具有良好预测效果的支付清算指标逐渐失去了显著性。例如，滞后一期的非现金支付工具交易金额季度同比增长率在 2015 年之前与名义 GDP 季度同比增长率有着很好的相关性，但是在 2015 年之后，两者之间的协整关系不再显著，尤其是在 2016 年之后，由于非现金支付工具交易金额季度同比增长率大幅下降，基于此进行的名义 GDP 季度同比增长率拟合基本被常数项所主导，无法反映其波动或变化趋势。与此相仿，支付系统业务交易金额季度同比增长率与名义 GDP 季度同比增长率的相关关系在 2015 年之后发生了逆转，两者的变化趋势正好相反（见图 4 – 20）。其他许多支付清算指标也出现了类似的情况。实际上，在 2015 年之后，宏观经济变量之间的相关关系也遭到了破坏，如名义 GDP 季度同比增长率仅与当期的 PPI 季度同比增长率相关，而与实际 GDP 季度同比增长率和 CPI 季度同比增长率不相关，实际 GDP 季度同比增

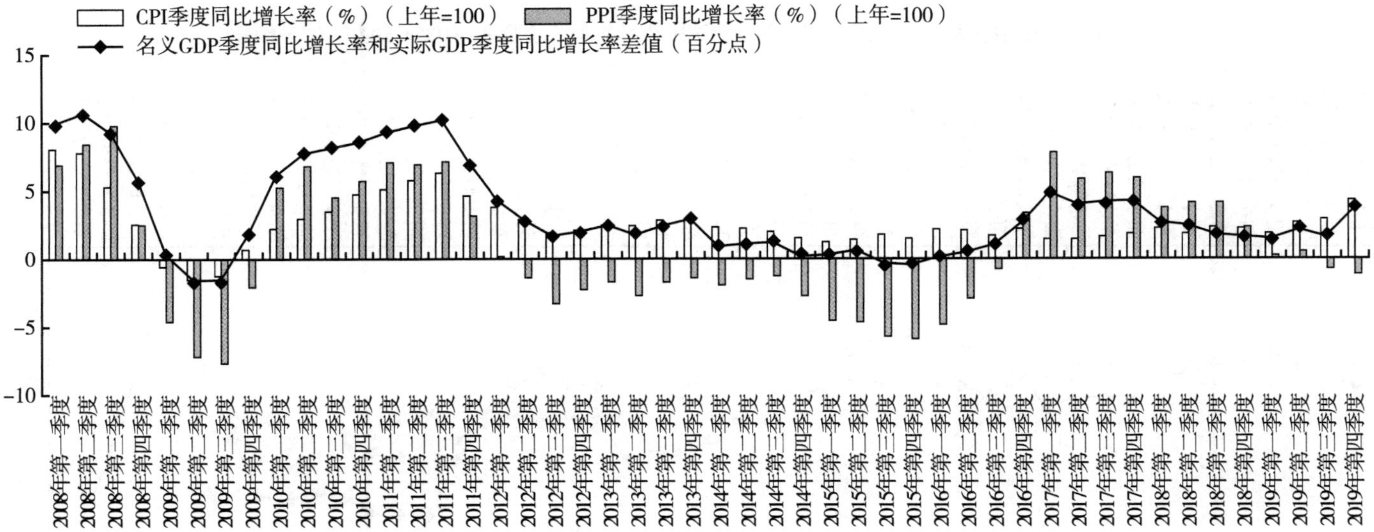

图 4－19　2008～2019 年名义 GDP 季度同比增长率和实际 GDP 季度同比增长率差值与价格指数季度同比增长率的关系

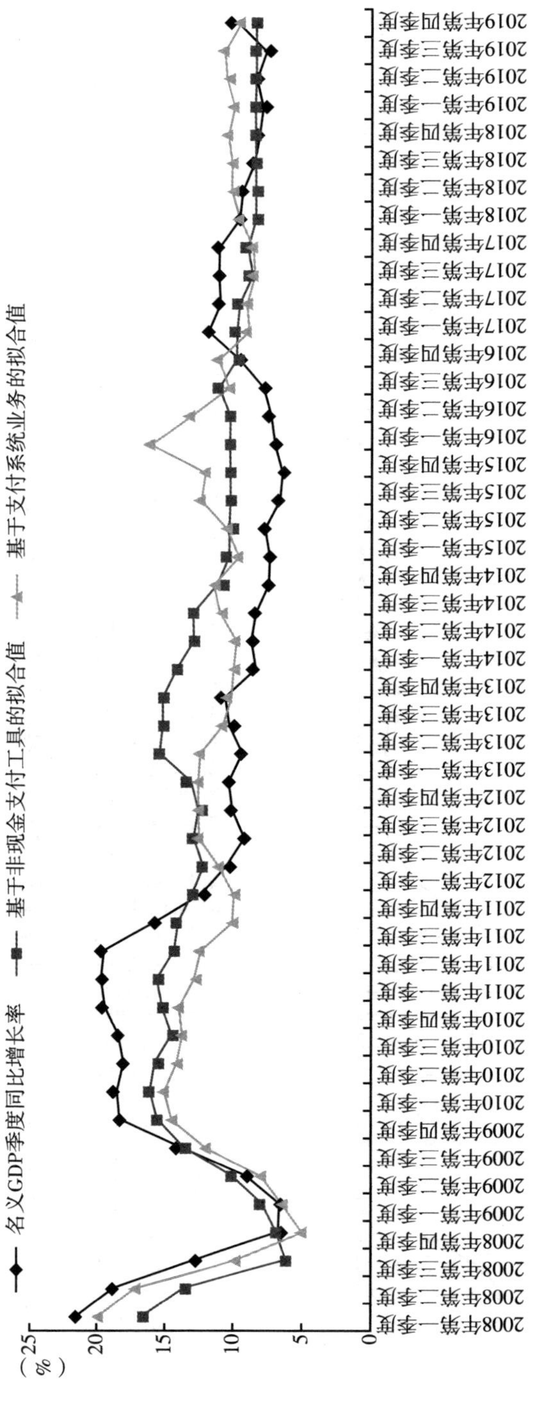

图 4-20　2008~2019 年基于支付清算业务交易金额的名义 GDP 季度同比增长率拟合

长率则与其他三个变量都不相关。

值得注意的是，CPI 季度同比增长率与滞后一期的单位银行结算账户季度增量之间的协整关系（包含 CPI 季度同比增长率的一期滞后值）一直保持稳健，没有随时间的推移而发生明显变化。从图 4－21 可以看到，即使在 2015 年之后，基于单位银行结算账户的 CPI 季度同比增长率拟合值也与实际值保持较好的同步趋势。不过在 2019 年第四季度，拟合值与实际值之间出现了较为明显的分歧，在第三季度的单位银行结算账户增长较为平稳的情况下，CPI 季度同比增长率却有一个较大幅度的上涨，这应该是猪肉供需缺口等非金融因素的外部冲击导致的。

对于名义 GDP 季度同比增长率，银行卡跨行支付交易金额和单位银行结算账户增量的季度同比增长率曾经有着良好的预测能力，不过在 2015 年之后，它们之间的协整关系完全消失了。我们试着基于截至 2015 年的数据将它们之间的协整关系（包含名义 GDP 季度同比增长率的一期滞后值）推广到 2019 年（见图 4－22），发现尽管根据支付清算指标得到的名义 GDP 季度同比增长率预测值仍然与实际值之间保持较小的误差，但是在名义 GDP 季度同比增长率发生非趋势性变化时，预测值与实际值就会出现明显分歧，因此上述拟合效果主要来源于名义 GDP 季度同比增长率的滞后值而非支付清算指标的预测能力。

采用同样的方法，我们给出了基于银行卡跨行支付和单位银行结算账户的实际 GDP 季度同比增长率拟合（包含实际 GDP 季度同比增长率的一期滞后值）。从图 4－23 可以看到，从 2015 年开始预测值与实际值的差异要比名义 GDP 季度同比增长率的情形更大，并且预测值显著大于实际值，这也反映了 2015 年以来金融体系的结构性变化，使得流动性与实体经济之间的相关性弱化。进入 2020 年之后，考虑到新冠肺炎疫情的冲击，支付清算指标与宏观经济变量之间的相关性可能会遭到更为严重的破坏。

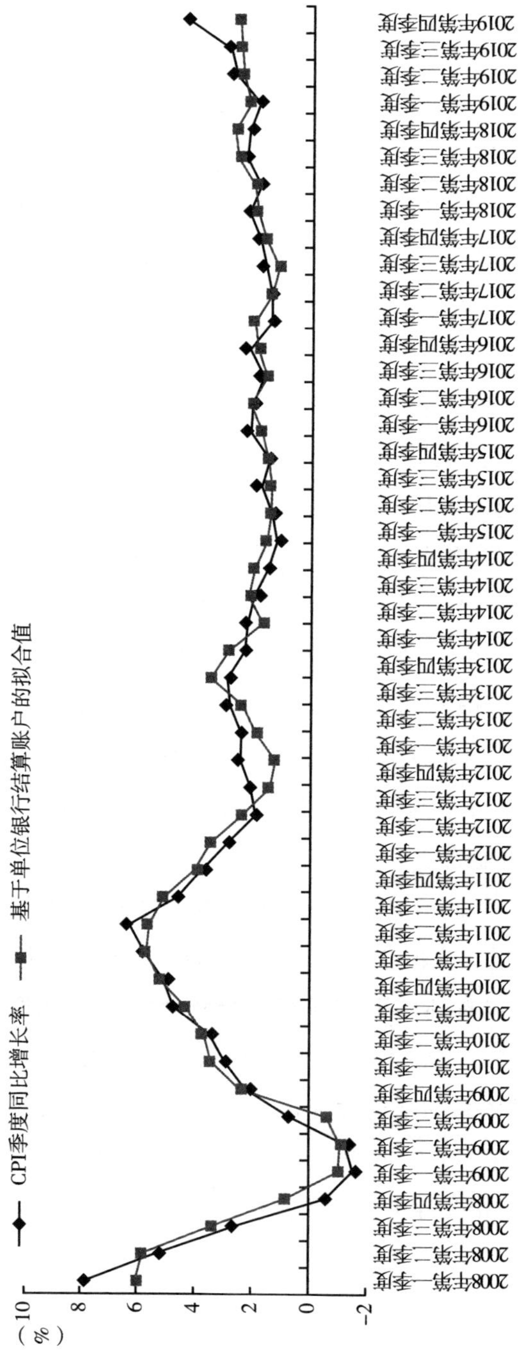

图4-21　2008~2019年基于单位银行结算账户的CPI季度同比增长率拟合

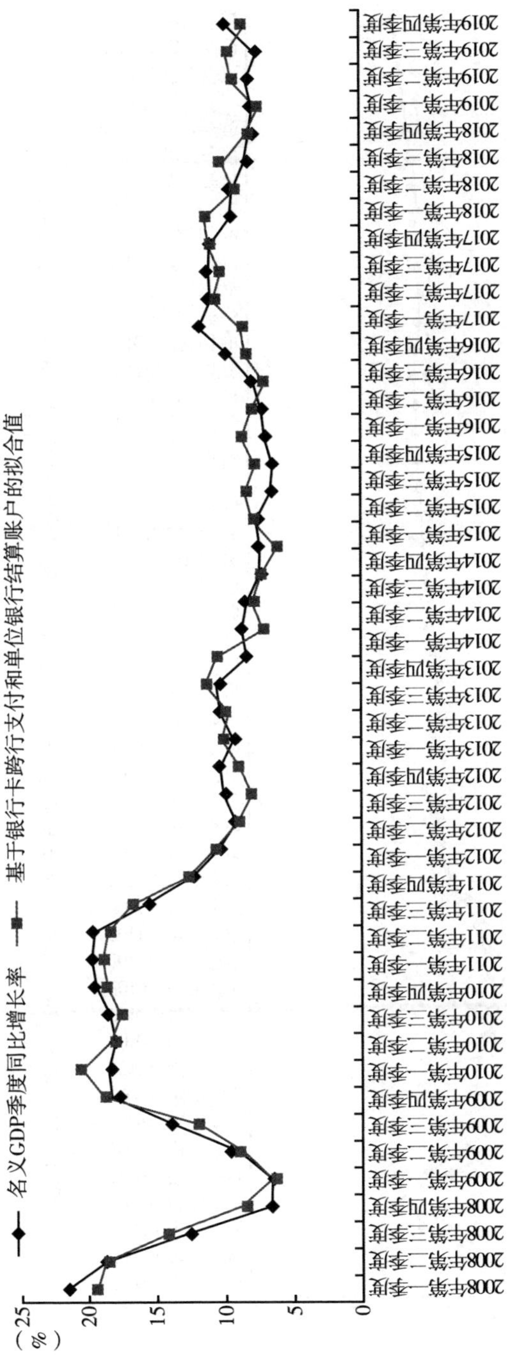

图 4－22　2008～2019 年基于银行卡跨行支付和单位银行结算账户的名义 GDP 季度同比增长率拟合

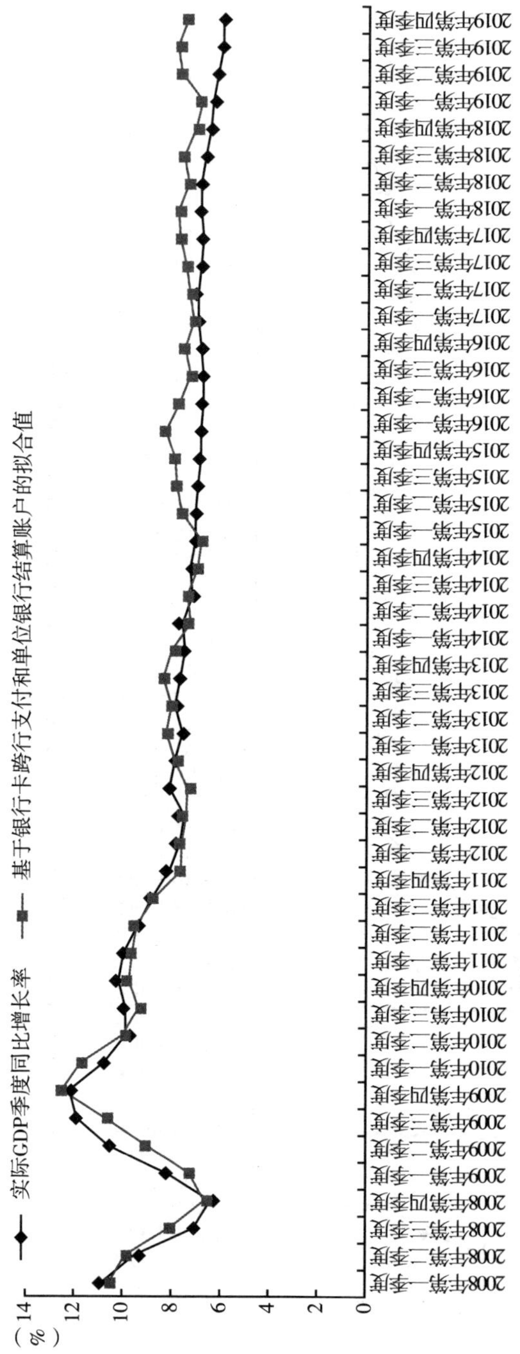

图 4－23　2008～2019 年基于银行卡跨行支付和单位银行结算账户的实际 GDP 季度同比增长率拟合

第五章 支付清算体系运行与区域经济和金融发展*

程 炼**

摘 要： 本章基于中国人民银行大额实时支付系统数据，对我国资金流动的总体区域分布格局进行了描述，分析了全国主要地区在资金流动中的地位及影响因素，并就各地区基于资金流动模式而形成的相互关系进行了探讨。

关键词： 大额实时支付系统 资金流动 经济一体化

地区之间的资金流动是金融地理状况的重要内容，也与实体经济关系密切。在本章，我们将基于中国人民银行大额实时支付系统数据，对我国区域资金流动结构做一分析。

一 各地区资金流动规模

2018 年，我国资金流动规模较大的 5 个地区依次为北京、上海、深圳、

* 由于数据的可得性因素，本章的年度数据截至 2018 年。

** 程炼，经济学博士，研究员，中国社会科学院金融研究所《金融评论》编辑部主任、支付清算研究中心副主任，主要研究领域为国际金融、金融地理与金融监管、支付清算等。

浙江、广东①，除了广东、深圳与浙江的排名有变化外，其他地区排名与2017年相同。资金流动规模较小的5个地区依次为西藏、青海、海南、宁夏、新疆，除了海南与宁夏的排名交换顺序外，其他地区排名与2017年相同（见图5－1）。

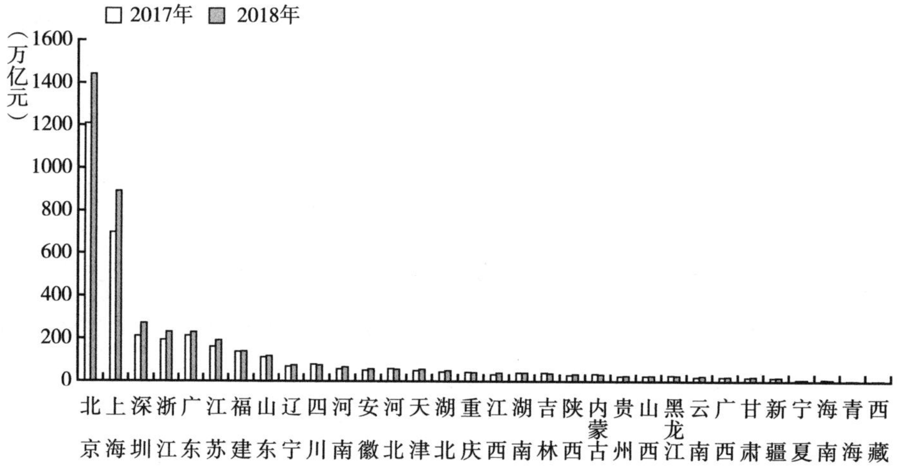

图5－1　2018年各地区大额实时支付系统资金流动规模

注：资金流动规模为区域年度资金流入与流出的平均值。

在资金流动规模的变化方面，2018年各地区也存在很大差别。其中，相对于2017年而言，增幅最大的是深圳，为28.89%；其次是上海和江西，增幅分别27.75%和21.71%；其他增幅接近20%的地区还有浙江、北京、云南和江苏。2018年资金流动规模下降的地区有9个，其中海南的降幅最大，为22.10%，是居降幅次位的吉林的2倍多（见图5－2）。

2018年，北京、上海、深圳大额实时支付系统资金流动规模占比分别为33%、20%和6%，与2017年相比变化不大，上海保持了自2015年以来的增长趋势，其他地区的占比则较2017年下降了3个百分点，为40%（见图5－3）。

① 央行原始数据中将深圳数据从广东省剔除并单列。

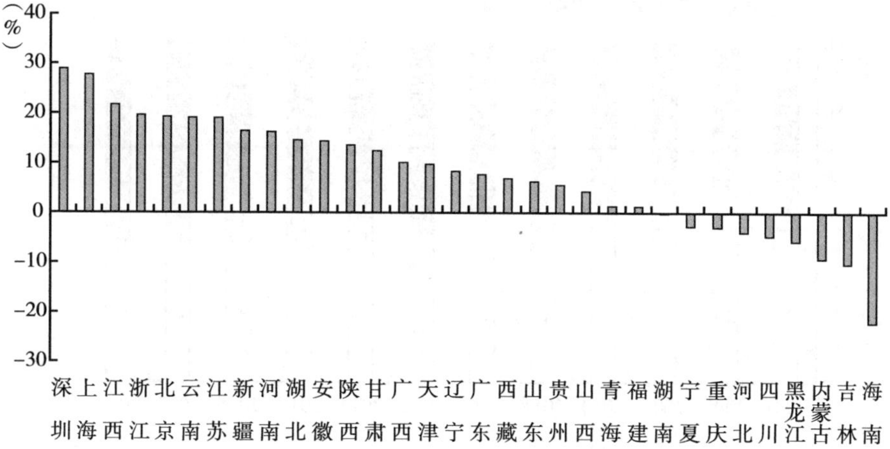

图 5－2　2018 年各地区大额实时支付系统资金流动规模增幅

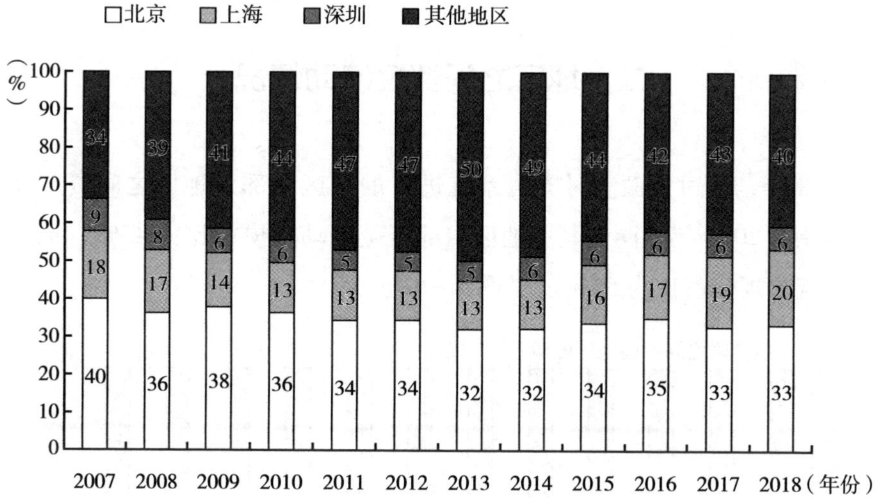

图 5－3　2007～2018 年北京、上海、深圳及其他地区大额实时支付系统资金流动规模占比变化

相对于总体资金流动规模的变化，在 2018 年通过大额实时支付系统进行的各地区内部资金流动方面，北京和上海的份额上升更为显著。其中，北京由 2017 年的 37% 上升至 38%，上海由 15% 上升至 17%，其他地区则由 44% 下降至 42%（见图 5－4）。

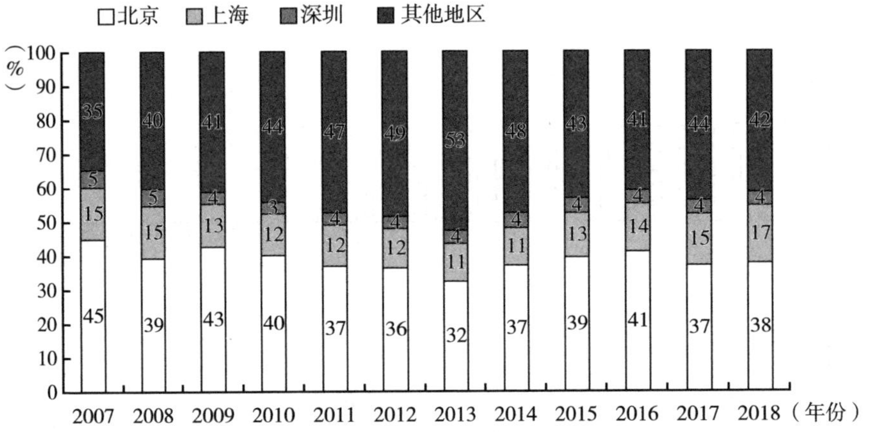

图 5－4　2007～2018 年北京、上海、深圳及其他地区内部大额实时支付系统资金流动规模占比变化

二　地区之间资金流动情况

2018 年，通过大额实时支付系统进行的地区内部及地区之间资金流动规模占比与 2017 年相同，其中地区内部资金流动规模占比为 42%，地区之间资金流动规模占比为 58%（见图 5－5）。

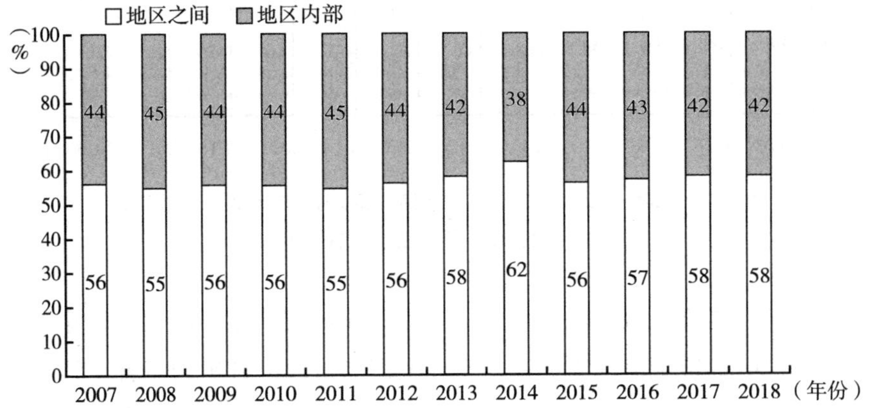

图 5－5　2007～2018 年地区内部及地区之间大额实时支付系统资金流动规模占比变化

在地区之间资金流动模式方面，2018 年，北京、上海与深圳三大金融枢纽城市之间的资金联系有所加强。北京与上海之间通过大额实时支付系统进行的资金流动规模占比由 2017 年的 19% 上升至 21%，上海与深圳之间的资金流动规模占比由 4% 上升至 5%。但与此同时，北京与其他地区之间的资金流动规模占比由 2017 年的 34% 下降至 31%，上海与其他地区之间的资金流动规模占比由 19% 下降至 18%。北京与上海之间的资金流动规模占比上升是自 2015 年以来的趋势。相应地，在此期间北京与其他地区之间以及其他地区相互之间的资金流动规模占比都有所下降，前者由 2015 年的 34% 收缩到 2018 年的 31%，下降了 3 个百分点；后者则由 2015 年的 18% 回落至 2018 年的 15%，同样下降了 3 个百分点（见图 5-6）。

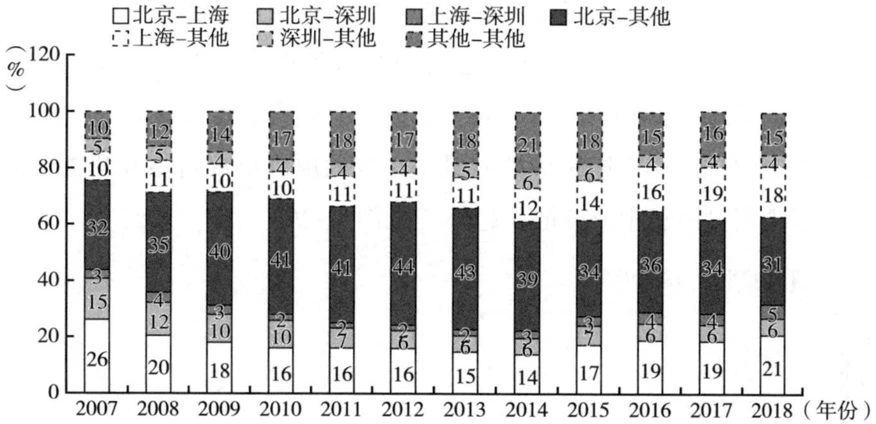

图 5-6 2007~2018 年地区之间大额实时支付系统资金流动规模占比变化

注：基数为全国异地交易金额总和。

在地区内部资金流动模式方面，除了福建与深圳之外，2018 年大额实时支付系统中各地区资金流动最大的去向都是自身。在各地区之中，河北、山西、吉林、安徽、山东、河南、湖北、广西、海南、云南、西藏、陕西、甘肃、青海等地区的内部资金流动规模占比都超过了 50%，其占比较 2017 年又有所上升。在各地区的外部资金流动对象中，北京仍然占据最为重要的位置，是除其自身、福建、深圳之外的第二大资金流动对象。福建和深圳最大的资金流动对象都是北京，其资金流动规模占比分别为30%和31%，相形之下，两地内部资金流动规模占比分别为25%和26%。上海也是各地区的重要资金流动对象，但地位远不能和北京相比，即便是在与上海经贸关系紧密的长三角地区，浙江、江苏、安徽等地区最大的外部资金流动对象仍然是北京（见表5－1）。

按照往年的方法，我们将各地区在其大额实时支付系统资金来源地异地资金流出规模中的占比（见表5－2）加总，得到2018年各地区在地区之间大额实时支付系统资金流动上的地位指数，并且与2017年的结果进行比较。对比2017～2018年各地区的地位指数及其在总体资金流动规模上的排序，可以发现结果高度相似，尤其是前5名和最后5名所包含的地区几乎一致。不过在相对固定的格局之下，仍然有一些细微的变化。如北京虽然继续高居地位指数的首位，但是具体数值近年来连续下降，从2016年的13.13下降至2018年的12.48；上海的地位指数则持续上升，从2016年的5.46上升至2018年的6.27；其他地区的地位指数则各有升降，目前还没有呈现明显的集中或分散化趋势（见图5－7）。

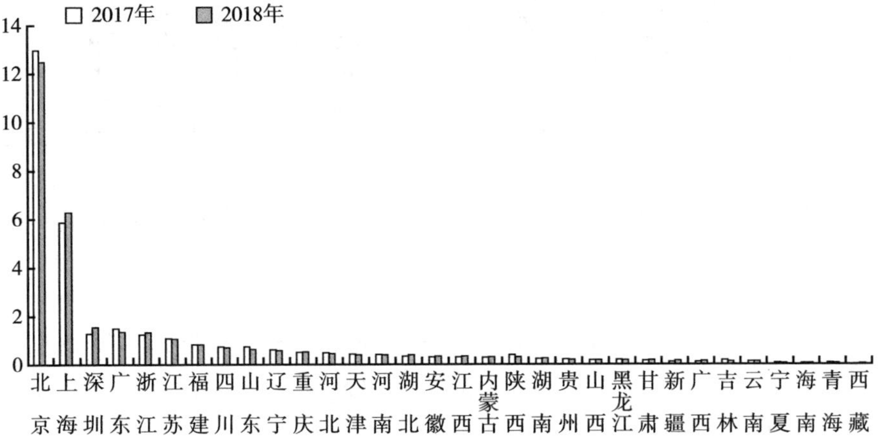

图5－7　2017～2018年各地区在地区之间大额实时支付系统资金流动上的地位指数

表 5-1　2018 年各地区大额实时支付系统资金流动去向

单位：%

地区	北京	天津	河北	山西	内蒙古	辽宁	吉林	黑龙江	上海	江苏	浙江	安徽	福建	江西	山东	河南	湖北	湖南	广东	广西	海南	重庆	四川	贵州	云南	西藏	陕西	甘肃	青海	宁夏	新疆	深圳
北京	48	1	1	0	0	1	1	0	19	3	4	1	3	1	2	1	1	1	4	0	0	1	1	0	0	0	0	0	0	0	0	6
天津	23	36	2	0	0	1	0	0	20	2	3	0	1	0	1	1	0	0	2	0	0	1	1	0	0	0	0	0	0	0	0	2
河北	21	2	52	1	1	1	0	1	8	1	2	1	1	0	2	1	1	0	2	0	0	1	1	0	0	0	0	0	0	0	0	1
山西	15	1	1	56	1	1	0	0	9	2	2	0	1	1	1	1	0	0	2	0	0	0	1	0	0	0	1	0	0	0	0	1
内蒙古	22	1	1	1	41	1	1	0	16	2	3	0	1	1	1	1	0	0	1	0	0	1	1	1	0	0	1	0	0	0	1	2
辽宁	24	1	1	0	1	42	1	1	13	2	2	0	2	0	1	1	0	0	2	0	0	1	0	1	0	0	0	0	0	0	0	3
吉林	23	0	0	0	1	1	62	0	7	1	1	0	1	0	0	0	0	0	1	0	0	0	0	0	0	0	0	0	0	0	0	1
黑龙江	24	1	1	0	1	2	1	43	9	1	2	1	2	0	1	1	1	0	3	1	0	1	2	0	0	0	0	0	0	0	0	4

续表

地区	北京	天津	河北	山西	内蒙古	辽宁	吉林	黑龙江	上海	江苏	浙江	安徽	福建	江西	山东	河南	湖北	湖南	广东	广西	海南	重庆	四川	贵州	云南	西藏	陕西	甘肃	青海	宁夏	新疆	深圳
上海	33	1	1	0	1	1	0	0	34	3	4	0	4	1	1	1	1	0	5	0	0	0	1	0	0	0	0	0	0	0	0	7
江苏	23	0	0	0	0	1	0	0	15	44	4	1	2	0	1	0	0	0	2	0	0	0	0	0	0	0	0	0	0	0	0	3
浙江	25	1	0	0	0	1	0	0	17	3	39	1	2	0	2	0	1	0	2	0	0	1	1	0	0	0	0	0	0	0	0	2
安徽	20	0	1	0	0	0	0	0	7	3	3	53	2	1	1	1	1	0	1	0	0	1	1	0	0	0	0	0	0	0	0	2
福建	30	1	0	0	0	1	0	0	23	3	3	1	25	0	2	0	0	0	2	0	0	0	1	0	0	0	0	0	0	0	0	5
江西	20	0	1	0	1	1	0	0	13	1	3	1	2	39	1	2	2	0	3	0	0	2	3	0	0	0	1	0	0	0	0	2
山东	22	1	1	0	0	1	0	0	9	2	3	0	2	0	51	1	0	0	1	0	0	0	0	0	0	0	0	0	0	0	0	2
河南	20	1	1	0	0	1	0	0	9	1	1	1	1	0	1	55	1	0	2	0	0	0	1	0	0	0	0	0	0	0	0	2
湖北	14	0	1	0	0	0	0	0	11	2	3	1	1	2	1	1	52	1	3	0	0	1	2	0	0	0	1	0	0	0	0	2

续表

地区	北京	天津	河北	山西	内蒙古	辽宁	吉林	黑龙江	上海	江苏	浙江	安徽	福建	江西	山东	河南	湖北	湖南	广东	广西	海南	重庆	四川	贵州	云南	西藏	陕西	甘肃	青海	宁夏	新疆	深圳
湖南	22	1	1	0	0	1	0	0	14	2	2	1	1	0	0	1	1	46	2	0	0	1	1	0	0	0	0	0	0	0	0	2
广东	24	1	0	0	0	1	0	0	18	2	2	0	2	0	1	0	1	0	39	0	0	1	1	0	0	0	0	0	0	0	0	5
广西	16	0	1	1	0	1	0	1	5	2	2	0	1	1	1	1	1	1	3	57	0	1	1	0	1	0	0	0	0	0	0	3
海南	13	2	1	0	0	2	1	0	7	2	1	0	1	0	1	1	1	1	4	0	56	0	1	0	0	0	1	0	0	0	0	3
重庆	20	2	1	0	1	1	0	0	11	2	5	1	1	2	1	1	2	1	4	0	0	34	4	1	1	0	1	0	0	0	1	2
四川	21	0	1	0	0	1	0	0	14	1	2	1	1	1	1	1	1	0	2	0	0	2	45	1	0	0	1	0	0	0	0	2
贵州	17	1	1	0	1	2	0	0	14	1	3	1	1	1	1	1	0	0	4	0	0	2	3	44	0	0	0	0	0	0	0	1
云南	23	0	0	0	0	0	0	0	10	1	1	0	1	0	1	0	0	1	2	1	0	1	1	0	53	0	0	0	0	0	0	1
西藏	13	1	2	0	0	1	0	0	6	1	1	0	1	0	1	1	1	0	2	0	1	1	5	0	0	56	1	0	1	0	0	2
陕西	11	1	1	1	1	1	0	0	7	1	1	1	1	1	1	1	1	0	1	0	0	1	1	0	0	0	63	1	0	0	1	1

续表

地区	北京	天津	河北	山西	内蒙古	辽宁	吉林	黑龙江	上海	江苏	浙江	安徽	福建	江西	山东	河南
甘肃	17	0	0	0	1	1	0	0	11	1	1	1	1	0	1	1
青海	12	1	1	0	1	1	0	0	6	1	2	0	1	1	1	1
宁夏	25	1	1	0	2	1	0	0	18	2	2	0	1	0	1	1
新疆	22	1	1	0	1	1	0	1	5	5	2	1	1	0	1	1
深圳	31	1	0	0	0	1	0	0	24	2	3	0	3	0	1	0

地区	湖北	湖南	广东	广西	海南	重庆	四川	贵州	云南	西藏	陕西	甘肃	青海	宁夏	新疆	深圳
甘肃	0	0	1	0	0	1	1	0	0	0	1	54	0	0	0	4
青海	1	1	1	0	0	1	3	0	0	0	2	2	56	0	0	1
宁夏	0	0	1	0	0	1	0	0	0	0	1	1	0	36	0	2
新疆	1	0	2	0	0	3	1	0	0	0	1	0	0	0	47	2
深圳	0	0	4	0	0	0	0	0	0	0	0	0	0	0	0	26

表 5－2　2018 年各地区在其大额实时支付系统资金来源地异地资金流出规模中的占比

单位：%

地区	北京	天津	河北	山西	内蒙古	辽宁	吉林	黑龙江	上海	江苏	浙江	安徽	福建	江西	山东	河南	湖北	湖南	广东	广西	海南	重庆	四川	贵州	云南	西藏	陕西	甘肃	青海	宁夏	新疆	深圳
北京	—	39	43	34	36	42	61	40	47	41	41	44	40	33	45	44	31	46	40	38	30	31	41	31	56	46	32	38	31	40	47	43
天津	2	—	4	2	1	2	1	1	2	1	1	1	1	1	1	1	1	1	1	1	3	2	1	1	1	1	1	1	2	1	1	1
河北	2	3	—	4	2	1	1	2	1	1	1	1	1	1	2	2	1	1	1	1	2	2	1	2	1	3	1	1	2	1	1	0
山西	0	1	1	—	2	0	0	0	0	0	0	0	0	1	1	1	0	0	0	1	1	0	0	0	0	1	2	0	1	1	0	0
内蒙古	1	1	1	3	—	1	1	1	1	1	1	1	0	1	1	1	0	0	0	1	1	1	1	2	1	0	2	1	3	2	2	0
辽宁	2	2	2	2	3	—	3	4	2	2	1	1	2	1	1	2	1	1	1	2	6	1	1	3	1	2	2	1	2	2	2	1
吉林	1	0	0	0	1	1	—	1	0	0	0	0	0	0	0	0	0	0	0	0	3	0	0	0	0	0	0	0	0	0	0	0
黑龙江	1	0	1	0	1	1	1	—	0	0	0	1	0	0	1	0	1	0	0	1	1	1	1	0	0	1	1	1	0	0	1	1

续表

地区	北京	天津	河北	山西	内蒙古	辽宁	吉林	黑龙江	上海	江苏	浙江	安徽	福建	江西	山东	河南	湖北	湖南	广东	广西	海南	重庆	四川	贵州	云南	西藏	陕西	甘肃	青海	宁夏	新疆	深圳
上海	38	19	16	19	27	20	17	18	—	25	26	14	30	23	17	20	22	18	29	10	15	16	20	24	12	9	19	25	11	27	8	33
江苏	6	2	3	4	3	4	2	2	5	—	5	5	4	2	4	3	3	4	3	3	4	4	2	2	2	3	3	2	3	3	8	3
浙江	7	6	4	5	5	4	2	4	7	6	—	5	4	5	6	3	5	3	4	4	3	7	5	5	2	2	3	2	4	3	3	3
安徽	1	1	1	1	1	1	0	1	1	1	1	—	1	2	1	1	2	1	1	1	1	2	2	1	1	1	2	2	1	0	1	1
福建	5	4	2	3	1	4	1	4	6	4	3	4	—	3	4	2	2	2	2	2	1	2	2	2	2	1	2	2	2	2	1	3
江西	1	0	1	1	1	1	0	1	1	1	1	2	1	—	1	2	4	1	1	1	1	2	2	1	1	0	2	0	2	0	0	0
山东	3	2	3	3	2	2	1	3	2	2	3	2	2	2	—	2	2	1	1	2	2	2	1	2	2	1	3	1	3	2	2	1
河南	2	1	2	3	1	1	1	1	1	1	1	1	1	1	1	—	1	1	1	1	2	1	1	2	1	2	2	1	2	2	1	1
湖北	1	1	1	1	1	1	1	1	1	1	1	1	1	4	1	1	—	2	1	3	1	2	2	1	1	1	3	0	3	0	2	1

续表

地区	北京	天津	河北	山西	内蒙古	辽宁	吉林	黑龙江	上海	江苏	浙江	安徽	福建	江西	山东	河南	湖北	湖南	广东	广西	海南	重庆	四川	贵州	云南	西藏	陕西	甘肃	青海	宁夏	新疆	深圳
湖南	1	1	1	1	0	0	0	0	1	1	1	2	0	1	0	1	1	—	1	2	1	1	1	1	1	1	1	1	2	0	1	0
广东	7	4	4	4	2	3	1	4	7	4	4	3	3	4	3	4	6	5	—	10	9	5	3	7	4	4	3	2	3	2	3	6
广西	0	0	0	1	0	0	0	1	0	0	0	0	0	0	0	0	1	1	0	—	1	1	0	1	1	0	0	1	1	0	0	0
海南	0	0	0	0	0	0	1	0	0	0	0	0	0	0	0	0	0	0	0	0	—	0	0	0	0	1	0	0	0	0	0	0
重庆	1	2	2	1	1	1	0	1	1	1	1	2	1	3	1	1	3	2	1	1	1	—	4	3	2	2	4	2	2	2	5	0
四川	2	1	2	2	1	1	1	2	2	1	1	2	1	4	1	1	3	1	1	2	1	5	—	5	3	8	3	2	5	1	2	1
贵州	1	0	1	0	1	1	0	0	1	0	1	1	0	1	1	1	0	1	1	1	1	2	2	—	1	1	1	1	0	0	0	0
云南	1	0	0	0	0	0	0	0	0	0	0	0	0	0	0	0	0	1	0	1	0	1	1	1	—	1	0	0	0	0	0	0
西藏	0	0	0	0	0	0	0	0	0	0	0	0	0	0	0	0	0	0	0	0	0	0	0	0	0	—	0	0	1	0	0	0
陕西	0	0	1	3	1	1	0	1	0	0	0	1	0	1	1	1	1	0	0	1	1	2	1	1	1	1	—	2	3	2	2	0

续表

地区	北京	天津	河北	山西	内蒙古	辽宁	吉林	黑龙江	上海	江苏	浙江	安徽	福建	江西	山东	河南	湖北	湖南	广东	广西	海南	重庆	四川	贵州	云南	西藏	陕西	甘肃	青海	宁夏	新疆	深圳
甘肃	0	0	0	0	1	0	0	0	0	0	0	1	0	0	0	0	0	0	0	1	0	1	1	0	0	1	2	—	4	2	1	0
青海	0	0	0	0	0	0	0	0	0	0	0	0	0	0	0	0	0	0	0	0	0	0	0	0	0	1	0	1	—	0	0	0
宁夏	0	0	0	0	1	0	0	0	0	0	0	0	0	0	0	0	0	0	0	0	0	0	0	0	0	0	1	1	0	—	0	0
新疆	1	0	1	0	1	0	0	1	0	1	0	0	0	0	0	0	1	0	0	0	1	2	1	0	0	0	1	1	1	0	—	0
深圳	11	8	3	4	3	6	2	4	11	5	5	3	7	5	5	4	4	4	8	7	6	4	3	3	3	5	3	8	3	3	3	—

第六章 支付清算体系运行与金融系统稳定

程　炼*

摘　要：　本章从纵向与横向两个维度对支付清算体系运行与金融系统稳定之间的关系进行了分析，着重考察了支付清算指标与实体经济增长之间的长期稳定关系在预测金融体系中泡沫的作用，以及银行类金融机构之间资金流动模式对金融市场稳定的含义。

关键词：　支付清算　金融稳定　金融泡沫

在本章，我们将从纵向和横向两个角度，考察支付清算体系运行与金融系统稳定之间的关系，并对相关影响因素进行分析。

一　支付清算指标与宏观经济稳定

基于支付清算指标与经济增长及总体价格水平之间的协整关系，我们可以较为粗略地对当前和未来的宏观经济运行情况进行监测，如果实际的宏观经济指标在数值上大幅偏离基于支付清算体系运行情况得到的合理估测值，那么就存在经济紧缩或过热的风险。与此同时，我们还可以基于支付清算指

* 程炼，经济学博士，研究员，中国社会科学院金融研究所《金融评论》编辑部主任、支付清算研究中心副主任，主要研究领域为国际金融、金融地理与金融监管、支付清算等。

标的当期值对未来的宏观经济状态进行预测，以预判可能出现的风险。按照这一思路，我们首先基于第四章的分析获得宏观经济指标与支付清算指标之间的协整关系，再由当前支付清算数据生成 GDP 增长率等宏观经济指标的拟合值，然后将拟合值与实际值进行对比，通过对基于支付清算数据拟合的宏观经济指标的残差分析，对特定时期宏观经济运行的健康状况进行判断。

我们采用以下两个拟合公式：

$$g_{NGDP} = 0.7969922 \times L.g_{NGDP} + 0.0606178 \times L.g_{CARDSYS} + 0.07424 \times L.g_{DCACCT} - 1.205729 \quad (6-1)$$

$$g_{RGDP} = 0.4575656 \times L.g_{RGDP} + 0.0339166 \times g_{CARDSYS} + 0.0215528 \times L.g_{DCACCT} - 0.9626697 \times L.DUM + 3.041048 \quad (6-2)$$

其中，g_{NGDP}、g_{RGDP}、$g_{CARDSYS}$、g_{DCACCT}、DUM 分别表示名义 GDP、实际 GDP、银行卡跨行支付系统业务、单位银行结算账户季度增量的季度同比增长率和年度虚拟变量（2014 年之后各季度为 1，否则为 0），L. 为滞后算子。

将 2008 年以来相关支付清算指标数据代入式（6－1），得到名义 GDP 季度同比增长率拟合残差（见图 6－1）。残差的值越大，表明名义 GDP 季度同比增长率的拟合值与实际值差异越大，因此存在金融活动超出实体经济运行的需求并产生泡沫的风险，或者是实体经济运行超出了支付系统的支持能力，可能面临掉头下行的风险。从图 6－1 可以看出，除 2017 年第一季度外，基于这一回归得到的残差都在 －3% 到 3% 的区间内，并且自 2015 年以来，残差波动总体上要比之前的时期平稳，而 2017 年第一季度的残差反映了 2016 年第四季度的流动性紧张状况。

类似地，将数据代入式（6－2），得到实际 GDP 季度同比增长率拟合残差（见图 6－2）。从图 6－2 可以看出，实际 GDP 季度同比增长率拟合残差范围比名义 GDP 季度同比增长率更小，除 2009 年第三季度外，都在 －1.5% 到 1.5% 的区间内，其中几个残差较大的时期分别为 2008 年第四季度、2009 年第三季度和 2019 年第三季度。进入 2015 年之后，残差波动幅度较小，并且大部分是负值，自 2019 年第二季度开始，资金运转似乎有趋热的迹象，但也没有超出 2008 年的波动范围。

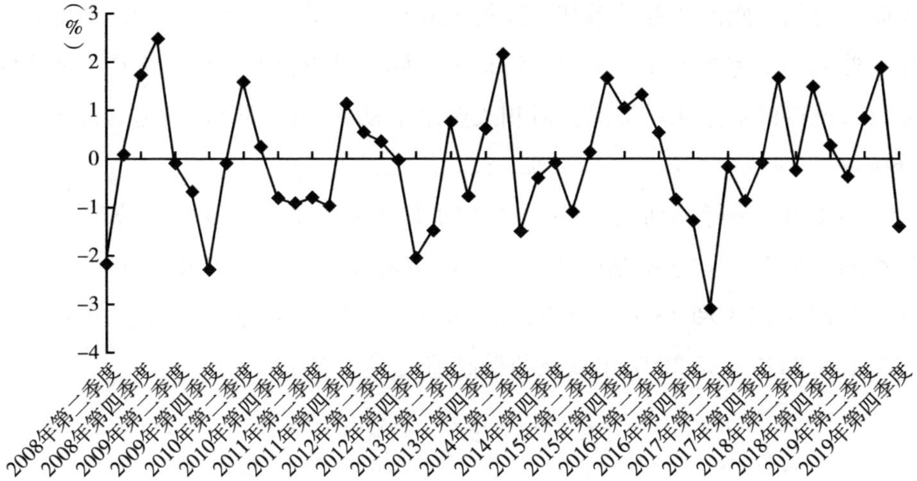

图 6－1　2008 年第二季度至 2019 年第四季度名义 GDP 季度同比增长率拟合残差

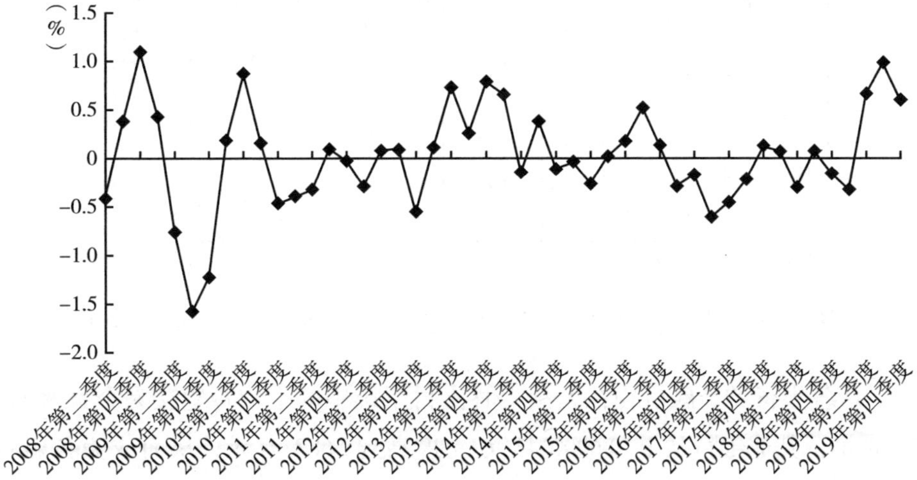

图 6－2　2008 年第二季度至 2019 年第四季度实际 GDP 季度同比增长率拟合残差

二　银行间资金流动与金融系统稳定性

与宏观经济风险的时间维度相对应，因金融系统结构而产生的金融脆弱性则是系统性风险的空间维度。各类银行之间的资金流动模式在相当程度上反映了它们之间的业务关系和可能的风险传染渠道，因此也是分析金融系统稳定性的一个重要侧面。本部分将根据不同类型银行业金融机构在大额实时支付系统内的资金流动情况，对相关金融活动的特征和金融稳定的含义进行分析。

2018 年，国有商业银行在大额实时支付系统业务总量中的份额与 2017 年相同，为 25%。股份制商业银行和城市商业银行的份额则较上年有所下降，分别为 22% 和 13%。相应地，其他银行的份额显著上升，由上年的 37% 变为 41%，是 2007 年以来的最高值（见图 6 - 3）。

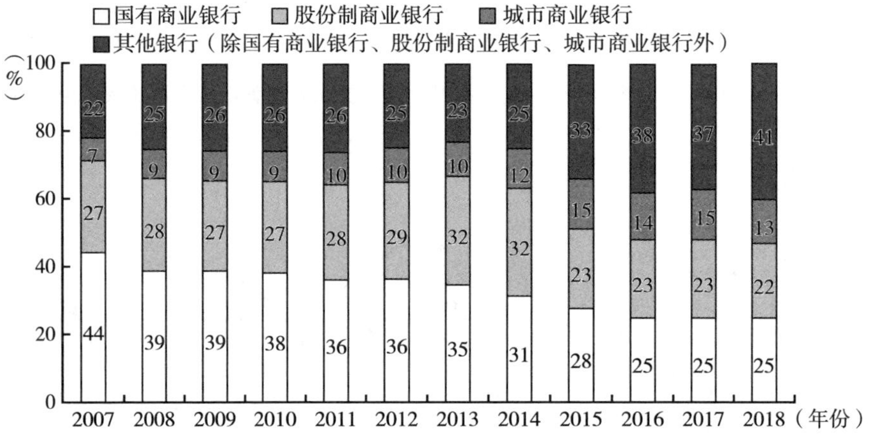

图 6 - 3　2007 ~ 2018 年各类银行在大额实时支付系统业务总量中的份额

从各银行类金融机构在大额实时支付系统中的平均每笔交易金额来看，2018 年，其他银行从上年的 4643 万元提高到 5683 万元，从而成为各银行类金融机构中平均每笔交易金额最高的银行。政策性银行从上年的 4956 万元下降至 4357 万元，居第二位。平均每笔交易金额较低的是农村信用社和国有商业银行，分别为 157 万元和 189 万元。值得注意的是，不同于往年平均每笔交易金额下降的总体态势，2018 年其他银行、股份制商业银行、国有商业银行、农村信用社的平均每笔交易金额都较上年有所上升（见图 6 - 4）。

在资金流向上，2018 年银行间资金流转份额为 84%，较 2017 年上升了 2 个百分点。2018 年，在同类银行业机构内部的资金流转总量中，国有商业

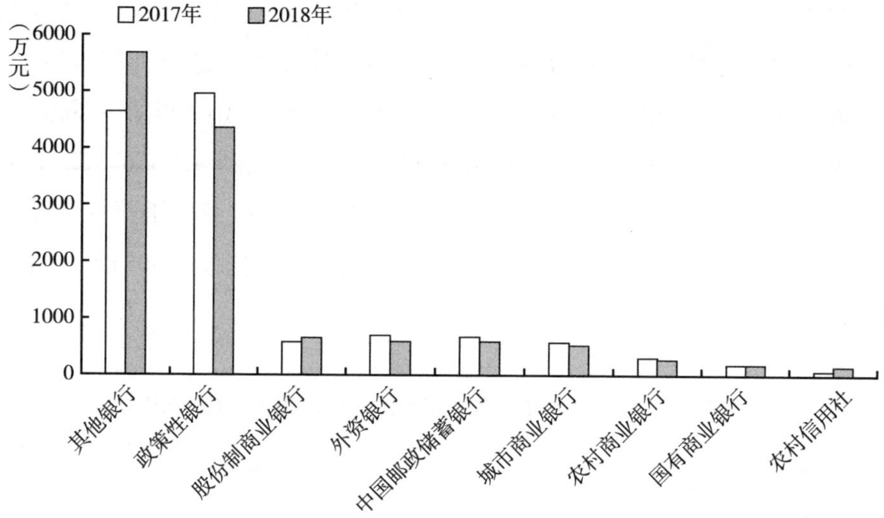

图6－4　2017～2018年各银行类金融机构在大额实时支付系统中的平均每笔交易金额

银行的份额由2017年的41%下降至40%，股份制商业银行的份额则从2017年的33%回升至34%，城市商业银行的份额逆转了往年的上升趋势，由2017年的16%下降至13%，其他银行的份额则由2017年的7%上升至8%，延续了自2015年以来的上升势头（见图6－5）。

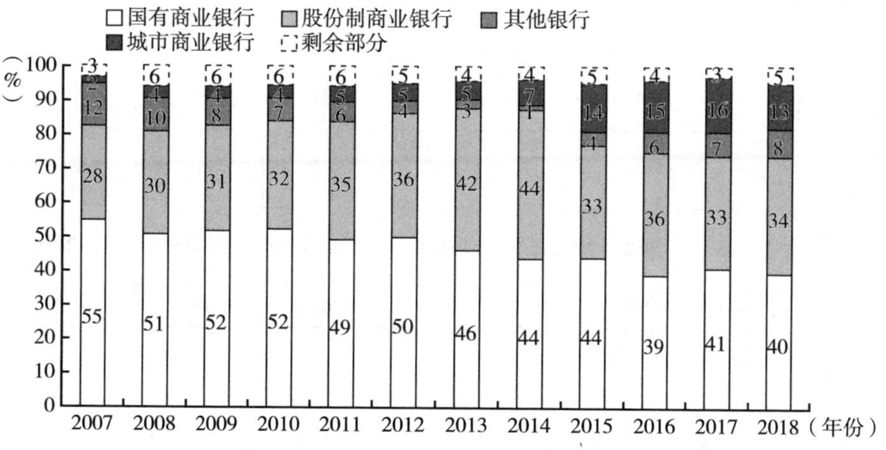

图6－5　2007～2018年同类银行业机构内部资金流转份额

在各类银行的资金净流入/流出方面，2018 年的格局有较大的变化，除了外资银行之外，其他类型银行都处于资金净流出状态。外资银行的资金净流入达到 11636677.34 亿元，其中绝大部分来自 2019 年第一季度。在各类银行中，其他银行的资金净流出规模最大，达到 4588587.22 亿元；其次是股份制商业银行，达到 3613247.14 亿元。城市商业银行在 2018 年也逆转了多年来的资金净流入状态，资金净流出达到 1880319.31 亿元（见表 6－1）。

表 6－1　2012～2018 年各类银行的资金净流入/流出情况

单位：亿元

类型	2012 年	2013 年	2014 年	2015 年	2016 年	2017 年	2018 年
国有商业银行	154045	118800	－93071	－133569	－177707.07	－222434.96	－2932112.52
股份制商业银行	190350	183981	56461	61752	33594.38	30259.49	－3613247.14
城市商业银行	92354	79150	9464	29087	45585.08	62394.11	－1880319.31
政策性银行	16647	11548	－3360	－5890	－9222.62	－7984.27	－38042.87
农村信用社	15609	13721	13882	18113	42008.68	－236122.54	－265625.21
外资银行	17442	7644	－108631	－25419	－2604.69	220704.91	11636677.34
农村商业银行	17517	15849	－4561	－4030	－1982.35	－8102.64	－689666.65
中国邮政储蓄银行	－535	－1968	534787	－8069	－4405.39	52425.33	－424780.70
其他银行	－503461	－428725	－404970	62814	78064.68	114202.45	－4588587.22

注：“－”表示资金净流出。

在各类银行之间资金流动份额方面，2018 年的格局也有较大的变化。2018 年，国有商业银行相关资金流动份额从 2017 年的 45% 下降至 41%，其中降幅最为明显的是与股份制商业银行的资金往来，其份额从上年的16%滑落至11%，下降了5个百分点。相应地，股份制商业银行相关资金流动份额从上年的42%下降至37%。城市商业银行和其他银行相关资金流动份额分别从上年的29%和46%下滑至23%与40%。在上述各类银行之外的剩余部分机构参与的资金流动份额则有较大提升，从上年的35%跃升至48%，其中各类机构相互之间的资金流动份额也由上年的3%上升至9%（见图6－6）。

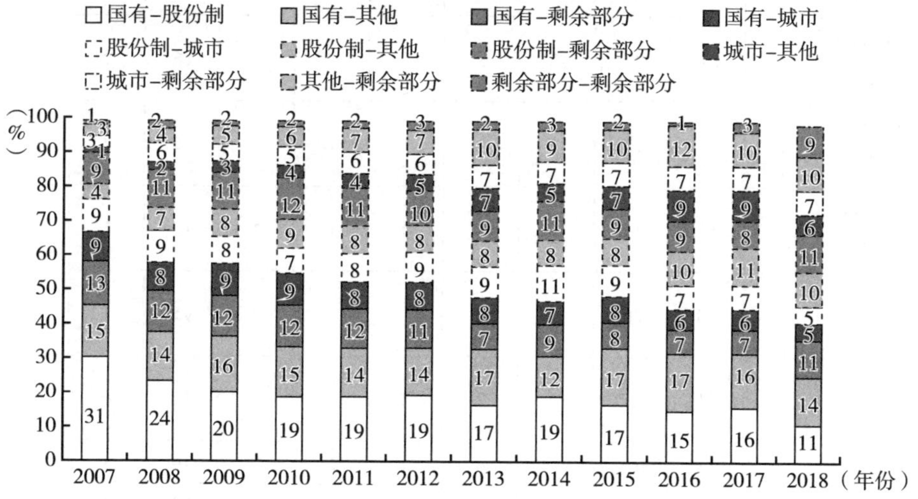

图6－6　2007～2018年各类银行之间资金流动份额

表6－2更为具体地显示了2018年大额实时支付系统内各类银行之间资金流动占比。从表6－2可以看出，对于大部分银行而言，国有商业银行和股份制商业银行是其主要的资金流动对象，不同类型银行之间资金流动的重要性也常常超过同类银行内部的资金往来。2018年各类银行之间资金流动一个值得注意的现象是，外资银行在各类银行资金流动目的地中的地位大幅提升，这使其成为大部分银行的重要资金流动对象，其重要性甚至超过了城市商业银行。

表 6－2　2018 年大额实时支付系统内各类银行之间资金流动占比

单位：%

类型	政策性银行	国有商业银行	股份制商业银行	城市商业银行	农村商业银行	农村合作银行	农村信用社	村镇银行	外资银行	中国邮政储蓄银行	其他银行
政策性银行	1	12	13	27	6	1	0	3	19	2	16
国有商业银行	2	24	19	8	3	1	2	3	17	1	20
股份制商业银行	3	21	22	10	3	1	2	3	16	2	18
城市商业银行	7	17	17	15	4	1	1	3	16	2	19
农村商业银行	5	17	15	12	4	0	1	4	17	1	23
农村合作银行	0	30	30	13	0	1	1	2	15	1	7
农村信用社	1	21	25	5	2	0	1	5	17	0	22
村镇银行	2	31	18	9	8	1	5	6	14	1	6
外资银行	5	26	18	4	1	3	0	2	28	1	13
中国邮政储蓄银行	5	17	22	11	3	0	1	3	23	0	15
其他银行	4	31	21	14	5	1	3	1	13	2	6

注：表格中的数据为交易金额占各银行总交易金额的比例。

汇总 2018 年各类银行在其资金来源机构资金流出规模中的占比（见表 6－3），可以得到其在机构间资金流动上的地位指数（见图 6－7）。比较 2017 年和 2018 年的结果，可以看到最为明显的变化就是外资银行地位的大幅跃升，而原来居前列的其他银行、股份制商业银行、国有商业银行、城市商业银行的地位均有所下降。与此同时，2017 年地位指数较低的农村合作银行和村镇银行在2018年均有明显上升，而居中游的农村商业银行、政策性银行、农村信用社和中国邮政储蓄银行的地位指数都有所下降。

表6-3　2018年各类银行在其资金来源机构资金流出规模中的占比

单位：%

类型	政策性银行	国有商业银行	股份制商业银行	城市商业银行	农村商业银行	农村合作银行	农村信用社	村镇银行	外资银行	中国邮政储蓄银行	其他银行
政策性银行	—	12	13	27	6	1	0	3	19	2	16
国有商业银行	2	—	25	11	4	1	2	4	22	1	27
股份制商业银行	3	26	—	13	4	1	3	4	21	2	23
城市商业银行	8	20	20	—	5	1	1	4	18	2	22
农村商业银行	5	18	15	13	—	0	1	5	18	1	24
农村合作银行	0	30	30	13	0	—	1	2	15	1	7
农村信用社	1	21	26	5	2	0	—	5	17	0	22
村镇银行	2	33	19	9	8	1	5	—	15	1	6
外资银行	7	35	24	6	1	4	0	3	—	2	18
中国邮政储蓄银行	5	17	22	11	3	0	1	3	23	—	15
其他银行	4	33	22	14	5	1	4	1	14	2	—

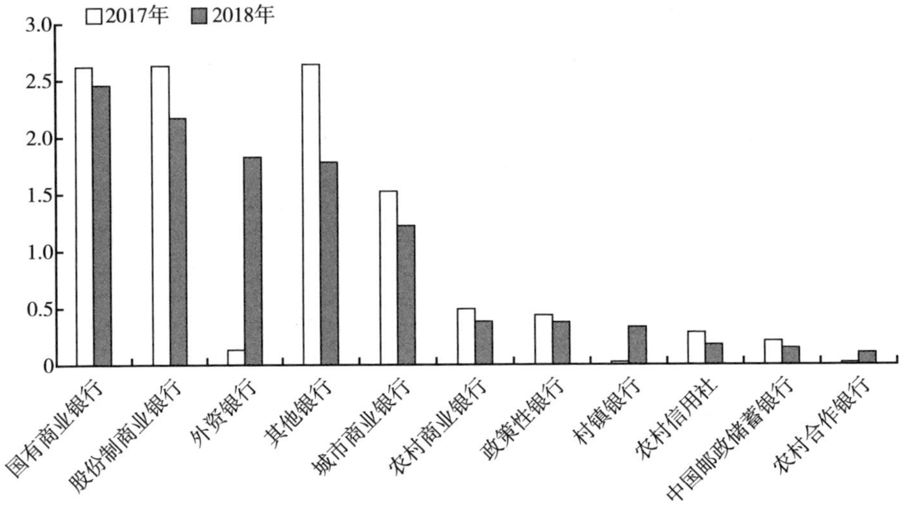

图 6－7　2017～2018 年各类银行在机构间资金流动上的地位指数

第七章
支付清算体系运行与货币政策

费兆奇　徐 扬*

摘　要：　2019 年，央行灵活开展公开市场操作，适时开展中期借贷便利和常备借贷便利操作，完善宏观审慎政策框架，满足实体经济融资需求，营造了适宜的货币金融环境；货币供应量保持适度增长，社会融资规模有所回升，金融市场整体运行平稳。支付清算系统发展日趋成熟稳健，有效提升了资金清算效率，增加了货币供应量；现金漏损率进一步提高，从而带动货币乘数上升；进一步缩短了资金汇划在途时间，有利于商业银行减少对超额准备金的需求。随着管理部门各项监管政策趋严，第三方支付市场步入有序发展阶段，第三方支付机构备付金集中存管政策实施后，其对货币供应量的冲击将会大幅度减小；随着第三方支付用户与商户的需求日益多元化，第四方支付会给货币政策和金融稳定带来一定程度的扰动。

关键词：　支付清算　货币政策　第三方支付

* 费兆奇，经济学博士，副研究员，中国社会科学院金融研究所货币理论与政策研究室主任，主要研究领域为货币政策、宏观金融等；徐扬，中国人民银行哈尔滨中心支行主任科员，主要研究领域为财政政策、金融市场。

一　2019年货币政策运行分析

（一）货币政策实施概况

2019 年，中国经济平稳运行，结构进一步优化，就业持续稳定。但经济增速有所回落，内外部需求同时减弱，风险挑战增多。在“六稳”政策的作用下，中国人民银行始终坚持金融为实体经济服务的根本要求，实施稳健的货币政策，采取了一系列逆周期调节措施，保持货币供给合理增长，营造了适宜的货币金融环境。

第一，灵活开展公开市场操作。2019 年，中国人民银行灵活搭配不同期限货币政策工具，运用公开市场操作保持流动性合理充裕，主要呈现以下特点。一是灵活运用公开市场操作。适时适度以 7 天期逆回购操作为主，同时针对特殊时期与时点启动 14 天期逆回购操作及 28 天期逆回购操作，满足市场流动性需求，平抑市场的短期波动。2019 年，中国人民银行共开展 100 笔逆回购操作，规模合计达 7.4 万亿元，其中 7 天期逆回购操作 71 次，规模为 5.21 万亿元，占全年逆回购操作的 70.4%（见图 7－1）。二是公开市场操作虽以净回笼为主，但波动幅度收窄明显。2019 年，货币净回笼 320 亿元，其中货币投放和货币回笼规模分别为 76350 亿元和 76670 亿元（见图 7－2）。与 2018 年货币净回笼规模 6400 亿元相比，2019 年货币净回笼规模收窄明显。三是引导货币市场利率小幅下行。2019 年，公开市场 7 天期、14 天期逆回购操作利率分别由 2.55%、2.7% 降为 2.5%、2.65%，28 天期逆回购操作利率为 2.85%。其中，7 天期回购利率（DR007）均值为 2.54%，比 2018 年低 20 个基点。货币市场利率总体保持平稳，有助于提高利率传导效率，降低实体经济特别是民营企业和小微企业的融资成本。四是创设央行票据互换工具（CBS）并首次开展操作。为提升银行永续债市场的流动性，2019 年，中国人民银行持续开展了 7 次共计 320 亿元的 CBS 操作，其中 1 年期 2 次，累计规模为 40 亿元；3 个月期 5 次，累计规模为 280 亿元。

通过 CBS 连续开展操作，增强了市场认购银行永续债的意愿，能够有效支持银行发行永续债补充资本，增强金融服务实体经济的能力。

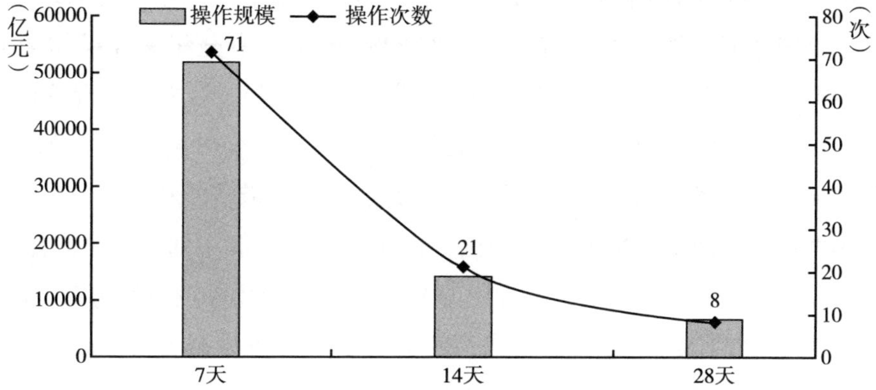

图 7－1　2019 年各期限累计开展逆回购操作规模及操作次数

资料来源：中国人民银行。

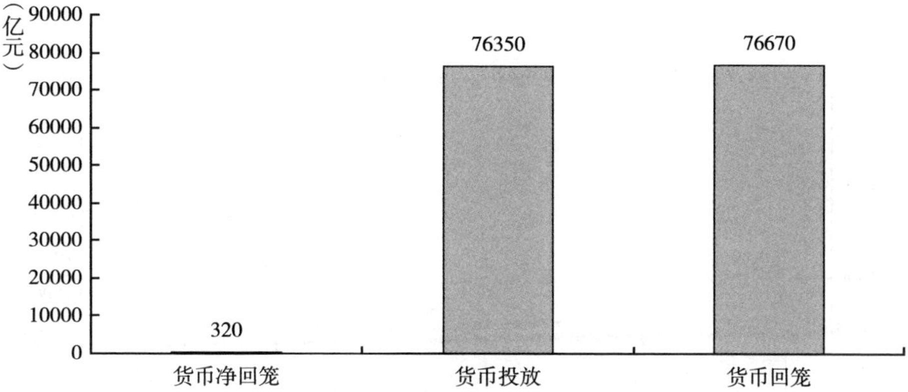

图 7－2　2019 年货币投放与货币回笼情况

资料来源：Wind 资讯。

综上所述，灵活开展公开市场操作，能够有效熨平流动性波动，弥补短期流动性缺口，满足实体经济的融资需求，确保银行体系流动性保持合理充裕。

第二，适时开展中期借贷便利和常备借贷便利操作。2019 年，中国人民银行审时度势充分利用中期借贷便利和常备借贷便利操作工具，对金融机构流动性提供短期及中长期支持，不断提高流动性管理的灵活性和有效性。一是通过常备借贷便利操作为中小银行提供足额短期流动性支持。2019 年，中国人民银行累计开展常备借贷便利操作 5465 亿元，期末余额为 1021 亿元，其中第四季度开展常备借贷便利操作 2284 亿元，占全年累计操作金额的 41.8%（见图 7-3）。常备借贷便利操作进一步加强了对中小银行流动性的支持，有效发挥了利率走廊的作用，对市场短期资金供给进行了及时的调节，平抑了市场波动对经济的扰动。二是通过中期借贷便利操作为金融机构提供中长期流动性。2019 年，中国人民银行累计开展中期借贷便利操作 14 次，规模共计 36900 亿元，期限均为 1 年，前 10 次操作利率均为 3.3%，后 4 次中标利率下降 5 个基点。由于第一季度运用降准资金置换，故未对金融机构开展中期借贷便利操作，所以期末余额仍为 36900 亿元，比年初减少 12415 亿元。中期借贷便利和常备借贷便利操作在为金融机构提供中长期流动性的同时，能够稳定中期利率政策，保证基础货币供给，有效促进货币市场平稳运行。

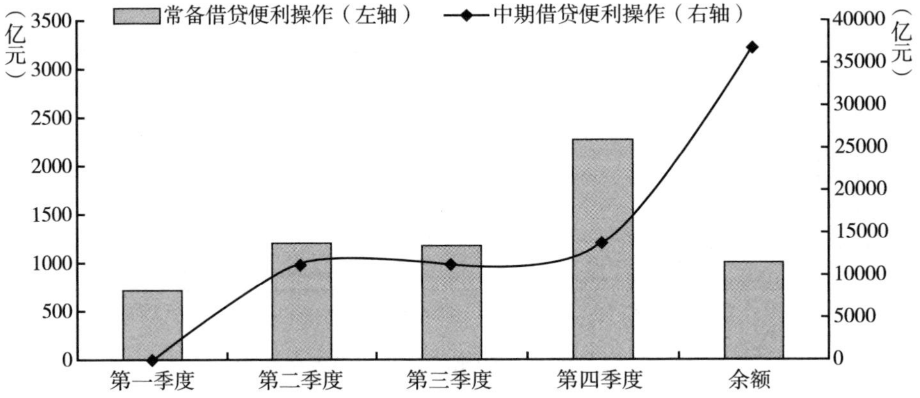

图 7-3　2019 年各季度中期借贷便利和常备借贷便利操作规模及余额

资料来源：中国人民银行。

第三，降低金融机构存款准备金率，构建“三档两优”的存款准备金框架。2019 年，中国人民银行根据金融机构规模及其支持实体经济的特点，构建了“三档两优”的存款准备金框架。一是三次下调金融机构存款准备金率。为降低企业融资成本，优化流动性结构，中国人民银行于 2019 年 1 月 15 日和 25 日分别下调金融机构存款准备金率 0.5 个百分点。2019 年 9 月 16 日，中国人民银行又全面下调金融机构存款准备金率 0.5 个百分点，全年累计释放长期流动性约 2.3 万亿元。二是构建“三档两优”的存款准备金框架。为加大对小微企业和民营企业的支持力度，支持实体经济健康发展，中国人民银行进一步扩大了优惠政策覆盖面，让更多的企业获得收益。自 2019 年 5 月 15 日起分三次定向下调服务县域的农村商业银行存款准备金率 2～3.5 个百分点至农村信用社档次，自 2019 年 10 月起分两次下调仅在本省经营的城市商业银行存款准备金率 1 个百分点。定向降准共释放流动性约 4000 亿元，定向降准措施有效提升了银行体系资金的稳定性，激发了经济创新活力，增强了内生经济增长动力。

第四，继续完善宏观审慎政策框架。2019 年，中国人民银行根据形势变化和调控需要继续完善宏观审慎政策框架，防控金融风险，确保整个金融体系平稳运作。一是不断强化宏观审慎评估（MPA）的逆周期调节作用。2019 年，为发挥好宏观审慎政策在金融供给侧结构性改革中的作用，第一季度，中国人民银行将小微企业和民营企业融资、制造业中长期贷款及信用贷款专项指标纳入 MPA 考核。第二季度和第三季度，中国人民银行将相关金融机构使用降准资金发放小微企业和民营企业贷款情况纳入 MPA 考核，引导金融机构将降准资金全部用于发放小微企业和民营企业贷款。第三季度，中国人民银行将贷款市场报价利率（LPR）运用情况及贷款利率竞争行为纳入 MPA 考核，推动银行更多运用 LPR。通过 MPA 逆周期调节加大对小微企业和民营企业等的鼓励引导力度，降低实体经济融资成本，尤其是小微企业和民营企业贷款利率。二是完善系统重要性金融机构监管框架。2019 年，中国人民银行牵头起草了《系统重要性银行评估办法（征求意见稿）》，适时发布系统重要性银行名单，开展系统重要性银行评估工作。三是研究制定金融控股公司监管规则。为规范金融控股公司发展，防控金融风险，中国人民银行牵头起草了《金融控股公司监督管理试行办法（征求意见稿）》，旨在对非金融企业投资形成的金融控股公司加强监管，促进经济金融良性循环。

（二）货币供给和社会融资规模概况

2019 年，货币供应量、社会融资规模总体保持平稳增长，增速略高于 GDP 名义增速（6.1%），逆周期调节显现。货币供给和社会融资规模呈现以下鲜明特点。

第一，货币供应量保持适度增长。2019 年末，M2 余额为 198.6 万亿元，较 2018 年同期增长 8.7%，回升 0.6 个百分点；M1 余额为 57.6 万亿元，较 2018 年同期增长 4.4%，回升 2.9 个百分点。2019 年 1～12 月，M2 增速均大于 M1 增速，二者剪刀差由年初的 8 个百分点缩小至 12 月末的 4.3 个百分点（见图 7－4）。M2 作为货币政策的中介目标在近两年变化不大，相对稳定，而 M1 增速浮动更大，剪刀差进一步缩小。原因主要在于金融支持实体经济效果显现，企业融资环境改善，尤其是中国人民银行通过货币政策促使金融机构向小微企业和民营企业精准投放贷款。此外，2019 年“放水养鱼”实施更大规模的减税降费等普惠性政策也进一步激发了市场活力。

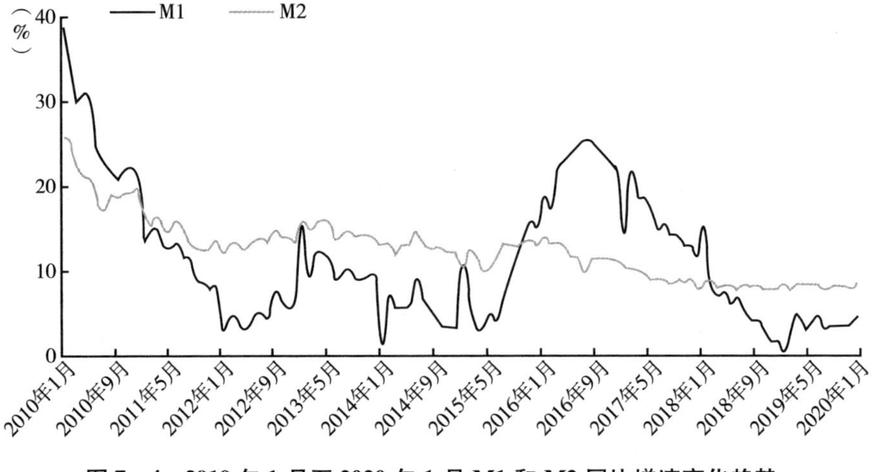

图 7－4　2010 年 1 月至 2020 年 1 月 M1 和 M2 同比增速变化趋势

资料来源：Wind 资讯。

第二，社会融资规模适度增长。2019 年，社会融资规模处于复苏状态，增速出现持续性回升。社会融资规模存量为 251.31 万亿元，较 2018 年同期增长 10.7%。社会融资结构具有以下特点。一是加大对实体经济的信贷支持力度。对实体经济发放的人民币贷款增加 16.88 万亿元，比上年多增 1.21 万亿元，占社会融资规模增量的 66.0%，是增长贡献最大的单项。二是表外融资规模继续下降。受资管新规出台影响，委托贷款、信托贷款和未贴现的银行承兑汇票表外三项融资减少 1.76 万亿元，比上年少减 1.17 万亿元，但影响逐渐趋于平稳。三是债券发行力度加大。企业债券融资显著增加，比上年增加 3.24 万亿元。原因主要在于市场利率总体下行，而债券融资成本较低，更多企业通过发行债券融资。

二　支付系统影响货币供给的实证研究

支付清算系统发展的日趋成熟和稳健，对中国人民银行有效调控货币政策提出了更高的要求。从理论上看，支付清算是中国人民银行向金融机构及社会经济活动提供资金清算综合服务，货币政策是中国人民银行实施的控制和调节货币供给与信贷的行为。支付清算对货币政策的影响主要表现在以下几个方面。一是对货币政策工具的影响。随着支付清算体系的发展，再贴现政策、存款准备金制度和公开市场业务作为中国人民银行重要的货币政策工具，一方面有力地提升了货币政策工具的执行效率，如中国人民银行在公开市场中的操作更为便捷，对商业银行流动性的把控能力也明显提升；另一方面会对基础货币结构和总量产生影响，如商业银行能够在金融市场中通过较低的融资成本获得所需的资金，而无须再贴现，利用央行进行融资。二是对货币政策传导的影响。在相对发达的支付清算体系的支持下，资金清算更加快捷便利，金融机构也更容易获得与货币政策相关的信息，从而迅速做出反应，有效缩短货币政策传导的时滞。三是对货币政策中介目标的影响。随着支付工具的快速创新，支付清算体系对货币供求关系产生了冲击，进而影响对货币供应量的控制。

2019 年，支付清算系统发展日趋成熟。支付业务保持高速发展势头，业务量增长较快，业务金额增长稳定。2019 年，支付系统共处理业务 5685.11 亿笔，金额 6902.21 万亿元，同比分别增长 163.5% 和 12.3%。从支付系统处理业务笔数和金额看，2019 年，中国人民银行支付系统共处理业务 180.16 亿笔，同比增长 14.7%；金额 5212.48 万亿元，同比增长 13.4%，占支付系统业务金额的 75.5%。从支付系统业务量看，网联清算平台业务量持续增长，2019 年业务量累计达 3975.42 亿笔，占支付系统业务量的 69.9%。[①] 此外，2020 年新冠肺炎疫情期间，为了满足疫情防控需要，中国人民银行开设大额资金汇划“绿色通道”，2020 年 1 月 24 日至 2 月 15 日，大额支付系统与小额支付系统共处理抗击疫情相关业务 447.96 亿元，进一步表明中国人民银行支付系统已经发展成熟，并为经济、金融等提供了稳健的支持。

（一）样本、变量及数据来源

被解释变量为广义货币供应量增长率。解释变量除了支付系统结算规模和法定存款准备金率外，根据凯恩斯的货币需求理论，选取 GDP 作为收入变量，选取 1～3 年期央行贷款基准利率作为利率指标。另外，有学者认为外汇储备也是影响货币供应量的重要因素，所以加入外汇储备变量。根据以上分析，建立如下计量模型：

$$M2_t = C + \alpha_1 \ln Scale_t + \alpha_2 \ln GDP_t + \alpha_3 \ln Reserve_t + \alpha_4 ReserveRatio_t + \alpha_5 InterestRate_t + \varepsilon_t$$

其中，*M2* 为广义货币供应量增长率，*Scale* 为支付系统结算规模，*GDP* 为国内生产总值增长率，*Reserve* 表示外汇储备增长率，*ReserveRatio* 为法定存款准备金率，*InterestRate* 为 1～3 年期央行贷款基准利率。t 为时间变量，α_1，…，α_5 分别为各变量的系数，ε 为误差项，ln 表示变量取对数。

---

① 网联清算平台数据为支付机构发起的通过网联平台处理的涉及银行账户的网络支付业务量，网联清算平台数据来源于网联清算有限公司。

（二）数据来源及数据处理

各解释变量和被解释变量的数据范围均为2008年第一季度至2019年第四季度，以一个季度为一个时间点，共48个季度。其中，支付系统清算规模数据来自央行各季度《支付体系运行总体情况》，广义货币供应量数据来自央行各季度《货币政策执行报告》，GDP数据来自相关年份《中国统计年鉴》和国家统计局数据库；1～3年期央行贷款基准利率数据来自中国人民银行，外汇储备数据来自国家外汇管理局。支付系统清算规模、GDP、外汇储备及广义货币供应量均取对数，以增加数据的平稳性（见表7－1）。

表7－1　2008年第一季度至2019年第四季度各变量数据

时间	M2（亿元）	GDP（万亿元）	人民币存款准备金率（%）	支付系统清算规模（万亿元）	外汇储备（万亿美元）	1～3年期央行贷款基准利率（%）
2008年第一季度	423054.53	69373.60	15.50	272.00	1.68	7.56
2008年第二季度	443141.02	78711.80	17.50	278.00	1.81	7.56
2008年第三季度	452898.71	82460.10	17.50	268.00	1.91	7.29
2008年第四季度	475166.60	88699.00	15.50	247.00	1.95	5.40
2019年第一季度	530626.71	73979.20	15.50	248.00	1.95	5.40
2019年第二季度	568916.20	83865.80	15.50	279.00	2.13	5.40
2019年第三季度	585405.34	89846.90	15.50	334.00	2.27	5.40
2019年第四季度	610224.52	100825.80	15.50	346.00	2.40	5.40
2010年第一季度	649947.46	81501.30	16.50	355.00	2.45	5.40
2010年第二季度	673921.72	99347.40	17.00	384.00	2.45	5.40
2010年第三季度	696471.50	105963.70	17.00	452.00	2.65	5.40
2010年第四季度	725851.79	119306.80	18.50	473.00	2.85	5.85
2011年第一季度	758130.88	104469.90	20.00	461.00	3.04	6.10
2011年第二季度	780820.85	118895.90	21.50	488.00	3.20	6.40
2011年第三季度	787406.20	126562.20	21.50	511.00	3.20	6.65

续表

时间	M2（亿元）	GDP（万亿元）	人民币存款准备金率（%）	支付系统清算规模（万亿元）	外汇储备（万亿美元）	1～3年期央行贷款基准利率（%）
2011年第四季度	851590.90	138012.10	21.00	532.00	3.18	6.65
2012年第一季度	895565.50	117357.60	20.50	548.00	3.30	6.65
2012年第二季度	924991.20	131320.60	20.00	624.00	3.24	6.40
2012年第三季度	943688.75	138089.60	20.00	655.00	3.29	6.15
2012年第四季度	974148.80	151812.00	20.00	681.00	3.31	6.15
2013年第一季度	1035858.37	129449.60	20.00	698.00	3.44	6.15
2013年第二季度	1054403.69	143518.70	20.00	732.00	3.50	6.50
2013年第三季度	1077379.16	152222.70	20.00	743.00	3.66	6.15
2013年第四季度	1106524.98	167772.30	20.00	767.00	3.82	6.15
2014年第一季度	1160687.38	140759.80	20.00	776.00	3.95	6.15
2014年第二季度	1209587.20	156489.60	20.00	867.00	3.99	6.15
2014年第三季度	1202051.41	165484.70	20.00	902.00	3.89	6.15
2014年第四季度	1228374.81	180828.90	20.00	844.00	3.84	6.00
2015年第一季度	1275332.78	151137.90	19.50	897.00	3.73	5.75
2015年第二季度	1333375.36	168549.70	18.50	1100.00	3.69	5.25
2015年第三季度	1359824.06	176597.70	18.00	1128.00	3.51	5.00
2015年第四季度	1392278.11	192572.90	17.50	1258.00	3.33	4.75
2016年第一季度	1446198.03	162410.00	17.00	1180.00	3.21	4.75
2016年第二季度	1490491.83	181408.20	17.00	1260.00	3.21	4.75
2016年第三季度	1516360.50	191010.60	17.00	1344.00	3.17	4.75
2016年第四季度	1550066.67	211566.20	17.00	1330.00	3.01	4.75
2017年第一季度	1607938.98	181867.70	17.00	1257.00	3.01	4.75
2017年第二季度	1639497.05	201950.30	17.00	1302.00	3.06	4.75
2017年第三季度	1663666.05	212789.30	17.00	1399.00	3.11	4.75
2017年第四季度	1690235.32	235428.70	17.00	1456.00	3.14	4.75
2018年第一季度	1739859.48	202035.70	17.00	1428.00	3.14	4.75
2018年第二季度	1770178.37	223962.20	15.50	1475.00	3.11	4.75
2018年第三季度	1801665.58	234474.30	15.50	1606.00	3.09	4.75

续表

时间	M2(亿元)	GDP (万亿元)	人民币存款准备金率 (%)	支付系统清算规模 (万亿元)	外汇储备 (万亿美元)	1~3年期央行贷款基准利率 (%)
2018年第四季度	1826744.22	258808.90	14.50	1633.00	3.07	4.75
2019年第一季度	1889412.14	218062.80	13.50	1648.00	3.10	4.75
2019年第二季度	1921360.19	242573.80	13.50	1719.00	3.10	4.75
2019年第三季度	1952250.49	252208.70	13.00	1753.00	3.09	4.75
2019年第四季度	1986488.82	278019.70	13.00	—	3.11	4.75

注：2019年第四季度支付系统清算规模数据尚未公布。

资料来源：Wind资讯。

（三）平稳性检验

采用ADF检验方法对各变量进行平稳性检验，具体检验结果如下：通过ADF检验，发现原序列均不平稳，ADF值均大于10%显著性水平下的临界值，但一阶差分后，各变量均在5%的显著性水平下平稳（见表7-2）。

表7-2 单位根检验结果

变量名称	检验形式 (C,T,L)	ADF检验统计量	1%水平临界值	5%水平临界值	10%水平临界值	是否平稳
M2	(C,T,9)	-2.3100	-4.2191	-3.5330	-3.1983	不平稳
D*M2*	(C,T,2)	-5.9816	-4.1809	-3.5155	-3.1882	平稳
Scale	(C,0,0)	-0.8250	-3.2581	-2.9266	-2.6014	不平稳
D*scale*	(C,T,1)	-6.1664	-4.1809	-3.5155	-3.1882	平稳
GDP	(C,0,7)	-1.8975	-3.6055	-2.9369	-2.6068	不平稳
D*GDP*	(C,0,6)	-3.1713	-3.6055	-2.9369	-2.6060	平稳
Reserve	(C,0,1)	0.5029	-2.6162	-1.9948	-1.6123	不平稳
D*Reserve*	(C,0,0)	-3.5158	-3.5811	-2.9266	-2.6014	平稳
ReserveRatio	(C,0,1)	-0.5805	-3.5811	-2.9266	-2.6014	不平稳
D*ReserveRatio*	(C,0,0)	-5.2635	-3.5811	-2.9266	-2.6014	平稳
InterestRate	(C,0,1)	-2.6948	-3.5811	-2.9266	-2.6014	不平稳
D*InterestRate*	(C,0,0)	-5.4796	-3.5811	-2.9266	-2.6014	平稳

（四）回归结果与分析

通过一阶差分后，各自变量均为平稳序列，可以进行普通最小二乘法（OLS）回归。运用 Eviews 8.0，得到以下回归结果（见表7－3）。

表7－3　OLS 回归结果

变量名称	方程(1)	方程(2)	方程(3)
C	9.31	9.86	9.16
ln*Scale*	0.57	0.60	0.58
ln*GDP*	0.06		0.06
ln*Reserve*	0.30	0.31	0.38
ReserveRatio	−0.007	−0.008	0.02
InterestRate	−0.04	−0.04	
R^2	0.9915	0.9913	0.9897
调整后的 R^2	0.9904	0.9905	0.9887

通过 OLS 回归方程可以发现，支付系统结算规模系数为正，且至少在1%的水平下显著，这说明支付系统结算规模的扩大显著增加了货币供应量。第一，支付系统是货币政策传导的重要渠道，可以提升资金清算效率，有效缩短货币政策传导过程中的时滞。因此，当支付系统结算规模扩大时，货币供应量也相应增加。第二，随着支付系统结算规模的不断扩大，现金漏损率将会进一步提高，从而带动货币乘数上升。随着支付系统结算规模的持续扩大，10 年间货币乘数也持续上升，2019 年末货币乘数为 6.13，较 2018 年末上升 0.61，较 2008 年末上升 2.45。第三，支付系统的发展进一步缩短了资金汇划在途时间，有利于商业银行减少对超额准备金的需求。此外，通过模型分析发现，GDP 与 M2 存在正相关关系，且在 5% 的水平下显著，这说明 GDP 的提高会增加对货币的需求；外汇储备与 M2 存在正相关关系，且在 5% 的水平下显著，这说明外汇储备的提高会增加对货币的需求；1～3 年期央行贷款基准利率与 M2 存在负相关关系，且在 1% 的水平下显著，这说明 1～3 年期央行贷款基准利率的降低会增加货币供应量。

三　第三方支付新发展对货币政策的影响

2019 年，第三方支付交易规模的增长逐步趋稳，但第三方移动支付业务增长较快，2019 年前第三季度，第三方移动支付市场规模为 166.4 万亿元，同比增长 20.8%。[①] 预计 2019 年、2020 年第三方移动支付业务量占第三方支付业务量的比重将分别达到 62.8%、63.4%[②]，相应地，互联网支付交易规模增速趋缓。一方面，随着管理部门各项监管政策趋严，第三方支付市场步入有序发展阶段，其对货币供应量的影响也产生了新变化；另一方面，随着第三方支付用户与商户的需求日益多元化，第四方支付应运而生，但其存在不少金融风险与安全漏洞。

（一）第三方支付备付金账户变化对货币供应量的影响

近年来，中国人民银行以防范金融风险为出发点，不断对第三方支付机构客户备付金[③]进行有效监管。根据相关规定，支付机构应将客户备付金按照一定比例交存至指定机构专用存款账户，该账户资金暂不计付利息，由中国人民银行监管，支付机构不得挪用、占用客户备付金。首次交存比例为 20% 左右，之后逐步提高至 50% 左右。2018 年，中国人民银行再加码，于 2018 年 6 月 29 日发布《关于支付机构客户备付金全部集中交存有关事宜的通知》（银办发〔2018〕114 号），规定自 2018 年 7 月 9 日起，按月逐步提高支付机构客户备付金集中交存比例，到 2019 年 1 月 14 日实现 100% 集中交存，第三方支付机构备付金账户全部撤销，所有的备付金统一交付中国人民银行。一方面，第三方支付作为一种非现金支付，减少了流通中的现金数量，降低了现金漏损率。根据测算，现金漏损率从 2008 年的 0.253 下降至 2019 年末的 0.154，

---

① 数据来源于 Wind 资讯。

② 数据来源于艾瑞咨询、前瞻产业研究院。

③ 所谓支付机构客户备付金，是指支付机构办理客户委托的支付业务实际收到的预收待付货币资金。

货币乘数从2008年的3.68上升至2019年末的6.13，第三方支付扩大了社会流通货币供应规模。另一方面，第三方支付有效提升了资金清算的效率，加快了货币流通的速度，从而增加了货币供应量。而备付金集中存管政策实施后，第三方支付备付金对货币供应量的冲击将大幅度减小。截至2020年1月末，非金融机构存款为17832.85亿元，较2019年12月末增加2540.81亿元，环比增长16.6%，创下100%集中交存后的最大规模。与此前中国人民银行发布的《关于调整支付机构客户备付金集中交存比例的通知》（银办发〔2017〕248号）的要求相比，据初步估算，此举将回笼资金8916亿元左右。

（二）第四方支付影响货币政策稳定性

随着第三方支付的发展，不同的用户对第三方支付平台也提出了新的要求，但平台在结构、功能和流程上难以有效满足用户的需求。在此背景下，第四方支付应运而生。第四方支付也称聚合支付，是对第三方支付平台服务的拓展。随着监管趋严，第三方支付市场进入有序发展阶段，而第四方支付处于无牌照运营阶段，不需要缴纳备付金，游离于现有的监管体系之外。近两年，洗钱、涉赌、诈骗、套现等第四方支付案件频发。此外，第四方支付可以利用沉淀资金放贷，在一定程度上具有货币创造功能。但这种货币创造功能游离于现有的监管体系之外，不被中国人民银行所掌握，因此会对货币政策和金融稳定带来一定程度的扰动。

参考文献

陈佳敏：《第三方支付备付金对货币供给的影响》，《浙江金融》2019年第9期。

邵玲：《第三方互联网支付对我国货币乘数的影响研究》，浙江大学硕士学位论文，2018。

王佳星：《集中存管背景下第三方支付对货币政策中介目标的影响》，《金融理论探索》2020年第2期。

张云、陈震：《第三方支付对我国货币政策有效性的影响》，《物流工程与管理》2016年第12期。

专题报告｜支付清算体系热点考察、比较分析及理论探讨

Special Topics: Hot Review, Comparative Analysis and Theoretical Discussion of Payment and Settlement Systems

第八章
银行卡市场的发展现状与展望

罗沛君　舒 冲*

摘　要：　本章阐述了2019年银行卡市场发布的重要政策和规定，分析了影响银行卡市场发展的经济、社会、技术和投融资环境，以及银行卡市场的规模及变化。2019年，产业各方深化合作，基于行业账户实现规模化发卡，受理端创新业务快速发展，县域及农村地区受理环境持续改善。2020年1月，新冠肺炎疫情的暴发将对银行卡产业发展造成较为显著的影响，同时国内支付市场开放提速，境外机构有望在国内正式营业，将带动产业格局发生变化，境内支付机构将谋求战略转型升级，培育多元化服务能力。产业强监管态势将延续，并鼓励支付机构运用金融科技赋能支付业务创新，进一步提升金融服务水平。

关键词：　银行卡　市场开放　金融科技

一　2019年银行卡市场发展环境的变化

为引导国内银行卡市场健康发展，2019年国家相关监管部门结合市场

* 罗沛君，中国银联战略与投资部职员；舒冲，中国银联战略与投资部高级主管。

现状进一步完善产业监管制度，加强对支付产品及相关业务的管理，促进市场参与机构良性竞争。此外，国内经济中高速增长、消费市场保持升级趋势不变以及支付相关技术商业化应用加速落地，都为银行卡市场的发展营造了良好的氛围。

（一）政策环境

在“稳增长、促改革、调结构、惠民生、防风险、保稳定”的指导思想下，2019 年中国人民银行、中国银保监会、国家发改委等监管机构陆续出台多项规范性文件，涉及支付市场对外开放和机构准入管理、市场业务规范以及引导和鼓励业务创新发展等方面。

1. 支付市场对外开放和机构准入管理

在支付市场对外开放和机构准入管理方面，监管机构稳步推进各项开放政策落地，市场对外开放步伐进一步加快。

清算机构方面。2019 年 3 月，万事达与网联合资成立万事网联信息技术（北京）有限公司，这是继 2017 年美国运通与连连支付成立连通（杭州）技术服务有限公司以来，国内成立的第二家中外合资性质的银行卡清算机构。2019 年 6 月，中国人民银行会同中国银保监会审查通过了中国银联的申请并向其颁发银行卡清算业务许可证，标志着国内支付清算市场开放进入新阶段。2019 年底，在连通公司银行卡清算机构筹备期到来之际，中国人民银行披露已受理连通公司银行卡清算机构的开业申请，连通公司有望成为继中国银联之后第二家获批开业的银行卡清算机构。

外资支付机构亦陆续进入国内市场。根据 2018 年 3 月发布的《中国人民银行公告〔2018〕第 7 号》外商投资支付机构准入条件有关规定，PayPal 等公司以收购境内支付机构股权方式进入中国支付市场。2019 年 12 月，PayPal 宣布完成对国付宝信息科技有限公司 70% 的股权收购，成为第一家获准在中国市场提供在线支付服务的外资支付平台。2019 年 11 月，德国支付机构 Wirecard 也宣布进入中国市场，收购商银信支付服务有限责任公司 80% 的股权，并在两年后完成对该公司剩余股份的收购。

支付机构持牌管理方面。2019 年 1 月，中国人民银行发布 2019 年版支付业务许可证核发服务指南，详细规定了支付业务许可证的适用范围、审批依据、申请条件、办理流程等事项，支付行业监管合规框架进一步完善，支付牌照发放也有望重新开启。2019 年 7 月，中国人民银行公布了第七批 19 家非银行支付机构支付业务许可证续展决定，天下支付科技有限公司与新疆一卡通商务服务有限公司两家机构不予续展。中国人民银行自 2011 年开始发放第三方支付牌照，累计发放 271 张，经过七批牌照续展共有 35 张牌照被注销，现存 236 张。

2. 市场业务规范

在市场业务规范方面，监管机构加强支付结算管理，重点规范外汇、条码支付、国库资金经收等支付业务，持续加强反洗钱和反恐怖融资管理。

支付结算管理方面。为惩治非法从事资金支付结算业务，2019 年 2 月，最高人民法院、最高人民检察院联合发布的《关于办理非法从事资金支付结算业务、非法买卖外汇刑事案件适用法律若干问题的解释》正式施行，明确了非法从事资金支付结算业务、非法买卖外汇的定罪量刑标准。

针对打击治理电信网络新型违法犯罪所面临的新形势、新要求和新情况，2019 年 3 月，中国人民银行发布《关于进一步加强支付结算管理防范电信网络新型违法犯罪有关事项的通知》，从健全紧急止付和快速冻结机制、加强账户实名制管理、加强转账管理、强化特约商户与受理终端管理、广泛宣传教育、落实责任追究机制等方面提出 21 项措施，进一步筑牢金融业支付结算安全防线。为落实该通知相关工作要求，2019 年 4 月，中国支付清算协会发布《关于特约商户信息管理系统接入相关工作的通知》，支持各收单机构通过现有支付清算综合服务平台特约商户信息管理系统查询特约商户签约、更换收单机构情况和黑名单等信息，建立特约商户信息共享联防机制，强化特约商户与受理终端管理。2019 年 6 月，中国支付清算协会发布《自律惩戒实施办法》，强化支付清算行业自律，维护支付清算市场秩序，中国支付清算协会将按照该办法对会员单位的支付结算违法违规行为实施自律惩戒。

外汇业务管理方面。2019年4月，国家外汇管理局发布《支付机构外汇业务管理办法》，细化了外汇业务开展的准入条件，明确了支付机构参与跨境外汇支付业务的管理要求以及反洗钱、反恐怖融资等义务，进一步防范外汇支付风险，促进支付机构外汇业务健康发展。

条码支付业务规范方面。为落实中国人民银行关于支付技术产品认证的要求，2019年1月，中国支付清算协会发布《条码支付受理终端检测规范》和《条码支付移动客户端软件检测规范》，规定了条码支付受理终端在展示、识读、逻辑安全、交易安全、适应性和可靠性方面的检测要求，以及支持条码支付的移动客户端应用软件的检测要求。

国库资金经收业务方面。2019年12月，中国人民银行发布《国库资金经收支付服务管理办法（试行）》，明确了非银行支付机构参与国库资金经收的相关资质要求，以及提供相关支付服务的业务模式，进一步规范非银行支付机构、商业银行和清算机构提供国库资金经收支付服务的行为。

反洗钱和反恐怖融资管理方面。2019年1月，中国人民银行发布2019年第1号令及《企业银行结算账户管理办法》，从内部控制的角度对银行业金融机构提出反洗钱和反恐怖融资工作要求，要求将洗钱和恐怖融资风险管理纳入全面风险管理体系，建立完善的反洗钱和反恐怖融资内部控制制度，履行客户身份识别、客户身份资料和交易记录保存以及大额交易和可疑交易报告等各项反洗钱和反恐怖融资义务。2019年6月，中国互联网金融协会发布《互联网金融从业机构反洗钱和反恐怖融资风险管理及内控框架指引手册》，该指引手册作为中国人民银行《法人金融机构洗钱和恐怖融资风险管理指引（试行）》的补充文件，进一步规范了互联网金融从业机构的反洗钱和反恐怖融资工作。

3. 引导和鼓励业务创新发展

在引导和鼓励业务创新发展方面，监管机构推动虚拟卡支付、闪付等移动支付业务在交通行业的发展，发布金融科技发展规划并开展创新监管试点。

推动交通行业移动支付发展方面。2019年5月，国家发改委、交通运输部印发《加快推进高速公路电子不停车快捷收费应用服务实施方案》，鼓励通过市场化手段扩大移动支付车道覆盖范围，2019 年 12 月底前基本实现所有人工收费车道全覆盖，并结合信用体系建设推动“后台账户”应用，将移动支付纳入联网收费结算体系。2019 年 6 月，交通运输部等十二部门联合发布《绿色出行行动计划（2019～2022 年)》，提出全面推进城市交通一卡通互联互通，推广普及闪付、虚拟卡支付、手机支付等非现金支付方式，并鼓励在高速公路收费站和公共停车场推广使用电子不停车收费系统(ETC)、手机移动支付等非现金支付手段。

金融科技创新发展及监管方面。2019 年 9 月，中国人民银行发布《金融科技（FinTech）发展规划（2019～2021 年)》，提出未来三年金融科技工作的指导思想、基本原则、发展目标、重点任务和保障措施，明确了金融科技创新应用应遵循的基础性、通用性、普适性监管要求，划定了金融科技产品和服务的门槛与底线。2019 年 12 月，中国人民银行在北京率先开展金融科技创新监管试点，引导持牌金融机构在依法合规、保护消费者权益的前提下，运用现代信息技术赋能金融提质增效，营造守正、安全、普惠、开放的创新发展环境。

（二）经济环境

2019 年，全球经济增速显著放缓，受中美贸易摩擦加剧、一些国家贸易壁垒上升和地缘政治不确定性增大等因素影响，发达国家和发展中国家的经济增速均出现不同程度的下滑。在全球经济动荡和风险点增多的环境下，国内经济仍然保持了中高速增长态势，全年 GDP 增速为6.1%。其中，消费对经济增长的贡献率为57.8%，较上年下降 18.4 个百分点，但仍比资本的贡献率高 26.6 个百分点，是我国经济增长的主要驱动因素。

2019 年，国内社会消费品零售总额达 41.2 万亿元，同比增长 8.0%，增速下降 1.0 个百分点，其中全年网上零售额为 10.63 万亿元，同比增长 16.5%。消费结构持续升级，以化妆品、文化办公用品和通信器材为代表的消费升级类商品增速较快，城乡消费市场规模差异进一步缩小，2019 年乡村消费品市场零售额同比增长 9.0%，高出城镇消费品市场 1.1 个百分点。

物价方面，2019 年我国 CPI 同比增长 2.9%，比上年上升 0.8 个百分点，其中食品价格上涨带动 CPI 上升约 1.81 个百分点，是 CPI 上升的主要原因。

2019 年，国内银行卡渗透率达到 49.03%，银行卡卡均消费金额较上年增长 13.97%，高于国内居民人均可支配收入 8.9% 的增速。银行卡消费信心指数保持高位运行，整体运行区间较 2018 年有较大提升，表明居民非必需品消费规模占比持续提升，消费信心显著增强，居民对未来经济发展保持乐观预期。随着未来居民可支配收入的进一步提高，人们对文化、娱乐、健康等高品质生活方面的需求将快速增长，银行卡交易规模将持续扩大。

（三）社会环境

2019 年是中华人民共和国成立 70 周年，全国两会充分肯定了改革开放 40 年来的历史成果，提出推动全方位对外开放、深化重点领域改革、坚持创新引领发展、保障和改善民生等 10 项重点工作。国际和地区合作迈入新阶段，第二届“一带一路”国际合作高峰论坛、第二届中国国际进口博览会顺利举办。中国人民银行多次实施降准，降低社会融资实际成本，支持实体经济发展；《个人所得税法实施条例》及《个人所得税专项附加扣除暂行办法》正式实施，有效降低了中低收入水平群体的税负；《电子商务法》开始实施，除规范电商合法经营外，也给消费者带来了更多权益保障。在此情形下，民众的消费意愿和消费能力显著增强，对生活品质的追求愈加强烈，消费需求升级并带动新零售业态崛起，数字经济和智能经济迅速发展。第四次全国经济普查公布的主要数据显示，我国新产业、新业态、新模式蓬勃发展，经济已由高速增长阶段转向高质量发展阶段。

科技发展驱动金融业转型升级。在移动互联网和人工智能、大数据、云计算、区块链等新兴技术飞速发展的背景下，互联网金融业态与传统金融互相渗透，促使商业银行进行技术、业务和组织架构调整，加大科技研发投入，加强与外部机构合作，加快向数字化、智能型银行转型升级。金融科技子公司加速落地，工行、中行、北京银行等陆续成立金融科技子公司，交行也已宣布交银金科设立计划。更加注重中台能力建设，运用科技变革服务输出模式，探索以标准化、模块化金融组件支持业务模式转变，提升前台对互联网化市场需求的快速响应能力。

移动互联网普及程度持续提升，新的商业模式相继涌现，直播带货、工厂电商、社区零售等新业态蓬勃发展，成为网络消费增长的新亮点。手机应用和场景不断扩展，行业各方强化手机 App 的内容生产和生活服务功能，在 App 中接入内容和服务合作方，竞合关系进一步深化。

（四）技术环境

2019 年，生物特征识别、人工智能、区块链、云计算和 5G 等新兴技术发展提速，各方加大对新技术的应用探索力度，商业化落地稳步推进。

随着智能算法和识别设备的快速发展，生物特征识别的验证效率和准确性不断提升，其中指纹识别和人脸识别仍是较为成熟和可行的验证方式。指纹识别被逐渐应用于信用卡等各种硬件设备，如 Visa 和万事达分别与英国银行 NatWest 在钥匙环坠饰和实体信用卡中测试了该项技术。人脸识别技术的商用性相对较强，产业参与方积极探索该技术在支付场景中的应用。2019 年 10 月，中国银联联合各大商业银行共同推出“刷脸付”产品，采用“人脸识别 + 支付口令”验证方式，用户支付时无须携带手机、银行卡等物理介质。中国银联、支付宝、微信支付还分别推出了定制化刷脸支付终端“蓝鲸”“蜻蜓”“青蛙”，生物特征识别与支付业务的融合发展趋势显现，并催生了无人便利店等新业态的兴起。

人工智能技术不断成熟，视觉识别、语音识别、自然语言处理等关键性技术取得突破，逐渐渗透至各机构的核心业务领域。人工智能在金融领域主要应用于信贷风控、数据服务、零售银行等场景，如 Visa 通过交易行为监控帮助金融机构识别潜在欺诈交易和可疑扣款行为，并利用深度学习检测黑客的账户盗窃行为，Discover 基于 AI 服务提供商 ZestFinance 的自动机器学习平台 ZAML 处理信贷相关数据，降低违约率和投资组合风险。中国银联自主研发了算法、感知、认知、决策四大智能引擎，搭建了银联智慧大脑平台，并以此为基础打造智能中台，上线了智能运营和智能客服等服务。招商银行在其大数据云平台的基础上，建立了计算机视觉、语音识别、自然语言处理、知识图谱、机器学习、知识中心六大AI平台，支持业务的智能化发展。

区块链技术被确定为我国核心技术自主创新的重要突破口，习近平总书记强调要加快推动区块链技术和产业创新发展，积极推进区块链和经济社会融合发展。2019年，中国银联与国家信息中心、中国移动等共同设计并建设跨公网、跨地域、跨机构的全国性区块链服务基础设施平台——区块链服务网络（BSN），致力于改变目前联盟链应用的局域网架构高成本问题，降低区块链应用的开发、部署、运维、互通和监管成本。区块链创新应用快速落地，网信办分别于2019年3月和10月发布两批共506个区块链信息服务备案名单，覆盖智能合约、产品溯源、供应链、数字资产、积分等多个领域。数字货币仍是较为活跃的科技创新领域之一，Facebook计划发行的数字货币Libra受到各方的广泛关注并展开研究，商业银行等传统金融机构则试图利用数字货币完善自身业务，提高跨境支付、B2B等服务的业务效率。各国央行不断探索数字货币应用，在中国人民银行数字货币研究所的主导推动下，我国央行数字货币（DCEP）已开展原型测试工作，将面向公众发行并对市场中的M0起到替代作用。

云计算成为支持产品开发和业务拓展的基础性技术，国内外各方均加大了对云计算研究的投入，不断丰富其服务内容。中国银联成立云计算中心，组织制定并落实银联云计算发展路线图，推进银联云建设、运营、服务等各项工作的开展。阿里云提出“LoRa 2.0时代”，发布边缘容器（ACK@Edge）、云原生应用管理与交付体系以及飞天大数据平台产品。腾讯云在政务、零售等行业取得较大进展，2019年6月开放“一站式”计费PaaS解决方案“腾讯计费”，对移动收单SaaS服务“云支付系统”启动收费计划。百度发布百度昆仑云服务器、CDN边缘计算节点BEC、云顾问Cloud Advisor、云原生微服务应用平台等20大新产品，积极探索云服务在医疗、媒体等行业的应用。商业银行也对云计算服务高度重视，将其与传统业务整合，如招商银行发布新一代云计算PaaS平台，加快全行应用上云速度，应用上云比例已达36%。Visa、万事达、SWIFT等国外金融机构积极打造云平台，通过云计算提高现有业务效率，向商户、银行等机构输出服务应用。

2019年被称为5G元年，5G技术日趋成熟，基础设施不断完善。工信部于2019年6月向中国电信、中国移动、中国联通和中国广电四家企业发放5G商用牌照，北京、上海、广州、杭州等城市实现5G网络在城区的连片覆盖。5G商业化进程提速，在智慧警务、智慧交通、智慧生态、智慧党建、智慧医疗等领域已有较多创新应用落地，在5G技术“大带宽、低时延、泛连接”的支持和推动下，人工智能、物联网、边缘计算等新技术深度融合并快速发展，将为支付创新和金融产业变革创造更大空间。

（五）投融资环境

2019年，支付产业投资并购活动仍十分活跃，助力相关方完善业务布局，实现在市场广度和深度上的进一步拓展。据不完全统计，2019年全球支付产业共发生757起投资事件，投资发起人主要为国际卡公司、区域性收单机构及互联网巨头，跨境支付、移动支付和传统收单领域的投资事件相对较多。

国际卡公司持续加大对区域性清算网络和以跨境转账为代表的非卡基网络的投资，完善其全球支付网络布局，推动“卡基+账基”双轮驱动发展，同时加大在对公支付、商户增值服务、支付安全、金融科技等领域的投资力度，以便为细分行业提供更具价值的支付服务，提升其市场竞争力。传统收单市场发生多起大型并购交易，如Global Payments收购竞争对手TSYS成为全美第二大收单机构、Fiserv收购全球第四大收单机构First Data等，产业整合进一步加快。互联网公司围绕企业服务、细分场景和创新技术等进行投资布局，提升B端服务能力，同时加大对东南亚、印度等地电商、打车平台、网上信贷初创企业的投资，丰富移动支付业务使用场景，加速实现业务扩张。

在融资方面，支付产业上市热潮持续，越来越多的支付机构计划通过上市融资谋求进一步发展。在国内，2019年4月拉卡拉在深交所创业板上市，成为A股第三方支付第一股，其上市所募资金将用于提升基础设施性能和支付安全性，丰富服务内容，打造拉卡拉全支付平台。2019年11月，移动支付服务商移卡科技向港交所提交上市申请，融资将用于提升研究及科技实力，扩展科技赋能商业服务，并进一步增加银行卡收单和移动电话支付业务的客户群体数量及交易量。在国外，中东和非洲第一大收单机构 Network、意大利第一大收单机构 Nexi、加拿大移动支付初创公司 Lightspeed POS、埃及最大电子支付服务平台 Fawry 等众多机构于 2019 年完成上市计划。

二　2019年银行卡市场规模的增长

2019 年，国内银行卡市场继续平稳发展，银行卡发卡数量不断增加，受理环境持续优化，交易规模稳步增长。

（一）发卡市场规模及变化

截至 2019 年末，全国银行卡在用发卡量为 84.19 亿张，同比增长 10.8%，增速较上年下降 2.7 个百分点（见图 8－1）。

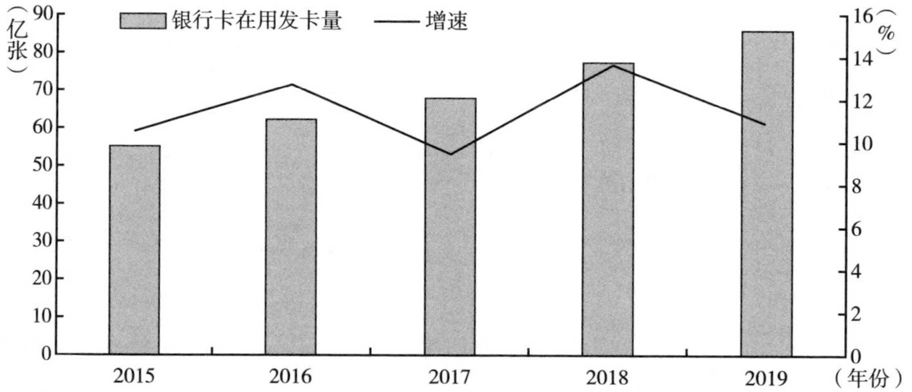

图 8－1　2015～2019 年全国银行卡在用发卡量及其增速

资料来源：中国人民银行支付结算司：《2019 年支付体系运行总体情况》，中国人民银行网站，2020 年 3 月 17 日。

从不同卡种来看，2019 年，全国借记卡在用发卡量为 76.73 亿张，同比增长 11.0%，增速较上年下降 2.2 个百分点（见图 8－2）；全国信用卡和借贷合一卡在用发卡量共计 7.46 亿张，同比增长 8.8%，增速较上年下降

7.9个百分点（见图8－3）。借记卡在用发卡量占银行卡在用发卡量的91.1%，与上年基本持平。

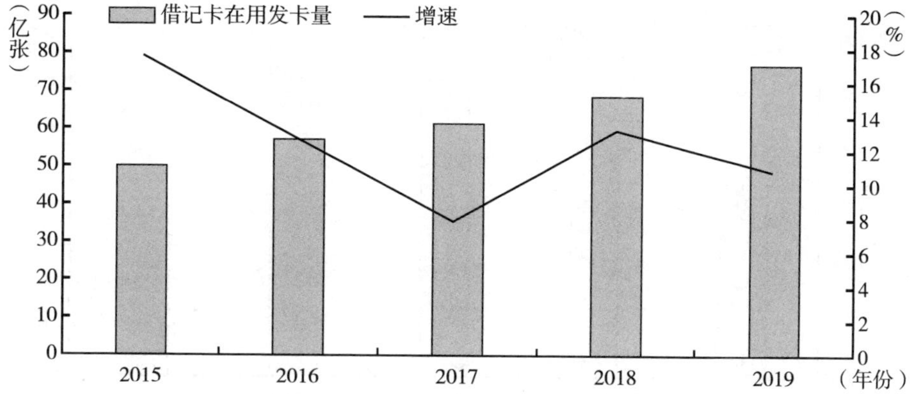

图8－2 2015～2019年全国借记卡在用发卡量及其增速

资料来源：中国人民银行支付结算司：《2019年支付体系运行总体情况》，中国人民银行网站，2020年3月17日。

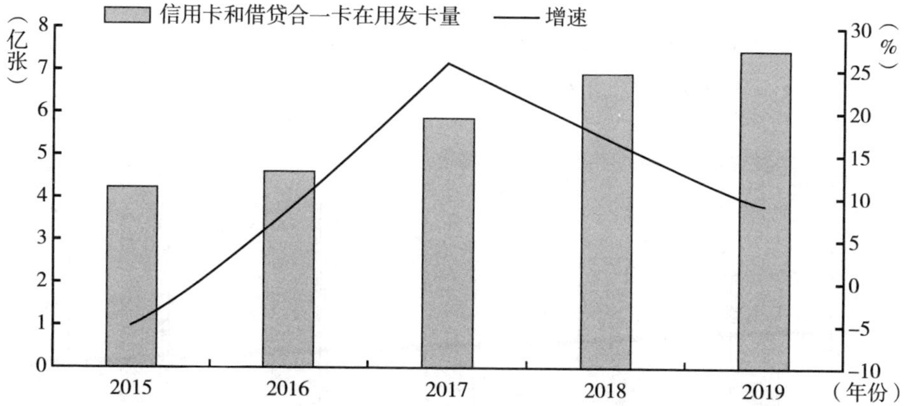

图8－3 2015～2019年全国信用卡和借贷合一卡在用发卡量及其增速

资料来源：中国人民银行支付结算司：《2019年支付体系运行总体情况》，中国人民银行网站，2020年3月17日。

（二）受理市场规模及变化

2019年，国内银行卡受理市场保持平稳发展的态势。截至2019年末，全国联网银行卡受理商户数达2363.0万户，同比减少13.5%（见图8-4）。

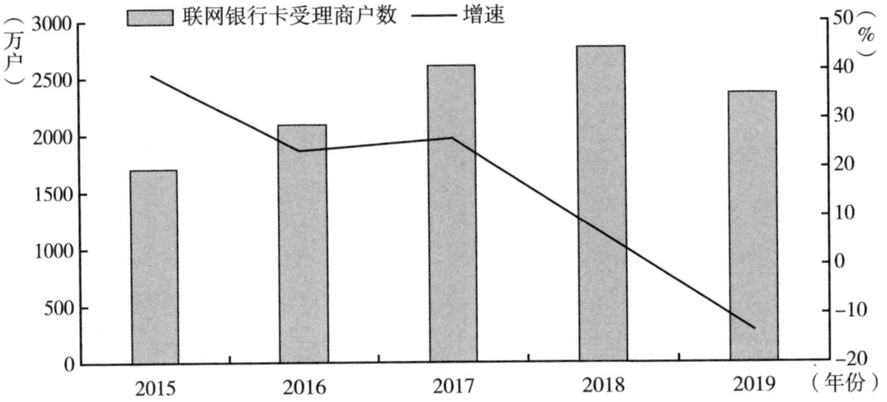

图8-4　2015~2019年全国联网银行卡受理商户数及其增速

资料来源：中国人民银行支付结算司：《2019年支付体系运行总体情况》，中国人民银行网站，2020年3月17日。

从受理终端来看，截至2019年末，全国联网ATM终端数达109.8万台，同比减少1.2%（见图8-5）。

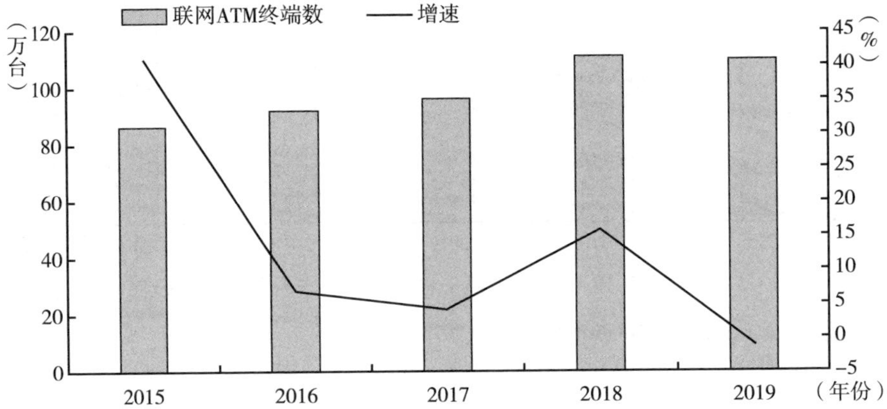

图8-5　2015~2019年全国联网ATM终端数及其增速

资料来源：中国人民银行支付结算司：《2019年支付体系运行总体情况》，中国人民银行网站，2020年3月17日。

截至 2019 年末，全国联网 POS 终端数为 3089.3 万台，同比减少 9.5%（见图 8－6）。

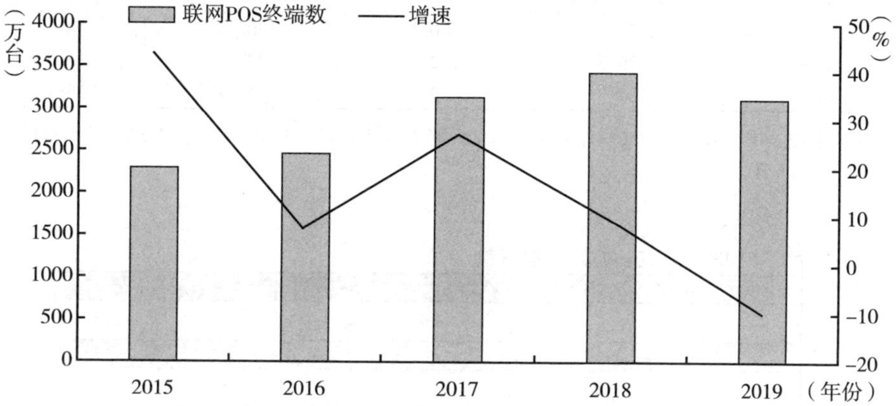

图 8－6　2015～2019 年全国联网 POS 终端数及其增速

资料来源：中国人民银行支付结算司：《2019 年支付体系运行总体情况》，中国人民银行网站，2020 年 3 月 17 日。

（三）交易规模及变化

2019 年，全国共发生银行卡交易 3219.89 亿笔，金额 886.39 万亿元，同比分别增长 53.07% 和 2.82%。其中，银行卡存现 70.85 亿笔，金额 60.03 万亿元，同比分别下降 18.44% 和 11.62%；取现 113.85 亿笔，金额 51.65 万亿元，同比分别下降 19.18% 和 12.31%；转账业务 1447.26 亿笔，金额 664.71 万亿元，同比分别增长 60.68% 和 2.20%；消费业务 1587.92 亿笔，金额 117.15 万亿元，同比分别增长 61.48% 和 26.30%。

2019 年，全国共发生网上支付交易 781.85 亿笔，金额 2134.8 万亿元，同比分别增长 37.1% 和 0.4%；移动支付交易 1014.31 亿笔，金额 347.1 万亿元，同比分别增长 67.6% 和 25.1%（见表 8－1）。

2019 年，ATM 渠道跨行交易规模增速继续放缓，POS 渠道跨行交易规模增速亦落后于整体增速，两者占整体跨行交易的比重进一步降低。网上支付交易规模快速增长，带动银行卡其他渠道跨行交易占比迅速提升，2019 年其他渠道跨行交易金额将占整体跨行交易金额的六成以上（见图 8－7、图 8－8）。

表 8-1　2017～2019 年网上支付与移动支付交易金额及其增速

单位：万亿元，%

年份	网上支付交易金额	增速	移动支付交易金额	增速
2017	2075.1	-0.5	202.9	28.8
2018	2126.3	2.5	277.4	36.7
2019	2134.8	0.4	347.1	25.1

资料来源：中国人民银行支付结算司：《2019 年支付体系运行总体情况》，中国人民银行网站，2020 年 3 月 17 日。

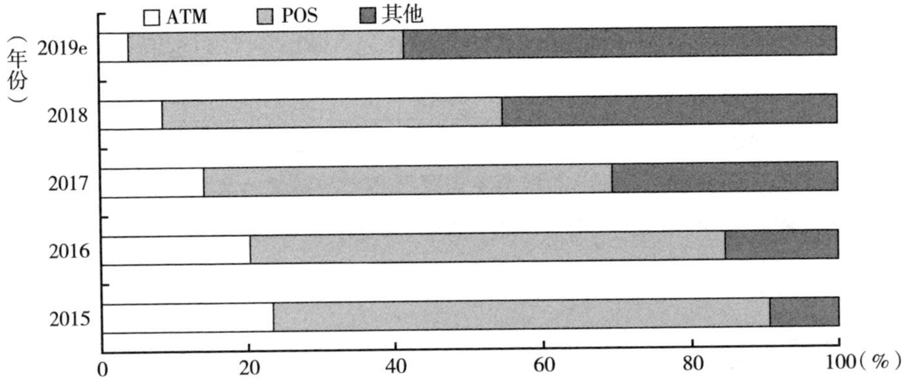

图 8-7　2015～2019 年全国银行卡分渠道交易笔数占比变化情况

注：2019 年为预测数。

资料来源：中国银联。

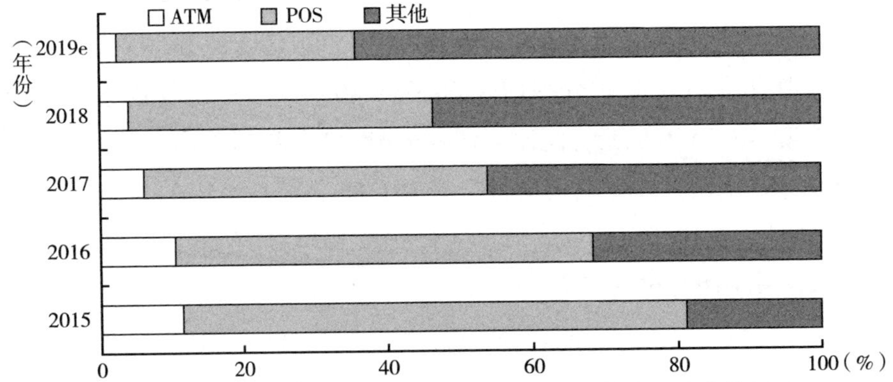

图 8-8　2015～2019 年全国银行卡分渠道交易金额占比变化情况

注：2019 年为预测数。

资料来源：中国银联。

三 2019年银行卡市场发展的结构分析

2019 年，商业银行等产业各方在发卡侧加强合作，基于行业账户应用推动规模化发卡，同时在受理侧积极探索各类创新业务，推进县域及农村地区受理环境建设，拓展海外市场，推动支付业务走出国门。

（一）发卡端

一是发卡聚焦特定人群，升级品牌形象，提升持卡人认同感。各商业银行均将具有高消费特征的年轻、女性和高端客群视为发卡和经营重心，推出具有针对性的银行卡产品。针对年轻客群，商业银行围绕游戏、影音、动漫等广泛布局；针对女性客群，关注健康、生活、育儿等主题，建立与女性群体的情感联系；针对高端客群，致力于构建高端服务体系，提供从财富管理、商旅出行到家庭生活的全方位金融服务。此外，各商业银行持续开展主题营销活动，彰显品牌价值，调动用户交易积极性，激发用户消费热情，部分银行还升级品牌形象，如光大信用卡发布品牌新主张“你懂世界，而我懂你”（Sharing Shining），向独立状态的年轻人传递“懂你”的文化内涵，推进品牌年轻化，提升核心持卡客群对卡品牌的认同感。

二是基于行业账户合作实现规模发卡。商业银行和中国银联将行业账户与银行卡紧密结合，借助 ETC 记账卡、电子健康卡、电子社保卡、教育卡、公务卡、军人保障卡等行业卡发行和电子化升级契机，带动大规模银行卡新卡发行和老卡绑定，有效扩大发卡量、交易量，提升用卡活跃度。在交通领域，包括五大行在内的 12 家银行与交通运输部路网监测与应急处置中心合作，共同开展 ETC 发行工作；在医疗领域，中国银联与国家医保局、卫健委、人社部进行战略合作，推动医保电子凭证、电子社保卡、电子健康卡在云闪付 App 等银联渠道发行；在教育领域，中国银联与教育部试点发行兼具支付和金融功能的教育卡，银联卡产品逐渐成为校园支付场景的标配。

三是手机 App 成为发卡和维系客户关系的重要平台。近年来，无论是在发卡环节还是用卡环节，App 的介入程度都日益加深。在发卡环节，用户可通过 App 确认身份、线上申卡、激活卡片等；在用卡环节，App 可引导持卡人通过扫码、无卡等方式完成支付，提供账单、积分兑换、增值权益等服务，更好地满足用户的升级需求。2019 年以来，商业银行对手机银行 App 线上运营的重视程度进一步提高，通过加速迭代升级和多方合作，手机 App 成为精耕细作存量用户和获取增量客户的重要平台。

四是云闪付功能日益完善，成为银行卡管理和跨行服务的利器，用户数量快速增长。作为银行业移动支付统一的 App，2019 年云闪付不断推动简化用户基础流程，补齐自助服务功能，提升用户体验，新推出的 7.0 版本更是进一步突出重点高频应用与核心功能，以“首页”“发现”“财富”三个频道分别展示核心支付应用、营销优惠信息和全流程财富管理服务，实现信息架构的全面升级和兼容能力的有效提高。除集成二维码支付、线上支付、手机闪付、刷脸支付等多种移动支付工具外，2019 年底云闪付 App 已支持 22 家银行在线申卡、60 家银行Ⅲ类银行账户申请、45 家银行手机 Pay 申请、147 家银行信用卡账单查询以及 576 家银行借记卡余额查询，主要银行全面开通账户跨行服务。云闪付用户数量快速增长，2019 年底累计注册用户数突破 2 亿户，达 2.41 亿户，累计绑卡 2.70 亿张。

（二）受理端

一是小微商户收款码、行业二维码等受理端创新业务快速发展。银联小微商户收款码适用于无 POS 收银、小额高频交易、对手续费敏感、交易场所不固定的小微商户，目前包括 17 家全国性商业银行在内的数十家商业银行以及数百家场景相关机构、服务商与中国银联达成小微快速收款码受理合作，2019 年新增活跃商户数达百万户。行业二维码则适合各类行业商户特色业务的开展，如扫码点餐、扫码停车、自助终端、景区购票、快递物流等，2019 年新增接入机构涵盖头部非银行支付机构和主流聚合服务商，新增交易数千万笔。银联碰一碰支付依托标签支付技术，在商户受理标贴中内嵌 NFC 标签存储商户信息，允许消费者在手机亮屏解锁状态下靠近标贴实现不打开 App 就支付，目前华为、三星、小米等主流安卓品牌手机均已支持此功能。

二是受理终端向轻型化、智能化发展，为商户提供更加多样化的增值服务。迷你终端因其方便携带且受理功能齐全而受到小微商户的青睐，随着数字经济的发展，商户对综合性增值服务的需求与日俱增，能提供营销、财务分析、经营管理等增值业务的智能受理终端成为越来越多商户的标配。2019年，跨国移动电话运营商 T-Mobile 推出迷你受理终端 GoPoint，除支付受理外还可为企业提供销售、库存管理、报表等工具；Square 不断丰富其智能 POS 终端 Square Terminal 的增值服务功能，如网站搭建、电子发票开具、薪酬管理、日程管理等，产品应用范围扩展至英国、澳大利亚、加拿大和日本。受理终端也逐渐与智能手机等移动设备相结合，2019 年中国银联在原有手机 POS 的基础上，自主研发了手机 POS 刷卡行为轨迹感知系统和手机 POS 见卡刷卡系统，对手机 POS 交易环节进行刷卡过程安全监控，极大地提高了其收单服务的安全性和可靠性。

三是县域及农村地区受理环境持续改善。中国人民银行推动移动支付便民工程由 19 个示范城市扩展至全国全部城市，并向县域及农村地区纵深发展，联合中国银联、银行业机构和当地政府合力打造移动支付便民工程示范县、移动支付便民村，加快农村支付服务环境建设提档升级。商业银行将县域业务转型提质、服务“三农”助力脱贫攻坚放在更加突出的位置上，如农行全面推进金穗惠农通工程，加快惠农通服务点建设，推广超级收银台产品，为县域农村商户提供聚合银行卡刷卡、农行掌上银行、微信、支付宝、银联云闪付条码支付等交易方式的收单受理服务。依托农村综合支付服务平台，中国银联不断丰富银联惠农站的应用内容，除提供助农取款、转账汇款、公缴等基础刚需服务外，还实现了增值应用内容向助农终端的叠加。同时，联合百余家村镇银行、农商行开展条码支付业务，针对乡村旅游、客运、农产品产销等场景提供整体解决方案，受理侧拓展深入下沉市场和农产品供应链，涉农场景对银联卡、二维码和 NFC 支付的受理得到明显改善。

四是境外受理市场进一步扩大，加速打造移动支付受理生态圈。截至

2019 年末，银联卡受理网络延伸至 177 个国家和地区，境外累计受理商户数达 2862 万户，可受理银联卡的 ATM 终端数累计达 175 万台，中国银联境外商户规模已超过美国运通和日本 JCB 在非本土市场的商户数，与 Visa 和万事达并列第一梯队。通过联合各类机构，中国银联不断加快云闪付 App 在境外的推广应用，打造银联移动支付生态体系。截至 2019 年底，52 个国家和地区的超过 380 万商户支持银联手机闪付业务，覆盖东北亚、东南亚、南太平洋、北美洲等区域，二维码支付业务的受理商户数也不断增多，受理商户数超过 45 万户，覆盖亚太、北美洲、中亚和非洲的 31 个国家和地区。

（三）业务端

一是乡村振兴卡、跨境返现卡等主题卡产品陆续上线，银行卡产品体系日益完善。乡村振兴卡的发行旨在破解金融服务乡村振兴难题，通过为涉农生产的支付结算、资金信贷和农业信息化建设等提供解决方案，满足农村居民生产、生活相关的各类需求，让安全规范、便捷高效、多元化支付服务惠及广大农村居民。2019 年 4 月，中国银联联合中国农业银行发布乡村振兴主题卡，同年 9 月联合各商业银行陆续发行乡村振兴主题卡系列产品“农民丰收卡”，全年发卡约 500 万张。跨境返现卡是中国银联联合商业银行为跨境往来人士打造的高端信用卡产品，在境外超过 2800 万线下商户及指定线上商户处消费可享笔笔立返 1% 优惠，并提供境外 WiFi、全球购物险及银联白金卡全球用卡服务等诸多权益，一经面世便广受好评，全年累计发行超过 1000 万张。

二是支付产业向对公服务领域扩展延伸。随着 C 端支付市场趋于饱和，产业参与方纷纷将视野转移至对公服务领域，通过资本和业务合作的方式加强对 B 端业务的覆盖。中国银联重点加强与财政部、税务总局、海关总署、公安部等政府部门以及各省（自治区、直辖市）地方政府的合作对接，推出适用于交通、政务、财务、ERP 以及电子发票等 B 端场景的支付业务解决方案。Visa 推出基于区块链的全球跨境支付平台 Visa B2B Connect，帮助参与银行实现对公客户间的直接付款。该网络平台迅速发展，截至 2019 年末已覆盖全球 60 多个国家和地区。万事达投资企业财务管理服务商 Bill. com，以促进其虚拟卡 B2B 资金转移和自动对账业务的发展。在支付产业向对公服务领域延伸的推动下，金融服务实体经济的效果将变得更加显著。

三是境内产业参与方积极拓展海外市场，支付创新产品和技术标准加快对外输出。在当前境内支付市场激烈竞争的大环境下，境外广阔的发展空间和丰富的市场红利对于支付机构而言具有极大的吸引力，境内主流产业参与方均积极拓展海外市场。中国银联通过国际开发者平台将银联标准的技术开放给境外开发者，同时在境外积极拓展创新业务，与马来西亚通信运营商 U Mobile、Axiata 等多家机构合作开发基于银联标准的电子钱包产品，还参与了老挝、泰国、塞舌尔等国家支付清算网络基础设施的共建和运营工作。蚂蚁金服、微信支付、钱方好近等支付机构也纷纷加速业务出海，通过投资具有流量、技术和场景优势的境外公司提前布局支付相关领域，并在境外开展了卓有成效的受理环境建设工作，国内支付品牌的国际影响力进一步扩大。

四　2020年银行卡市场发展趋势展望

2020 年，国内支付市场开放提速，境外机构有望在国内市场正式营业。产业将延续强监管态势，并鼓励支付机构运用金融科技赋能支付业务创新，金融服务水平将不断提升。

（一）新冠肺炎疫情将对银行卡产业发展造成较大影响

2020 年 1 月暴发的新冠肺炎疫情因病毒潜伏期长、传播快，相比 SARS 疫情的影响范围更广，防控期间境内多数居民的公共活动基本停滞，对社会经济发展造成了较为显著的负面影响，以旅游、住宿、零售、餐饮为代表的消费行业在短期内将普遍受挫，并传导至相关场景的银行卡交易，致使银行卡交易规模年内增长承压。银行卡交易渠道结构受此影响也将有所改变，疫情期间消费行业业态发生了较大变化，O2O 生鲜和电商平台替代了线下超市、菜市场和百货商店，成为消费者日常物资采购的首选，带动线下渠道交易向线上迁移。支付方式的受欢迎程度也将发生变化，刷脸支付在戴口罩的情况下无法完成验证，现金、刷卡和 NFC 支付会产生接触或近似接触问题，这些支付方式的使用频次都将受到影响，而扫码支付以其天然的非接触特点，更容易成为人们在疫情期间的首选支付方式。

（二）国内支付市场开放提速，带动产业格局发生变化

中国经济持续领先全球主要经济体，移动支付、数字支付业务受众广泛且交易额庞大，境外支付机构十分看好中国市场的巨大发展空间。近年来，随着《银行卡清算机构管理办法》《银行卡清算机构准入服务指南》以及外商投资支付机构准入条件等监管规定的陆续出台，境外机构纷纷采取资本合作等多种方式满足相关规定开业申请的要求，推进入华经营工作。作为金融业对外开放的重要组成部分，支付清算市场开放步伐将进一步加快，随着监管机构正式受理美国运通相关机构的银行卡清算机构开业申请，2020 年一批境外机构有望获得批复，正式启动在中国境内的营业。届时，境外的优秀技术和业务将进入国内市场，带动国内支付产业结构优化升级，同时市场主体将趋于多元化，对既有产业格局造成影响，市场竞争态势将进一步加剧。

（三）延续强监管态势，重点关注数据安全和支付业务创新

2019 年，监管机构在条码支付、外汇业务、支付结算管理、反洗钱和反恐怖融资等方面加大监管力度，对银行、支付机构等业内相关机构提出了更高的合规经营要求。2020 年预计强监管态势将延续，监管机构将根据市场环境变化不断完善顶层监管设计，从严规范市场行为，推动产业环境和秩序持续优化。随着产业开放生态建设的不断推进，数据安全和个人隐私保护问题变得越来越重要，如何控制数据共享行为中的合规风险，在保护数据隐私的前提下充分挖掘利用数据具有的价值，成为各方关注的焦点。预计 2020 年监管机构将与业内机构共同完善数据安全和隐私保护法律法规，为产业发展营造良好的数据保护环境。在防控风险的同时，监管机构还将鼓励

推动产业各方在划定的金融科技产品及服务的门槛和底线基础上，积极参与探索支付业务创新，将金融科技用于赋能支付服务和实体经济，在监管机构的维护和引导下，支付产业的业务创新与风险将得到更好的平衡，市场秩序和环境将进一步优化。

（四）支付机构寻求多元化业务转型

在监管持续从严、支付清算市场加速开放、市场竞争愈加激烈的背景下，国内支付机构开始审视自身定位，考虑如何应对以及未来的商业模式、发展路径等问题，将经营的重点从依靠大规模拓展用户数量收取支付手续费向开展商户服务、企业服务、金融科技服务、跨境支付等多元化业务方向转型。例如，银联商务提出加快发展“金融银商”和“数科银商”的战略目标；拉卡拉战略 4.0 以支付为切入点，整合信息科技赋能中小微商户经营；京东数科收购 SaaS 服务商哆啦宝和聚合支付机构乐惠，以增强自身商户服务能力；汇付天下与智慧商业服务商微盟集团合作推出“微盟慧付”解决方案，为企业提供“营销 + 支付”的完整交易闭环；等等。这些机构纷纷谋求战略转型升级，培育多元化服务能力，拓展盈利空间，构建新的竞争优势。

（五）金融科技成为驱动支付产业转型升级的关键力量

2019 年，生物特征识别、人工智能、区块链、云计算、5G 等新兴技术快速发展，商业化落地进程加速，部分技术取得突破并在多个支付场景得到应用。中国人民银行发布的《金融科技（FinTech）发展规划（2019 ~ 2021 年）》提出金融科技应成为推动金融转型升级的新引擎，要求加大科技赋能支付服务力度，利用金融科技优化移动支付技术架构体系，推动条码支付互联互通，探索人脸识别线下支付安全应用，实现支付工具安全与便捷的统一。金融科技将在提升支付机构经营效率、改造或创新支付产品和业务流程、降低运营成本和化解各类支付相关风险方面发挥越来越重要的作用，成为支付产业转型升级的关键驱动力量。预计 2020 年，产业各方将进一步加大金融科技能力建设投入力度，并通过资本合作等手段谋求金融科技赋能。私有云解决方案将作为基础性系统架构在越来越多的机构中得到部署，5G、云计算、生物特征识别、图像识别等人工智能技术将推动受理终端进一步朝轻量级、数字化、智能化方向发展，区块链技术应用落地也将为建立更加安全、高效、可信且低成本的交易网络提供可能，这些都将对支付产业的发展带来深远影响。

参考文献

中国人民银行支付结算司：《2019 年支付体系运行总体情况》，中国人民银行网站，2020 年 3 月 17 日。

第九章
网联平台的建设与运行

关一濛　王子玥*

摘　要：2019年，网联平台坚持稳中求进工作总基调，以防范化解金融风险和推动支付产业高质量发展为双主线，圆满完成各项工作任务，全力确保安全生产，稳步提升服务水平，支撑行业创新发展。2020年，网联平台将继续践行“支付为民”初心，组织协同行业各方，坚持做好业务连续性工作，携手全行业保障支付体系平稳运行，助力支付行业合规健康发展。

关键词：网联平台　支付清算　网络支付

一　2019年建设运行情况

2019年，网联平台在持续平稳运行的基础上，着力推进平台建设，积极推动业务拓展、技术革新及风控建设等工作，切实维护金融体系安全，服务社会民生和实体经济发展。2019年网联平台累计处理交易3975.42亿笔，金额259.84万亿元，单日处理交易最高达15.4亿笔，最高并发量为7.15万笔/秒。

* 关一濛，博士，供职于网联清算有限公司战略发展部；王子玥，供职于网联清算有限公司战略发展部。

（一）业务驱动，全力以赴升级转接服务新引擎

1. 丰富业务支持品类，积极充实服务内涵

一是增强银行侧支持能力。上线银行侧发起的快捷支付、付款、网关支付和代收基础功能，提供银行间跨行支付渠道。开通一键绑定账户功能，支持银行侧发起的支付机构快捷支付签约。二是健全条码支付功能。优化条码支付风险防范、结算时效等功能，上线网联条码互联互通功能，启动业务试点工作，快速落地监管政策要求。三是加强跨境能力建设。实现境外钱包跨境支付场景下收款扫码、付款扫码支付功能上线，对接人民币跨境支付系统（CIPS）和国家外汇管理局国际收支申报系统（BOP），加强跨境人民币资金划转和国际收支申报服务能力建设。四是建设缴费云平台。推出缴费项目管理、账单查询、销账关单、业务对账等功能模块，助力市场主体实现资源与客户共享，支持市场机构生活缴费业务对接和专业化处理。

2. 做深做细渠道拓展，持续加深市场合作

一是快速推进服务下沉。新增支付机构与银行线程 9000 余条，将服务范围下沉至小型城市及城镇、农村。二是提升中小支付机构竞争力。协调 70 余家银行和中小机构，保障京东“618”、翼支付“嗨 5 生活节”等相对较小规模的促销活动，提供成员机构营销保障，大幅提升总体交易量。三是打造成员机构公共服务门户。开设 7 ×24 小时统一对外服务窗口，支持成员机构基础信息管理、服务请求受理等功能，实现自动化、便捷化信息交互。

3. 健全数字化运营，加快业财融合进程

一是提升数字化运营能力。开展高频次平台经营分析，构建银行能力分级管理和机构分级分类管理模型，发布渠道能力评价，提升银行和支付机构运营质量。二是打造业财融合系统。建设业务资金核算系统，通过大额账户实体资金变动有效关联业务场景模式，将业务资金管理下沉到成员机构层面，实现信息流与资金流核对校验及记账，初步实现业财一体化，形成管控闭环，有效防控资金风险。

（二）科技护航，精益求精锻造一流技术硬实力

1. 完善基础设施布设，提升系统支持能力

一是提升平台容灾能力。优化银行专线，推动重点银行单中心三大运营商接入、中小银行三地接入，立足业务峰值要求合理调整带宽。二是拉高系统承载峰值。通过数据库合并，在不新增硬件成本的基础上拉高系统承载峰值，有效提升核心处理能力。三是稳固工程质量。推进主干开发，加强质量测试，建立海量全链路回归系统，自动生成端到端自动化测试用例回归。四是提高平台应急处置能力。完善监控体系，实现业务、应用、设施三套监控解耦与兜底，上线监控系统集群自动化探测功能，实现对集群故障节点的自动隔离和故障集群自动切换。

2. 调优调精管理机制，强化自动协同能力

一是完善容灾容错机制。丰富容灾工具，建设联动上下游的处置机制、主备恢复机制和业务接管机制。二是增强突发事件应对能力。通过各关联团队、上下游系统之间应急处置的无缝连接，以及应急处置一键切换机房能力建设，有效降低应急处置期间的操作风险。三是扩大联合运维服务范围。拓展联合运维服务对象场景，建设联合运维服务平台，进一步提高全链路信息同步效率和准确程度。四是加大安全管理力度。加强内外部接入及操作管控，更新拓展各节点设备，实现全方位管控。

3. 注重自主创新研发，提供可持续发展动力

一是创新“主干开发”模式。提出“主干开发—分支提测—发布分支留存”实践模式，形成良性周期运作。二是提高自主可控能力。上线开源消息队列，上线效率云自主可控版本，实现 CI/CD 一体化管理。三是优化安全监控体系。自主研发日志分析平台，实现 7 × 24 小时不间断检测分析。四是建立准入控制机制。更新升级 VPN，上线认证中心，完善域控和入网管理，进一步实现全方位准入控制。

（三）风控筑基，多线联动筑牢健康发展“铁防线”

以数据建设为底层，以风控系统建设为支撑，防控交易、清算和备付金

风险。一是夯实底层数据基础。完成核心领域数据治理部署，增强敏感数据信息标记化服务能力，建设覆盖全业务种类的数据仓库，提升数据计算能力和处理效率。二是推进数据风控建设。建设风险防控系统，预警清算风险、备付金风险，识别网络赌博、反洗钱等异常交易，初步具备事前预警、事中识别、事后分析能力。三是强化内部风险管理。积极开展业务和技术风险排查，识别风险并完成风险收敛，优化升级合规管理流程，构建内部和重点项目审计体系。

二 推动民生支付互联互通

（一）加强跨境业务基础服务能力建设

高效推进跨境能力建设，初步完成跨境人民币业务转接清算能力建设。积极响应市场需求，探索新的跨境业务模式，实现内地商户受理支付宝香港钱包、澳门中银手机银行 App 和澳门通钱包 3 家境外钱包的跨境移动支付，支持粤港澳大湾区建设，探索便利境外人士来华移动支付的实现路径。

（二）国库经收业务试点工作效果显著

国库经收业务实行统一条码规范、统一技术规范、统一接入模式，实现支付机构、税务机关双向一点接入，降低税务机关对接多样支付工具的技术复杂度。2019 年在河南、湖南、浙江、福建、青岛等地试点运行国库经收业务，实现通过支付机构受理便民扫码缴税场景，推进支付模式便利化、合规化创新发展。

（三）创新缴费转接业务，提升服务水平

按照业务方案统一规划、商业模式统一公平的原则，开展缴费云平台建设工作，针对账单缴费、费用充值、信用卡还款三类缴费模式，为市场渠道方与商户受理方之间的缴费合作业务提供通路，为市场各方提供资源整合、

交易撮合、支付服务、转接清算等整套缴费充值解决方案，实现缴费业务专业化处理，促进支付业务创新发展。

（四）启动网联条码互联互通试点工作

按照中国人民银行标准，制定网联条码业务、技术及码制标规，完成网联条码支付业务两大模式功能优化，构建标准统一、公平公允、互扫互认的网络，有序启动网联条码互联互通准备工作，持续优化客户体验，为条码支付的公平、安全、高效发展奠定坚实基础。

三　加快行业治理体系构建

（一）持续完善成员机构管理体系

一是健全成员机构管理机制。制定涵盖境内外成员机构的管理审核规定，发布境内成员机构违规行为约束办法，完善成员机构事前准入、事中约束、事后退出的全周期管理机制。二是持续优化商户管理体系。制定商户管理、行业分类规则以及商户报送、商户核验工作指引，建设商户管理系统，对接外部核验系统，形成管理闭环。三是提升差错争议处理水平。修订差错处理、风险交易客诉转递及处理、风险交易赔付争议处理等规则，优化差错处理和风险交易平台处理流程，建立客诉转递接口，提升成员机构处理效率。

（二）建立健全行业标规功能

注重行业治理效能转化，持续健全行业规则标准体系，制定、修订并发布 6 项业务规则、4 册技术标准和 5 项风险规定，保障行业规范发展。建立成员机构及业务全生命周期管理机制，扎实构建清算、差错、争议、商户等底层服务能力。积极响应市场合规诉求，开通银行间快捷支付、付款、网关支付、代收功能，提供银行间汇路通道，上线一键绑定账户业务，持续创新丰富业务种类。

（三）着力提升行业风险治理水平

建立交易风险行业协同机制，形成可疑交易监测、反馈流程闭环，建设交易核验系统，提升针对业务类型、机构黑白名单、限额等的管控能力。建立备付金风险监测体系，预测备付金规模，监测疑似备付金风险交易，开展支付机构规模分级和风险分级管理，持续监测资金挪用风险、追踪异常可疑交易。

四 完成重大峰值保障工作

牵头组织行业各方完成特殊时期的各项保障工作，圆满完成“中华人民共和国成立70周年”“春节红包”“京东618”“双十一”“双十二”等保障任务。“双十一”零点峰值期间，跨机构交易处理最高峰值为7.15万笔/秒，15家全国性商业银行及农信机构全部平稳运行，“双十一”全天处理跨机构网络支付交易15.4亿笔。面对保障范围持续扩大、机制全面升级、风控难度上升、银行系统变更等新形势、新挑战，建立健全高效协同的行业级保障机制，确保计划明晰、方案完备、措施有力、组织得当、沟通顺畅、工作有序，保障全行业各节点平稳承接支付清算业务高峰。

（一）建立统一领导机制，保障行业有效协作

一是建立跨主体行业领导工作组。在中国人民银行指导下，网联平台牵头中国银联、农信银、15家全国性商业银行，以及支付宝、财付通，成立峰值保障联合工作组，负责统筹安排行业峰值保障工作的重大事项决策、组织协调、信息互通等工作。二是各单位成立内部专项团队。各重保单位分别成立涵盖技术、业务、运维等多条线的内部专项工作团队，负责落实联合工作组任务要求。网联平台居间开展各单位内部专项团队的信息互通，统筹跟踪工作进度，协调解决困难和问题。三是畅通行业沟通渠道。网联平台按周组织重点机构召开工作例会，全面同步准备情况，共同制定重点事项处理策

略；按周组织重保单位开展专项沟通，针对重点问题，制订后续改进计划，保障行业整体统一行动、步调一致。

（二）牵头制订规划方案，全力满足行业需求

一是科学确定保障目标。网联平台提前4个月广泛调研支付机构的保障需求，协同各方反复研究保障需求的合理性，认真评估全链路系统支持能力，共同确定保障目标和保障范围。二是制定保障整体规划。网联平台制定行业级保障工作整体规划，精细化设计总体目标、工作机制、进度安排和重点措施，并逐一走访重保单位，宣贯规划内容和实施要求，推动各方提前准备、配足资源、高度重视、加大力度。三是优化升级总体预案。根据2019年保障范围、保障机制、清算模式、各方系统变更等实际情况，制定全网全链路总体保障预案和应急预案，升级行业联动机制措施，优化覆盖范围、内容流程、响应机制，细化日常保障、峰值保障、临场指挥、清算对账等各环节保障预案，确保保障工作全程无缝对接、处置迅速得当。

（三）有序实施验证演练，全面提升保障能力

一是以全行业压力验证促进系统调优。网联平台合理利用24个窗口期，模拟电商大促真实场景，组织全行业开展超过200轮压力验证，充分检验全链路各方系统支撑能力。反复探测验证全链路系统性能，深入开展问题诊断，推动帮助全链路各方强化系统和设备性能，调优系统参数，扩容连接线路，提升自动化水平，全面提升行业整体系统能力。二是以全行业联合演练提升应急处置水平。网联平台组织全行业开展多轮次应急演练，统筹重点机构完成峰值保障应急切换演练，有序推进“一行一策”账务处理及应急场景、清算授信资金及生产环境机房切换恢复演练，进一步提高全行业应急处置整体能力。

五　2020年展望

2020年，网联平台将继续坚定发展路线，秉持“守正、安全、普惠、

开放”理念，围绕“支付为民”初心，全力以赴打好防范化解金融风险攻坚战，夯实业务连续性和业务可持续发展基础。同时，着力发展金融科技和监管科技，进一步加强工程、服务、运营、研究能力建设，在行业治理方面建成体系完备、措施有力、机制长效的成员机构和渠道质量管理模式，大力支持行业合规创新，持续推动我国支付产业高质量健康发展。

第十章
我国金融账户体系的发展演进和趋势

陆强华*

摘　要：　随着金融服务数字化的发展，金融账户种类更加丰富，设置趋于虚拟化，功能更加完善，普惠的特点更加突出，但反洗钱、反欺诈以及个人隐私信息保护等要求对金融账户的管理提出了挑战。既要守住风险底线，也要成为金融服务的基础节点，在便捷性和安全性之间走出一条可持续发展的路子，需要不断加强创新与改革，通过更加科学的体系设计、更加坚实的实名制基础、更加灵活的服务支持，确保金融账户成为金融服务数字化发展的重要载体。

关键词：　金融账户　支付账户　实名制　账户分类　远程开户

账户的核心基础在于体现了物权属性。在使用实物货币或者实体现钞的时代，通过物理归属，如钱包或者保险箱等证明财富归属。随着货币电子化和财富证券化，金融账户成为财富的数字化栖息地。在实体经济活动中，支付是资金转移过程的反映，金融账户成为支付的起点和终点。各类经济主体在参与经济活动、进行资金收付、使用各种非现金支付工具的时候，都离不开账户的参与。支付伴随着资金所代表的物权的“出账”和“入账”。从这

* 陆强华，《深度支付》作者，长期从事支付领域的研究。

个意义上来说，金融账户具备两个最基本的功能：一是储蓄；二是支付。因此，金融账户是金融市场的基础设施和服务支撑，所有的资金流转和货币化财富寄存以及个人属性的信息保存都需要依托金融账户来实现。

一　我国金融账户体系主体构成

账户是根据会计科目设置的，具有一定格式和结构，是反映会计要素增减变动情况及结果的载体，是企业做账的要素。每一个账户都有一个名称，用以说明该账户核算的经济内容。在金融服务中，金融账户非常重要，反映了客户金融活动的内容。金融账户体系以银行结算账户与支付账户为主。如果推出央行法定数字货币，可能会产生新的金融账户形式。

（一）银行账户居于主体地位

银行账户是银行为存款人开立的用于人民币及外币办理存款、贷款和资金收付等活动的账户。从整个金融体制看，央行－银行的体系确保了银行账户成为我国货币资金的最终承载场所。同时，存款保险制度的出台，保证了个人银行账户较高的信用等级。无论是从数量、使用频度，还是从功能、作用来看，银行账户无疑是金融账户体系的主体。截至2019年末，全国共开立银行账户113.52亿户，同比增长12.07%，增速较上年末上升2.24个百分点。在银行账户体系中，按照服务对象来分，可分为单位银行账户和个人银行账户。截至2019年末，全国共开立单位银行账户6836.87万户，同比增长11.73%；个人银行账户112.84亿户，同比增长12.07%。人均拥有个人银行账户数达8.09户。①

在银行账户体系中，按照功能来分，可分为银行结算账户和银行非结算账户，其中银行结算账户是主流。银行结算账户又分为企事业单位银行结算

① 中国人民银行支付结算司：《2019年支付体系运行总体情况》，中国人民银行网站，2020年3月17日。

账户和个人银行结算账户。根据《人民币银行结算账户管理办法》的规定，企事业单位银行结算账户划分为基本存款账户、一般存款账户、临时存款账户和专用存款账户，其中基本存款账户只能开立一个，主要用于办理日常转账结算和现金收付业务，在企事业单位银行结算账户中居于主体地位。个人银行结算账户主要是方便银行为个人提供用于支付结算的账户，在数量上处于绝对优势。

（二）支付账户发展成为“新势力”

根据2015年12月中国人民银行颁布的《非银行支付机构网络支付业务管理办法》，支付账户是指获得互联网支付业务许可的支付机构，根据客户的真实意愿为其开立的，用于记录预付交易资金余额、客户凭以发起支付指令、反映交易明细信息的电子簿记。

随着互联网的兴起和金融创新的加速，金融账户在金融创新和金融生态构建中的重要性日益突出。支付账户异军突起，打破了银行账户一统天下的局面，非银行支付机构创造了大量应用于不同场景、具有支付和结算功能的账户，它们充分利用互联网思维和大数据技术将对支付账户的运用提升到新的高度，基于支付账户形成了一系列综合性服务和数据运用。支付账户的作用早已不再局限于担保交易，依托支付账户，用户可以使用便民生活（信用卡还款、生活缴费、医疗健康等）、财富管理（信贷、基金、保险等）、资金往来（转账、红包等）、购物娱乐（出境游、海淘等）、教育公益（校园生活、爱心捐赠等）以及众多第三方服务（购票、出行等）。可以说，支付账户正在成为全能型综合服务平台的重要支撑，日常生活中与支付相关的需求几乎都可以通过支付账户满足。

由于支付账户通过线上开立，其数量增长很快。支付宝和微信支付的客户数量都是10亿户起。截至2017年末，支付账户数量为32亿户；截至2018年末，支付账户数量达到46亿户；以此做简单推算，截至2019年末，支付账户数量有望超过60亿户。

（三）新的金融账户形式可能出现

各国都在研究法定数字货币，可能会推动现有商业银行账户体系发生显著变化。在应用区块链技术的账户形式下，数字货币的价值形式和物权识别是一体化的，往往以加密货币的形式，实现数字货币物权的共识性确认。数字货币自带账户属性，并同步记账完成。如果通过数字货币钱包形式，各商业银行需要建设开放行内数字货币支付系统，满足数字货币钱包的开立、出入金、存取现以及支付等各类功能。

从央行对法定数字货币发行的安排来看，中国人民银行行长周小川发表了自己的观点："数字货币的技术路线可分为基于账户和不基于账户两种，也可分层并用而设法共存。"虽然纯数字货币系统可以不与银行账户关联，但由于我国的货币发行遵循中央银行到商业银行的二元体系，而且当前的社会经济活动主要基于商业银行账户体系展开，借助银行账户体系，充分利用银行现有成熟的 IT 基础设施以及应用和服务体系，在商业银行传统账户体系内，引入数字货币钱包属性，实现一个账户下既可以管理现有电子货币，也可以管理数字货币。电子货币与数字货币的管理有其共性，如账号使用、身份认证、资金转移等，但也存在差异。数字货币管理应符合央行有关钱包设计标准，类似保管箱的概念，银行将根据与客户的约定权限管理保管箱（比如必须有客户和银行两把钥匙才能打开等约定），保留数字货币作为加密货币的所有属性，将来利用这些属性可以灵活定制应用。①

二　我国金融账户体系发展及特点

（一）我国金融账户规模巨大，呈稳步增长态势

无论是从规模还是从服务水平来看，我国金融账户体系整体较为发达，

① 姚前：《数字货币与银行账户》，《清华金融评论》2017 年第 7 期。

账户服务的普惠水平较高。从规模看，我国金融账户数量在全世界居于前列。我国银行账户数量已经突破110亿户，支付账户数量有望突破60亿户。从增长态势看，我国个人银行账户数量同比增速在2011年达到21.81%，之后反转趋于下降，近年来增速基本在10%至15%之间波动。支付账户数量持续高速增长，2014年增速超过150%，2015年支付账户数量继续以高出银行账户增速近一倍的速度高速扩张。近五年来，年均增速超过20%。

（二）账户的安全管理进一步加强

2016年，中国人民银行发布了《关于加强支付结算管理防范电信网络新型违法犯罪有关事项的通知》，从防范风险、打击诈骗的角度对金融账户提出了一系列管理要求，全面加强对账户实名制、安全性的管理，强化金融账户在社会安全管理中的基础性作用。无论是银行账户还是支付账户，对账户的安全管理提升到一个越来越重要的位置。首先，规定同一个人在同一家银行只能开立一个Ⅰ类账户，防止账户过多、过滥。其次，开户环节账户实名制的落实更加严格，账户的交易信息可以被追溯，而不是简单符合实名制形式要件，要确保严格落实“了解你的客户”（KYC）原则，符合更为严格的反洗钱要求。加强对异常开户行为的审核，在特定情况下，银行和支付机构有权拒绝开户。同时，电话号码与身份证号码要一一对应，建立对买卖银行账户和支付账户、冒名开户的惩戒机制。这些措施都将提高账户的安全性水平。最后，在账户信息保护方面，加大惩戒力度。当前，账户信息的买卖形成了黑色产业链，为诈骗、洗钱等提供了隐匿和周转场所。应加大对这类违法违规行为的打击力度，更好地保护账户的安全。

（三）银行账户功能趋于强化和丰富

此前对银行卡账户与银行账户并没有进行严格区分。通常在柜台办一张银行卡，对应着一个银行账户。随着账户的无卡化和网络支付的发展，银行卡作为银行账户介质的功能在弱化，账户功能在强化，账户逐步回归本质。特别是随着移动支付的发展，卡基支付逐步向账基支付转移。支付机构的网络支付业务是基于银行账户的支付业务创新。通过快捷支付，绑定银行账户，实现支付账户体系与银行账户体系之间的资金流通，为前端支付产品和服务的创新提供了资金渠道。如果没有银行账户体系的支持，就没有支付账户体系，也就没有我国移动支付的繁荣发展。

线上金融发展以及支付账户快速发展的示范效应，迫切需要增强银行账户的灵活性和互联网的生态属性。2015 年底，中国人民银行发布《关于改进个人银行账户服务加强账户管理的通知》，将银行账户按照验证强度进行分类，从强到弱依次为Ⅰ、Ⅱ、Ⅲ类账户。Ⅰ类账户就是我们过去最常用的银行账户，它是客户的全功能账户。常见的借记卡就属于Ⅰ类账户，需要携带身份证到银行办理，由银行工作人员面对面审核。Ⅱ、Ⅲ类账户是虚拟电子账户，是在已有Ⅰ类账户基础上增设的两类账户。Ⅱ类账户可办理存款、购买理财产品、进行限定金额的消费和缴费支付等，与Ⅰ类账户的区别在于不能支取现金。Ⅲ类账户则是一个更为纯粹的“钱包”，用于限定金额的消费和缴费支付，主要用于快捷支付和小额支付。通过银行账户分类，可有效防范诈骗和支付风险，同时Ⅱ、Ⅲ类账户通过线上开立，有利于推动银行数字化金融服务的发展。

2020 年初，为了更好地抗击新冠肺炎疫情，中国人民银行发布《关于做好新冠肺炎疫情防控期间支付结算有关工作的通知》，鼓励银行机构加强线上业务服务，提升服务便捷性和可得性，加大个人Ⅱ类银行结算账户服务力度，并强调“疫情防控期间，银行可在有效防控风险、准确识别客户身份的前提下，通过Ⅱ类银行结算账户为客户发放工资津贴等；可综合客户需求和风控情况自主确定Ⅱ类银行结算账户限额并告知客户”。虽然这只是疫情防控期间的政策利好，但是商业银行借助政策东风，加快拓展银行Ⅱ类账户应用场景，也为银行Ⅱ类账户功能拓展积累了经验。

（四）支付账户构成金融账户中最为活跃的部分

支付账户作为电子账户，由于通过线上开户以及电商、社交的关联支持，实现了快速发展。建立支付账户体系后，支付机构通过支付账户能够提供消费、缴费、转账、投资、理财等各类服务，形成独立于银行之外的闭环生态。通过快捷支付，与银行账户绑定，银行账户里的资金通过支付账户进行各类消费性支付。同时，支付账户之间通过微信发红包、支付宝转账等高频应用逐渐普及。支付账户已经形成一个相对独立的体系，并成为为客户提供各类服务的前沿，在品牌认知、信息获取和消费习惯引导等方面形成较强优势，银行无形中逆转为中后台部门，对其业务的独立性和主动性产生了重大影响与潜在冲击。

（五）企业账户的便利性进一步提高

先前，在我国开立银行基本账户采用核准制。任何需要办理基本存款账户的单位，首先要申请“银行开户许可证”，即一种由中国人民银行核发的开设基本账户的凭证。

为激发市场活力，优化营商环境，助力民营和小微企业高质量发展，自2018年6月11日起，中国人民银行在江苏省泰州市、浙江省台州市开展了取消企业银行账户许可试点，企业开立基本存款账户由核准制调整为备案制，银行按规定审核企业身份等信息后，对符合条件的企业将实行面签，银行为企业开立基本存款账户后，可直接将基本存款账户编号、存款人密码交付企业，事后再报备当地中国人民银行。

2019年2月12日，中国人民银行发布的《关于取消企业银行账户许可的通知》（银发〔2019〕41号）明确规定，自2019年2月25日起，取消企业银行账户许可地区范围由江苏省泰州市、浙江省台州市扩大至江苏省、浙江省。其他各省（自治区、直辖市）、深圳市在2019年底前完成取消企业银行账户许可工作。按照该通知规定，境内依法设立的企业法人、非法人企业、个体工商户等在银行办理基本存款账户、临时存款账户的，由核准制改为备案制，中国人民银行不再核发开户许可证（机关、事业单位、社会团体等其他单位开立银行存款账户仍然执行原有规定。）

取消企业银行账户许可大大节省了企业的时间及资金，而以前规定的开立账户3个工作日后才可办理收付款业务，现在也改为账户开立当天即可办理，提高了企业账户的使用效率。2019 年末，单位基本存款账户为 4913.61 万户，同比增长 13.35%，比单位银行账户增速高出 1.62 个百分点。

三　国外账户体系发展和管理借鉴

（一）国外银行账户类型划分较为清晰，管理严格

银行账户是由金融机构为客户开立的一种金融账户，包括储蓄账户、信用卡账户、贷款账户或其他由金融机构提供的账户类型。

一是发达国家个人银行账户依据功能形成基本分类。国外个人银行账户从使用功能角度可划分为储蓄账户、交易账户等。储蓄账户是由零售金融机构为客户开立的一种基本账户类型，利率较高，但是一般不能作为狭义的交易媒介使用。储蓄账户的基本用途是为存款人提供利息收入，储蓄账户中的资金一般不能随时支取。交易账户是由银行或其他金融机构为客户开立的存款账户的一种类型，满足账户持有人进行经常性或即时性的支付需求。交易账户有各种不同的表述方式，在英联邦国家称为活期账户（Current Account），美国称为支票账户（Checking Account）。交易账户的基本功能则是为企业或个人的交易活动提供便利。多数提供交易账户服务的机构对此类账户中的资金按较低的利率计息或完全不偿付利息。

二是在各类银行账户的开立条件方面，需落实严格的客户实名制要求。国外账户管理的一个重要特点是“原则监管”，也就是监管行为按照某些管理原则或“监管精神”进行，而不是按照具体的条款及规定，较少制定具体的管理制度。按中国的话说，就是“实质重于形式”。国外对账户管理的规定大多散见于不同的法律法规。各商业银行为了达到要求，根据各自的理解和风险偏好制定规章制度，其共同的目的是符合“监管精神”。监管部门重视结果而非过程，即通过了解商业银行制定规章制度后最终达到的标准，如客户满意度、案件发生情况等，对商业银行的业务管理及操作合规性进行判断。这种特点在一定程度上避免了银行的监管套利。

在账户的开立过程中，客户需要提供相关的证明材料。以美国为例，个人用户开立基本储蓄账户需提供身份证明材料，包括驾驶执照或身份证、其他身份证明文件（如信用卡、护照、工作证或学生证），美国居民还需提供社会安全号码（SSN）。对于非美国居民而言，各大银行不允许进行在线开户，申请人必须前往银行实体网点提供护照、学生证、介绍信等材料，进行身份审核后开户。

三是根据各国法律要求和当地金融环境的不同，远程开户的身份验证要素和要求有所不同。远程开户的发展模式主要有两种。第一种是“用户上传身份验证要素 + 实时视频 + 交叉验证”的纯线上远程开户模式。这种纯线上远程开户模式能够获得发展的原因包括国外个人征信数据库健全、信息搜集方式和采集主体多、能够获取用户相对完整的个人信息、通过多重交叉因素验证用户身份等。第二种是“线上验证 + 线下代理”的有限远程开户模式。其一是线上与少量线下网点（银行或其他代理机构营业网点）结合的网络银行，比如全球最大的网络银行 ING Direct，其在德国的分支机构 ING-Diba 将邮政机构作为代理实现用户面签，在美国的分支机构通过与有诚信的行业协会或房产中介等机构合作，帮助客户完成签约和文件传输等工作。其二是传统的境外商业银行以委托协议的形式通过境内商业银行完成远程开户和面签审核。例如，澳大利亚国民银行和新西兰银行均与国内浦发银行合作，在客户未到达目的地国家前，就可远程开立在这两家境外银行的银行账户，并完成汇款。这种情况类似于香港代理见证开立内地个人银行账户业务。

（二）国外支付账户管理各有不同，管理趋向严格

一是支付账户根据不同的权限和功能进行分类。以运营较为广泛的 PayPal 账户为例，PayPal 账户体系分为三种不同类型，包括个人账户（Personal Account），适用于在线购物的买家用户，主要用于付款，也可以收款，功能较为简单；高级账户（Premier Account），适用于在线购物或在线销售的个人用户，是进行跨国交易的个人卖家使用最广泛的账户类型；企业账户（Business Account），适用于以企业或团体名义经营的商家，特别是

使用公司银行账户提现的商家用户。

由于各个国家的金融监管体系以及在普惠金融方面的政策目标存在较大差异，对非银行支付机构的账户功能范围也有不同规定。在部分传统金融体系覆盖不足的国家和地区，允许非银行类机构接入本国的大额支付系统，以满足农村及偏远地区的支付交易需求，这些国家的支付账户功能相对丰富，除对吸收存款及发放贷款有明确的限制性规定之外，支付账户与银行账户功能基本趋同。

二是支付账户的性质根据各国对非银行机构的法律资格采取不同的界定和划分模式。国外成熟市场对支付账户的监管建立在账户分类的基础上，但是其分类标准更为复杂，通常以提供服务的机构为一级分类标准，以账户功能为二级分类标准。例如，美国在联邦层面将非银行类支付机构认定为货币服务商，其开立的账户相应地仅具有支付功能，不具有储蓄功能。欧盟对非银行类支付机构的定位一直在进行动态调整，以 PayPal 为例，其在卢森堡属于获得金融监督委员会（CSSF）颁发银行牌照的银行法人，其账户相应地遵循银行账户的管理规定。澳大利亚将 PayPal 视为特殊的授权存款机构，由澳大利亚审慎监管局（APRA）进行监管，需满足资本金、流动性和其他相关要求，并且不得从事其他银行业务。新加坡金融管理局（MAS）将 PayPal 作为提供储值类支付工具（SVF）的服务商，不属于存款机构，且在新加坡没有汇款业务牌照。

三是支付账户管理需满足实名制要求，并受到反洗钱和反恐怖融资、消费者保护领域法律法规的严格约束。各国对非银行机构及其账户的管理模式和规则存在较大差异。从对 PayPal 的国际监管实践来看，大多数国家和地区将 PayPal 的业务限定在“电子货币”范围内。通常需要满足最低流动性、最低资本金等方面的要求，并受反洗钱和反恐怖融资、消费者保护领域法律法规的约束。如《美国爱国者法案》要求，作为货币服务企业，第三方支付机构需要在美国财政部下属的金融犯罪执法网络（FinCEN）注册，接受联邦政府和州政府的两级反洗钱监管，及时汇报可疑交易，记录并保存所有交易记录。“9・11”之后，美国进一步将原先有关银行保密及反洗钱等方面法律的管制对象拓展至第三方支付机构。在新加坡，PayPal 需遵守《储值类支付工具服务商防范和打击洗钱和恐怖融资的通知》规定，根据“了解你的客户”原则落实客户身份识别和验证要求。

四　我国金融账户服务和管理存在的问题

（一）我国金融账户管理不严，数量过于庞大，使用效率不高

我国在账户开立、日常管理及终止等方面过于宽松，同时机构在拓展业务时受利益驱动，缺乏相应的硬约束机制，特别是账户实名制把关不严、多开账户、批量开户等问题导致金融账户过多、过泛。从市场角度看，账户是银行提供金融服务的入口，决定了其市场占有率，是银行和金融机构考核的重要指标之一。同时，由于账户开立相对容易，且成本低，消费者主观上重视程度不足，账户俨然成为一种“金融快消品”，出现很多“睡眠卡”“死卡”，占用过多金融资源，降低了金融服务效率，且有泛滥的趋势。目前人均约有 8 个银行账户，如果考虑到未成年人和老年人等经济活动相对受限的人群以及农村地区低经济收入人口人均账户数量较少的情况，主流的经济活动人群的人均银行账户数量会更多，这个数量超过了一个人的正常经济活动对银行账户的需求，因此可以粗略判断存在相当数量的“睡眠账户”，甚至有业内人士判断，“睡眠账户”的占比达到 30% ~40% 。

（二）我国对账户实名制的执行和落实不够严格

对于个人银行结算账户而言，实名制审查的形式重于实质，开立环节重于使用环节。对于账户实名制，机构应按照“了解你的客户”原则做尽职调查。由于我国银行机构之间竞争激烈，账户开立的业务量较大，在对客户身份核实过程中，执行的是在开户环节的最低限度要求，对客户所提供文件的真实性、完整性、合规性进行审查后即开户，而不会像国外银行那样一对一面谈，了解客户开户的动机和相关情况。由于管理方面缺少具体的统一性

要求和反洗钱方面对开户内控的约束力不断增强，没有进行有效的“了解你的客户”、未按规定保存客户信息资料等行为成为反洗钱处罚的主要违规点，但是与国外相比力度还是不够，震慑力不强，导致机构缺乏足够动力通过动态和多样的审查程序与必要的交叉核验来主动进行客户身份验证。

（三）金融账户屡屡被用于非法交易

金融账户屡屡被用来为跨境赌博、电信网络欺诈等违法犯罪行为进行收款，通过账户的买卖、租赁逃避公安部门的追查和打击。近年来，出租、出售银行账户的行为较为猖獗，甚至明码标价。从破获的案件看，大量的银行卡被收集起来走私到国外，一套企业对公账户卖到菲律宾的价格高达15000元，由此形成了一个收购、倒卖银行账户的黑色产业链。

随着支付账户交易的普及以及收款码这一载体的广泛应用，从事“黑灰产业”的不法分子也借势“创新”了收款、洗钱等手段。“跑分”就是近年来较流行的用来转移赃款、流转资金的非法手段之一。所谓“跑分”，就是一些非法网络支付平台利用参与者的收款二维码进行收款，并承诺给予佣金奖励。参与者提供收款二维码给非法网络支付平台，同时也向非法网络支付平台缴纳一定的保证金。非法网络支付平台利用这些收款二维码进行收款。每当用户收到一笔款项时，缴纳的保证金就会相应减少，由此来完成一进一出的“跑分”行为，同时用户会得到一定比例的佣金。

（四）个人银行账户应用功能缺乏广泛场景支撑

一方面，随着支付账户的快速兴起，特别是通过快捷支付绑定银行账户的普及使用，银行账户的实名制为支付账户的实名制进行“背书”。在业务经营上，银行账户脱离了前端的消费场景和支付，作为专业性服务机构，银行业无法像互联网企业那样，提供衣食住行等高频生活服务，高频场景的缺失使银行无法在前端接触到消费者，从而成为支付的后台，这对于大力发展零售业务的银行来说，消费者的信息被屏蔽，消费者的联系逐渐弱化，成为银行未来发展之不可承受之重。

另一方面，随着人脸识别等生物识别技术的进步以及配套法规的成熟，远程开户技术应用逐步从证券账户、支付账户等弱实名制账户拓展到银行的Ⅰ类账户。支付账户或者纯网上银行账户的独立性增强，银行柜台实名制面签的“护城河”一旦消失，必然会对银行账户体系产生巨大冲击。

（五）银行Ⅱ、Ⅲ类账户建设需要进一步推进

个人银行账户分类，特别是Ⅱ、Ⅲ类账户的开立主要通过绑定Ⅰ类账户进行验证。对于最为关键的跨行账户认证，不同类型的商业银行形成了不同的“抱团”合作模式。例如，工、农、中、建、交、邮储六大行签订协议并建立排他性的Ⅱ、Ⅲ类账户相互认证机制。紧接着，中信银行、招商银行等12家股份制银行成立“商业银行网络金融联盟”，签署商业银行账户互联互通合作协议，并建立相应的账户绑定和认证机制。在上述两个联盟之外，其余各类商业银行和农村信用社也结合自身特点，按照不同的策略探索和推进账户分类管理的应用实践。由于银行Ⅰ类账户的资源稀缺性，银行对外开放认证所需的Ⅰ类账户讲究“门当户对”，实现全网认证难度非常大。新冠肺炎疫情期间，人民群众对线上远程开户、在线办理金融业务的需求大幅增长，但是Ⅱ类账户跨行互验机制的不健全，导致其难以充分满足线上业务需求。

（六）金融账户信息安全问题日益突出

账户信息泄露，直接危及其资金安全。我国账户信息泄露的风险事件时有发生，消费者对信息安全的顾虑趋于增加。主要的泄密风险除了黑客攻击、木马病毒、钓鱼网站等外部因素，缺乏整套行之有效的安全管理系统、内部员工泄密以及内部管理问题等内部因素成为数据泄密事件的主要诱因。泄密领域也进一步扩大，掌握大量民众个人信息的金融行业依旧是数据泄露的“重灾区”。近年来，账户信息泄露的风险事件时有发生。特别是在银行卡信息领域，形成了信用卡信息交易的“黑色”产业利益链。一些犯罪分子甚至将银行账户“按地区定制，先试用后付款”，并根据个人信息的“品质”进行不同标价，每条信息的价格从2分钱到5元钱不等。

五　我国金融账户体系发展展望和建议

金融账户改革是我国支付清算体系改革中的重要看点，也支撑了支付业务的创新发展。我国账户体系改革的总体思路是从严管理，通过实名制、数量调控以及账户信息安全保护等举措，提升账户体系的安全性和效率。同时，通过账户分类，提升账户灵活性，为金融服务体制性改革和数字化发展提供有力支持。我国独创的账户分类管理制度已经全面推进，从全球范围看属于一大创举，逐步积累了中国经验。

（一）推动我国账户体系发展的规划工作

我国账户数量多，种类也不少，需求多样，要对不同类型账户进行梳理，明确各类账户的功能和定位，既要满足普惠要求下不同类消费者对账户服务的需求，也要更加全面和深入地强化账户安全，对反洗钱、反欺诈以及反恐怖融资等法律进行更为严格的落实和回应。

（二）逐步对支付账户与银行Ⅱ、Ⅲ类账户实行一致性监管

非银行支付机构备付金上缴央行后，支付账户余额信用等级趋近于银行Ⅱ、Ⅲ类账户。支付账户与银行Ⅱ、Ⅲ类账户均为线上开立，在实名制强度以及功能使用方面高度接近。因此，在基础性监管制度设计上应保持一致。如考虑将支付账户的三类降为两类，并与银行Ⅱ、Ⅲ类账户在基本管理上保持趋同。另外，支付账户与银行Ⅱ、Ⅲ类账户是否可以互绑也是需要考虑的一个问题。

（三）加强对账户全生命周期的管理

坚定不移地推动账户实名制。在加强硬性合规审查的基础上，要推动机构通过主动调查、事后监测以及交叉核验等方式，真正落实账户实名制。对于长期不用的废弃或者“睡眠账户”，要根据不同的情况加强引导，制定账

户逐级退出机制，如对于一年未使用的账户应进行标识；对于两年未使用的账户应及时联系客户进行提示；对于两年以上未使用且未联系到客户的账户进行公示后注销或者限制其使用功能；对于在一个银行超过一个的Ⅰ类账户逐步进行清退，通过一系列措施提高账户体系运行和服务的效率，防止占用过多资源。

（四）推动银行Ⅱ、Ⅲ类账户的全网核验

Ⅱ、Ⅲ类账户由于不依赖于网点，往往成为中小银行数字化转型的重要渠道，也是直销银行发展的重要依托。由于Ⅱ、Ⅲ类账户的开立主要依赖于Ⅰ类账户，而Ⅰ类账户主要集中在国有银行和全国性股份制银行，建议按照市场化原则，发挥价格杠杆的作用，依托已有的清算平台通道，协商一致推动Ⅱ、Ⅲ类账户依托Ⅰ类账户验证渠道全网通用。

（五）加强账户信息的安全保护

对于账户信息要从技术、内控等方面进行严格管理，防止信息泄露。对泄露账户信息的行为要加大处罚力度，情节严重的应追究刑事责任。加大宣传力度，增强社会公众保护个人信息安全的意识，严厉打击网上买卖银行卡的行为。

（六）对远程开户、虚拟账户等变革性技术和模式要加强跟踪与研究

未来新技术和创新模式的发展可能对账户体系产生重大的实质性影响，改变整个金融服务的格局。因此，要加强跟踪监测，及时关注这方面的进展，评估其影响。目前，支付账户和银行Ⅱ、Ⅲ类账户实现了远程开户，但是其功能是受限的。实现全功能账户的远程开户是未来发展的趋势，绝不是一蹴而就的。需要进一步加强跟踪研究，积极推动远程验证技术的发展，完善相关的制度法规。另外，要在发行央行法定数字货币的背景下，加强商业银行账户技术创新、功能完善以及管理变革等方面的研究。

参考文献

欧阳卫民：《支付与金融》，中国金融出版社，2011。

温信祥主编《支付研究（2020卷）》，中国金融出版社，2020。

杨涛、李鑫、赵亮：《金融科技与支付变革——技术、模式与账户》，中国社会科学出版社，2019。

姚前：《数字货币与银行账户》，《清华金融评论》2017年第7期。

第十一章
非银行支付机构跨境支付业务的发展与监管研究

马 颖　徐海洲*

摘　要：　本章聚焦中国非银行支付机构跨境支付业务，梳理2019年跨境支付业务现状、发展趋势以及监管变化，从微观视角实地调研非银行支付机构跨境支付业务典型案例，从业务发展应用层面对其业务流程、风险管控以及监管等进行研究，探讨业务发展面临的困难与挑战，为业务发展和监管制度安排的路径依赖提供参考和思路。

关键词：　非银行支付机构　跨境支付业务　业务发展与监管

2019年，出海电商、出境旅游、出国留学等的支付需求继续呈上升趋势，跨境支付的交易规模保持高速增长态势。同时，伴随着贸易跨境的平民化趋势，跨境支付结算的通道也日益多元化、便利化，特别是在科技的推动下，非银行支付机构在跨境支付结算业务中呈现强劲的发展势头。

在跨境支付业务量逐年攀升的同时，支付合规问题及洗钱隐患也日益凸显，跨境支付业务的发展给国内监管带来了新的挑战。现阶段国内非银行支

* 马颖，供职于上海立信会计金融学院；徐海洲，供职于中国建设银行上海市分行。

付机构“走出去”做跨境业务，不仅要符合国内的监管要求，而且要兼顾目标市场所在地的法律法规以及金融监管与反洗钱政策。

一　非银行支付机构跨境支付业务的现状及趋势

（一）跨境支付业务的需求现状与发展

经文化和旅游部批准，中国旅游研究院（文化和旅游部数据中心）发布的《2019年旅游市场基本情况》数据显示，2019年出入境旅游总人数为3.0亿人次，同比增长3.1%，中国公民出境旅游人数达到1.55亿人次。[①]据教育部网站发布的数据，2018年我国留学人员总数为66.21万人，与2017年相比增加5.37万人，增长8.83%。[②] 2019年4月，国家外汇管理局发布《关于印发〈支付机构外汇业务管理办法〉的通知》，主动适应跨境电子商务新业态的业务特点，完善支付机构跨境外汇业务相关政策，进一步促进了跨境电子商务结算的便利化。截至2019年6月，国内共设立了13个跨境电子商务综合试验区，政府部门从基础设施和配套政策上支持跨境电商的发展，预计跨境电商交易额在进出口总额中的占比将继续提升。根据海关总署发布的2019年全年进出口数据，2019年我国跨境电商等外贸新业态继续保持蓬勃发展态势，其中通过海关跨境电商管理平台实现进出口总额1862.1亿元，同比增长38.3%；通过市场采购方式实现进出口总额5629.5亿元，同比增长19.7%。[③] 2019年跨境支付核心市场数据均显示跨境支付服务于国人和中国企业的需求上升趋势明显，相对集中地体现在跨境电商、跨境学费和跨境旅游等业务层面的高速增长上，预计该势头在没有“黑天鹅”事件等的影响下会保持或延续。

① 《2019年旅游市场基本情况》，中国旅游研究院网站，2020年3月10日。

② 《2018年度我国出国留学人员情况统计》，教育部网站，2019年3月27日，http://www.moe.gov.cn/jyb_xwfb/gzdt_gzdt/s5987/201903/t20190327_375704.html。

③ 《海关部署2019年全年进出口情况新闻发布会》，海关总署网站，2020年1月14日。

（二）非银行支付机构跨境支付业务的现状与发展

1. 现有跨境业务的主要内容

跨境业务主要涵盖跨境收单、跨境收款和结售汇，其主要内容见表11－1。

表11－1　跨境业务的主要内容

<table>
<tr><th colspan="3">类别</th><th>主要内容</th></tr>
<tr><td rowspan="5">跨境业务</td><td rowspan="3">跨境收单</td><td>外卡收单</td><td>主要服务于中国商家收取国外消费者的货款，在外卡收单领域，需要资质与牌照，国际支付公司占主导，且发展相对成熟。发展模式主要有两类：一类专注于做支付网关收单行；另一类则不仅提供收单服务，而且提供多元化的综合服务</td></tr>
<tr><td>境外收单</td><td>主要涉及中国消费者购买国外商家的商品。目前C端跨境支付市场业务以中国银联、支付宝、财付通三家为主。从覆盖国家与地区数量来看，银联卡覆盖全球174个国家和地区的5200万家线下商家；支付宝为54个国家和地区提供境外线下支付服务；微信支持49个境外国家和地区，有近1000家合作机构[①]</td></tr>
<tr><td>国际收单</td><td>商家、消费者和支付机构分属不同的国家，是境内非金融机构代境内商户收取境外个人的外汇货款，向境内商户支付人民币货款，或代境外商户收取境内个人的人民币货款，向境外商户支付外汇货款的一种收单方式。境内支付机构需具有央行颁发的第三方支付牌照和国家外汇管理局颁发的跨境外汇支付业务牌照方能开展业务</td></tr>
<tr><td colspan="2">跨境收款</td><td>资金跨境转移和流动模式，主要分为传统收款模式和新型收款模式。传统收款模式中的银行电汇适合大额交易，存在手续费高、时间慢的痛点；专业汇款公司适合小额汇款，其优势在于遍布全球的线下网点和各地支付牌照，渠道牢固，汇款速度快，但缺点是费率较高。新型收款模式满足了中小跨境电商“小额高频”的交易需求，其优势是到账快、手续费低</td></tr>
<tr><td colspan="2">结售汇</td><td>人民币与外币之间的兑换业务，包括结汇和购汇。目前开展结售汇业务的主体，除传统银行外，还有持牌跨境支付公司可与银行合作。结售汇业务收益主要来自批发零售的汇率价差、离岸在岸的汇率价差以及汇率浮动收益</td></tr>
</table>

① 数据分别来自中国银联、支付宝、微信公布的信息。

2. 跨境支付的发展阶段及非银行支付机构概况

跨境支付的发展大致可以分为四个阶段：第一代跨境支付主要由外资支付企业服务跨境支付市场，支付服务费率较高，卖家没有选择权；第二代跨境支付以国内跨境支付企业崛起为标志，支付牌照设置了行业准入门槛，较低的费率拉低了行业整体费率水平，资金安全问题成为用户痛点；第三代跨境支付的特点是国内跨境支付企业快速发展，更加注重品牌打造，提供差异化增值服务，此阶段费率进一步降低；第四代跨境支付的特点是形成交易价值链，提供更多价值服务，如数据风控和营销、应收账款管理和融资等方面的服务。随着国内金融市场的逐步开放，再加上政策引导、市场环境合规，跨境支付市场将保持稳定增长，不少机构加速布局跨境支付市场，竞争将更加激烈，延伸出更多增值服务，差异化、精细化竞争能力将不断提升。

非银行支付机构跨境支付经营有着持有中国金融牌照的硬性要求，从币种来看，主要为跨境外汇业务和跨境人民币业务。2015 年，国家外汇管理局试点支付机构开展跨境外汇支付业务，并为其划定相应的业务范围，共涵盖 10 个领域。2019 年 4 月，国家外汇管理局强调跨境支付业务合法资质和持牌经营的重要性以及金融牌照的国界性等，明确要求此前的试点机构进行名录登记，跨境外汇牌照维持 30 张，主要由北京、上海的非银行支付机构所持有。2020 年 3 月，多年试点之后跨境支付外汇牌照落地，有大约 15 家此前参与跨境外汇支付业务试点的支付机构完成名录登记，试点转正正式持牌，正式下发牌照不仅合规跨境支付市场环境，而且预示着未来将有更多机构有机会获得行业准入。按照央行要求，进行跨境人民币交易亦需持有相关的跨境人民币支付许可，许可未明确的领域。同时，人民币跨境支付系统（CIPS）的运行加快了人民币国际化的进程，支付机构跨境人民币支付业务体量较小，但涨势迅猛。

3. 非银行支付机构跨境支付业务发展展望

在行业发展初期，支付公司发挥各自优势，在跨境支付产业链上合作，完成某个支付环节的业务。展望未来，具有优势的非银行支付机构必将进行进一步布局，扩展业务，向支付链条上下游拓展，提升综合服务能力，积累数据，提供增值服务，拓宽收入来源渠道，通过外延式并购提升全球收单能力。

未来跨境支付将更加便捷、快速且成本较低，基于技术升级和支付标准的统一，支付系统建立在账户体系之上，与本地的法律法规、金融监管、征信体系等紧密相关，相应的制度变迁亦在预期。区块链等新技术有望在跨境支付业务发展中解决交易费率高、交易时间长等痛点，也是非银行支付机构提升金融科技应用水平的驱动力之一。

二　非银行支付机构跨境支付典型业务及其主要风险[①]

（一）非银行支付机构跨境支付典型业务

非银行支付机构跨境支付业务可以从不同的维度进行划分，如按币种可以分为跨境外汇业务和跨境人民币业务；按资金流向主要分为跨境收入业务和跨境支出业务；按应用场景又可以分为货物贸易、旅游服务、航空机票、留学教育、酒店住宿、国际运输、国际展览、国际会议、软件服务、通信服务等领域的跨境支付业务。对非银行支付机构跨境支付典型业务及其流程进行研究可以为其业务拓展、风险控制、监管等提供有力支持。

1. 支付机构跨境电商 B2C 外汇业务

被准予为货物贸易和服务贸易项下有关业务交易双方提供跨境外汇支付服务的非银行支付机构，业务应用场景为其货物贸易的出口电商在线支付和进口电商在线支付。

（1）出口电商在线支付

境外用户在境内线上商户网站购买商品或服务，支付机构出口电商外汇支付业务流程见图 11－1。

交易发起。境外消费者在境内电商商家挑选商品并下单，支付机构将支

① 根据多家非银行支付机构实地调研跨境业务情况整理总结。

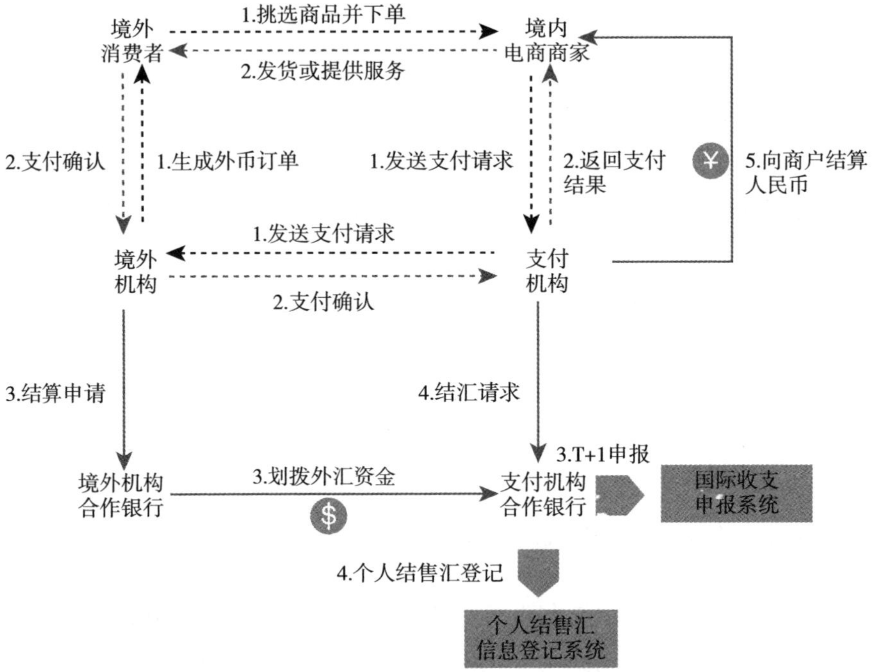

图 11－1　支付机构出口电商外汇支付业务流程

付请求发送至境外机构，境外机构生成折算成外币的支付订单。

交易完成。境外消费者选择使用本地支付方式付款，付款成功后支付机构通知商家发货。

机构间结算及申报。境外消费者付款成功后，境外机构发起结算申请，并将境外消费者支付的外币汇至支付机构在境内合作银行开立的外汇备付金账户，支付机构合作银行对该笔收款进行国际收支申报。

结汇及登记。支付机构向合作银行发送结汇指令，由合作银行完成结汇及相关登记手续。

商家资金结算。支付机构将人民币结算到商家的支付机构账户。

（2）进口电商在线支付

境内用户在境外线上商户网站购买商品或服务，支付机构进口电商外汇支付业务流程见图 11－2。

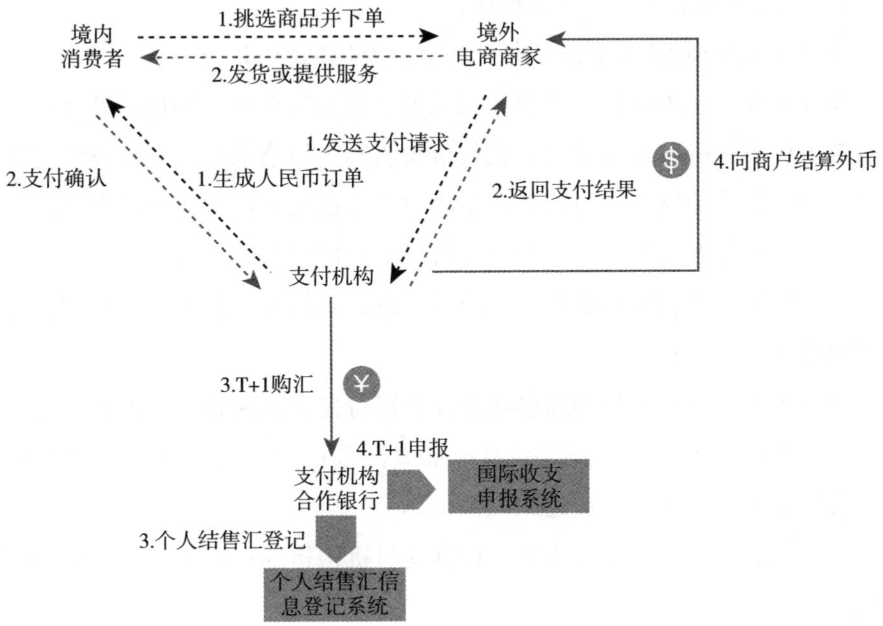

图 11－2　支付机构进口电商外汇支付业务流程

交易发起。境内消费者在境外电商商家挑选商品并下单，支付机构根据商家支付请求生成折算成人民币的支付订单。

交易完成。境内消费者选择使用支付机构进行付款，付款成功后支付机构通知商家发货。

购汇及登记。支付机构将境内消费者支付的人民币款项通过合作银行进行购汇，购汇后资金进入支付机构外汇备付金账户，并由合作银行完成个人结售汇登记手续。

商家资金结算及申报。支付机构按照与境外商户约定的结算周期委托合作银行向境外商户结算外汇资金，并由合作银行完成国际收支申报手续。

2. 支付机构贸易跨境电商 B2B 外汇业务

基于跨境外汇支付业务试点资质，支付机构开展的跨境 B2B 业务包括资金出境和资金入境。

（1）跨境 B2B 业务（资金出境）

支付机构跨境 B2B 业务（资金出境）流程见图 11－3。

交易发起。境外收款方与境内付款方达成交易意向，签订贸易合同，境内付款方向支付机构发起交易，支付机构收到交易请求后，引导境内付款方跳转至发卡行企业网银支付页面，境内付款方在发卡行企业网银支付页面完成交易经办和经办复核，发卡行向支付机构返回交易成功结果。

交易审核。支付机构更新交易成功状态，对境内付款方提交的交易明细和交易凭证进行审核。

交易申报。支付机构向跨境业务合作银行提交国际收支申报表等交易申报文件，跨境业务合作银行对交易申报文件进行关注名单和黑名单系统筛查，在监管机构系统中完成还原申报工作。

资金结算。跨境业务合作银行根据支付机构指令将资金清算至境外收款方账户。

（2）跨境 B2B 业务（资金入境）

支付机构跨境 B2B 业务（资金入境）流程见图 11－4。

交易发起。境外付款方与境内收款方达成交易意向，签订贸易合同，境内收款方向支付机构发起交易，上传所需交易凭证，包含境外付款方信息、交易信息以及交易凭证扫描件（合同、报关单、原始交易明细单据和发票等）。

交易审核。支付机构记录境外付款方信息、交易信息以及交易凭证扫描件（合同、报关单、原始交易明细单据和发票等）数据，境外付款方将交易资金汇至支付机构在跨境业务合作银行的账户，资金到达支付机构在跨境业务合作银行的账户，支付机构对境内收款方提交的交易明细和交易凭证进行审核。

交易申报。境内收款方向支付机构发起提现，支付机构向跨境业务合作银行提交国际收支申报表等交易申报文件，发起汇款指令。跨境业务合作银行对交易申报文件进行关注名单和黑名单系统筛查，在监管机构系统中完成还原申报工作。

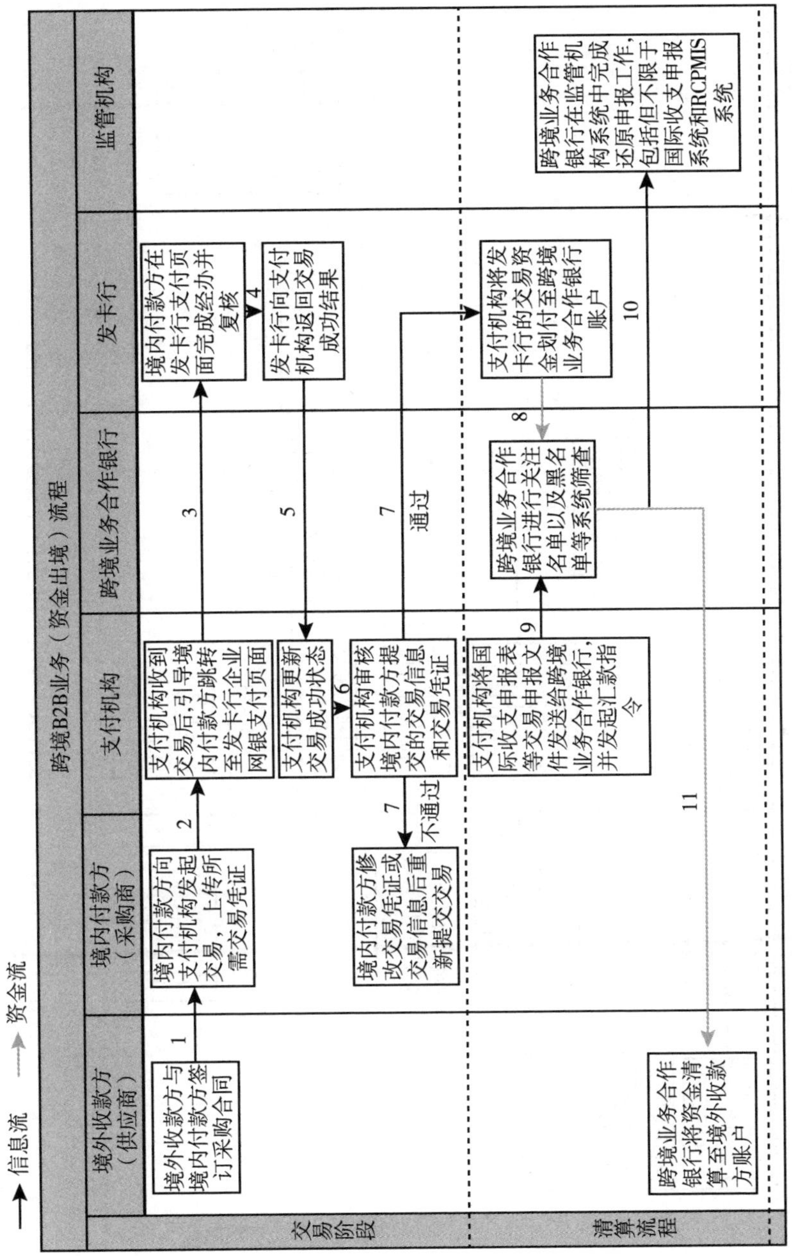

图11－3　支付机构跨境B2B业务（资金出境）流程

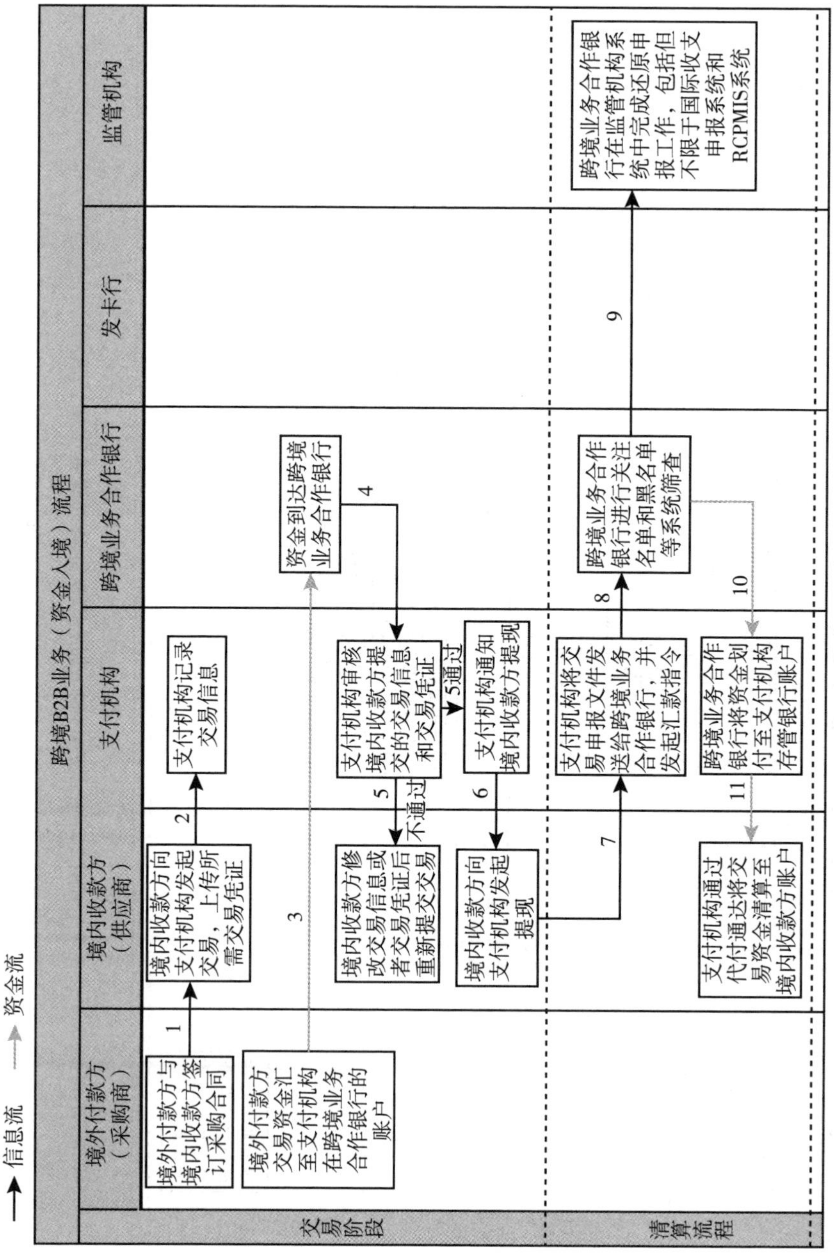

图 11－4　支付机构跨境 B2B 业务（资金入境）流程

资金结算。跨境业务合作银行将交易资金划付至支付机构存管银行账户，支付机构通过代付通道将交易资金清算至境内收款方账户。

3. 支付机构跨境人民币支付业务

支付机构获准跨境人民币支付许可，其跨境人民币支付业务主要分为跨境人民币支出和跨境人民币流入两种模式。

（1）境内消费者海外购物或购买服务业务模式：跨境人民币支出

支付机构跨境人民币支出业务流程见图 11 –5。

服务开通阶段。境外商户或境外收单机构申请开通人民币跨境业务。由支付机构对有意向合作的境外商户或境外收单机构进行资质审查、签约、培训等工作。资质审核通过后，支付机构通过互联网接入境外商户或境外收单机构。

交易阶段。持境内银行卡的消费者在境外商户那里通过银行卡进行人民币付款消费。境外消费交易信息通过支付机构系统实时传输给境内发卡行申请支付。发卡行收到交易信息并授权确认，向支付机构反馈授权确认信息。发卡行向支付机构反馈授权确认信息后，支付机构转发发卡行授权信息给境外商户或境外收单机构。境外商户或境外收单机构向消费者发出消费确认信息，最终由消费者确认后实现支付。消费者确认支付，完成货物或服务交易。

结算阶段。支付机构分别与境外收单机构及境内发卡行完成对账。境内发卡行将相应的人民币资金划拨到支付机构。支付机构收到发卡行的划拨资金。支付机构通过合作银行将资金清算至境外商户或境外收单机构在境外银行的人民币账户，若是境外收单机构，则将人民币资金清算至其商户。境外商户或境外收单机构收到人民币款项。

（2）境外消费者境内购物或购买服务业务模式：跨境人民币流入

支付机构跨境人民币流入业务流程见图 11 –6。

服务开通阶段。境内商户申请开通人民币跨境业务。由支付机构对有意向合作的境内商户进行资质审查、签约、培训等工作。境内商户资质审核通过后，商户通过系统接口的方式与支付机构支付系统完成对接。

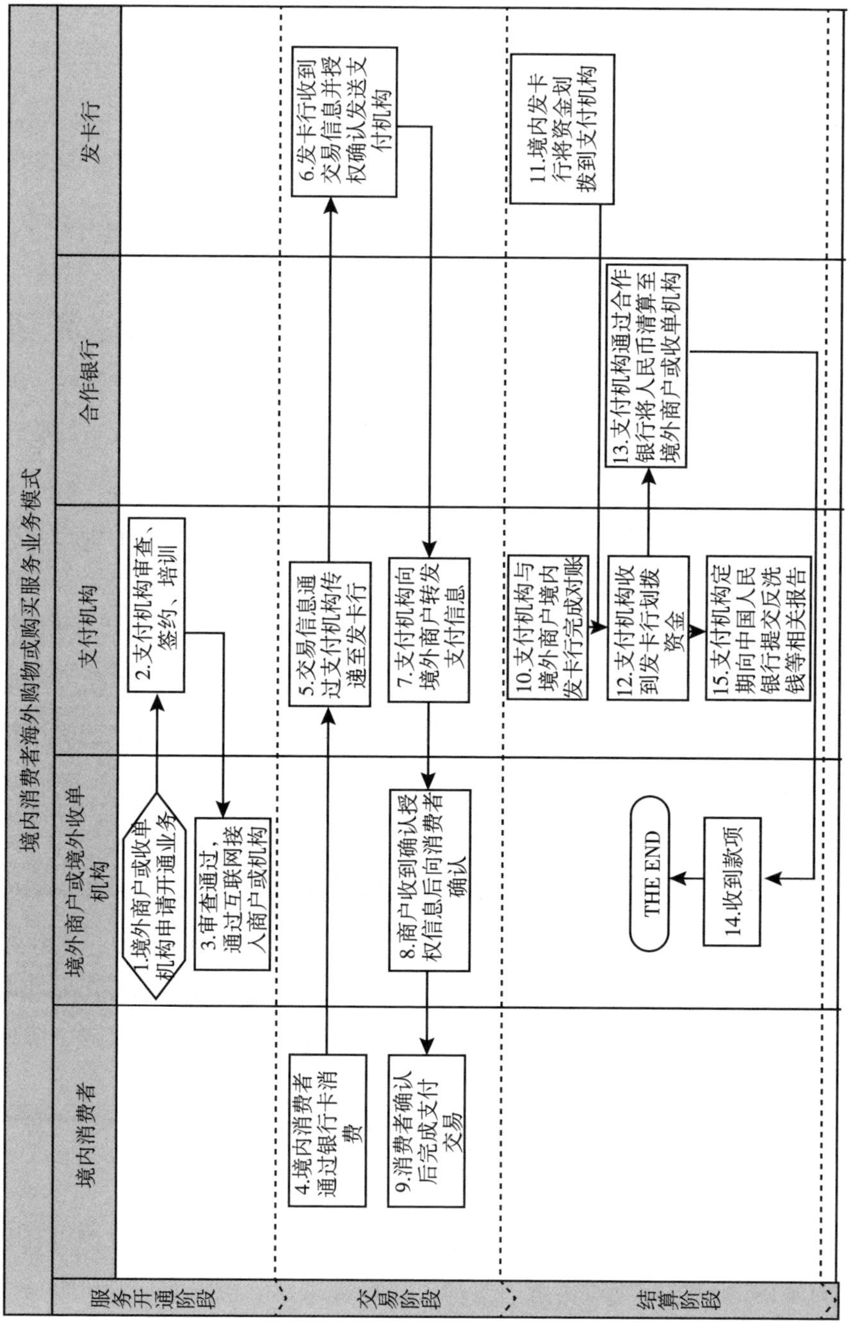

图 11－5　支付机构跨境人民币支出业务流程

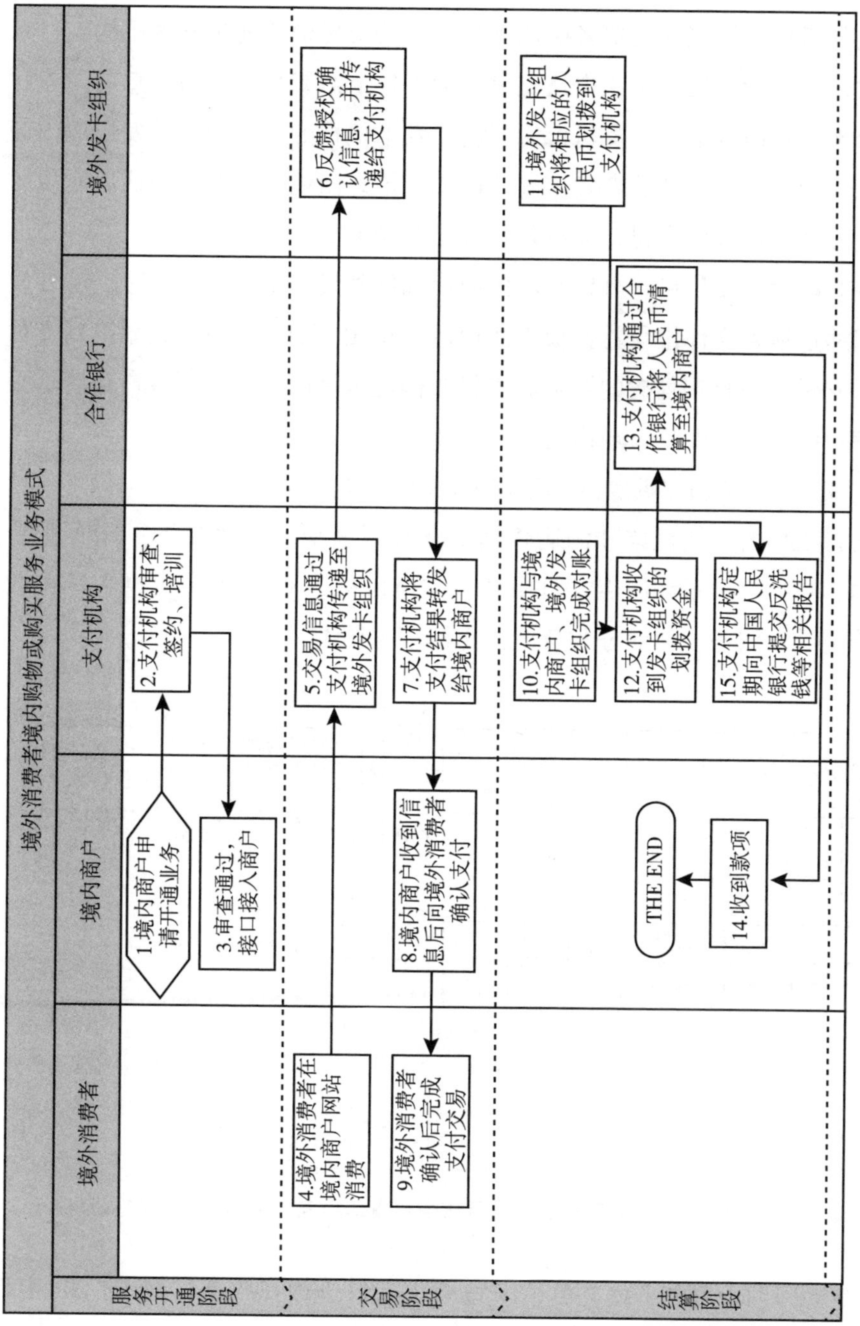

图 11－6　支付机构跨境人民币流入业务流程

交易阶段。境外消费者在境内商户网站购物，商户提交订单给支付机构。支付机构引导境外消费者确认支付，相关交易信息通过支付机构支付系统实时传输给境外发卡组织申请支付。境外发卡组织收到交易信息后向支付机构反馈授权确认信息。支付机构将境外发卡机构的支付结果转发给境内商户。境内商户向境外消费者发出确认信息，最终由境外消费者确认后实现支付。境外消费者确认支付，完成货物或服务交易。

结算阶段。支付机构分别与境内商户和境外发卡组织完成对账。境外发卡组织通过境外合作银行兑换成人民币后，将相应的人民币资金划拨到支付机构。支付机构收到划拨的资金。支付机构通过境内合作银行将资金清算至境内商户的人民币账户，境内商户收到相关款项。

4. 支付机构的航空机票和酒店住宿场景跨境支付业务

支付机构的航空机票和酒店住宿业务模式及应用场景如下：OTA 平台向境内客户提供机票和酒店预订服务，支付机构为 OTA 平台提供人民币收款和跨境结算服务。该业务和资金清算流程见图 11－7。

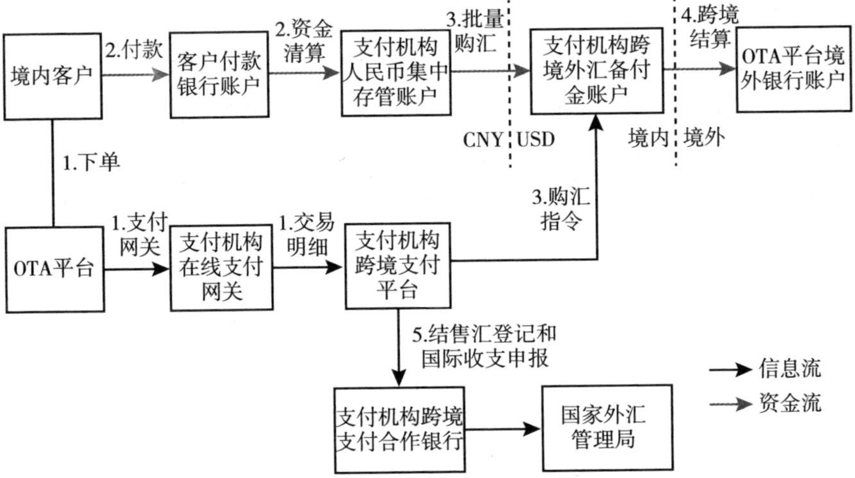

图 11－7 支付机构的航空机票和酒店住宿场景跨境支付业务和资金清算流程

境内客户在 OTA 平台下单，平台调用支付机构在线支付网关，并将交易明细和付款信息发送至支付机构系统。

境内客户使用支付机构在线支付网关完成付款，客户的付款银行在 T+1 日将人民币资金清算至支付机构人民币集中存管账户。

支付机构将人民币资金划拨至跨境外汇合作银行，并完成购汇。

支付机构根据 OTA 平台的跨境支付指令，通过跨境外汇合作银行向 OTA 平台境外银行账户完成跨境资金结算。

支付机构通过跨境支付合作银行向国家外汇管理局系统进行结售汇登记和国际收支申报。

（二）非银行支付机构跨境支付业务的主要风险

非银行支付机构跨境支付业务的主要风险及其影响因素与风险关键点见表 11－2。

表 11－2　非银行支付机构跨境支付业务的主要风险及其影响因素与风险关键点

主要风险	影响因素与风险关键点
商户资质审核风险	因各国法律、公司管理制度不同，机构对境外商户准入开展“了解你的客户”（KYC）工作过程中的标准难以统一，存在一定差异。例如，各国公司注册登记及公司存续规定不同，因而其注册文件、税收编码文件、股东构成信息、有效授权人证明文件等均不相同或存在资质文件类型、内容、是否可公开等差异。支付机构在与境外电商等平台合作后，平台出于保护商业秘密的考虑，可能拒绝提供其下二级商户的身份信息，导致支付机构难以对二级商户进行身份验证。同时，获取除公司基本信息以外的其他信息需要高额费用。这些都是导致商户信息核实风险增大的因素
基于物流数据、报关单等审核交易真实性的可靠性风险	由于缺乏与资金流相匹配的货物流数据，物流信息往往要在支付完成之后才能提供，而且支付机构跨境交易笔数多、地域分散，获取物流信息较为困难。跨境电商物流服务因包括涉及境内外自营和第三方物流企业等多个主体的服务，普遍存在物流信息缺乏的情况。特别是境外的大型商户，因物流信息中包含用户的家庭住址等涉及消费者隐私的信息而拒绝向支付机构提供，导致支付机构在提供支付接口方面有效控制交易真实性的难度较大。同时，相较于传统进出口贸易，支付机构开展的跨境支付交易均为跨境互联网交易，具备单笔交易金额小、交易笔数多的特点。对于传统进出口贸易，银行可以通过海关报关单据逐笔审核跨境贸易的真实性，而支付机构跨境支付交易大部分为 B2C 跨境电商交易，且以直邮模式发货，无法提供传统报关单据，对支付机构交易真实性的审核和风险防控提出了更高的要求

续表

主要风险	影响因素与风险关键点
外汇市场汇率风险	外汇市场汇率波动带来的不确定性是支付机构开展跨境支付业务必须面对的风险。跨境电商的交易具有小额、高频的特点，支付机构在监管要求的时间点内集中通过合作银行为用户办理结售汇业务，而用户发起支付或退款与支付机构实际向银行结售汇之间存在一定的时间差，基于用户体验的考虑，支付机构通常选择主动承担相关汇率风险。根据有关要求，汇率报价体系须完全与所使用的跨境合作银行一致，汇率层面没有抗衡汇兑风险的措施，汇率风险较大。同时，跨境支付交易需支持的国家和币种日益增多，部分小国家和小币种的清算与结算存在困难和风险
数据信息泄露和保护风险	跨境支付业务买卖双方的数据在整个支付环节被跨境电商、境外金融机构、境内商业银行、境内第三方支付机构等多方获取，信息规模庞大和多方流转的特性使得跨境支付交易中信息泄露的风险剧增。而目前我国信息安全立法尚未成熟，进一步增大了跨境支付业务中信息泄露的风险。随着我国中小企业跨境贸易逐渐呈现电商化和平台化的趋势，跨境贸易的便捷度得到极大提高，跨境交易规模也随之不断壮大。相较于传统的贸易，电商贸易形式多样，运输方式也更为复杂，且数据量极其庞大，加之境外部分地区数据保护政策等问题，获取数据的难度增大，同时数据保护的难度也逐步增大
系统处理能力与操作失误风险	支付机构跨境支付交易的还原交易明细笔数巨大且跨境支付交易呈持续快速增长趋势，对支付机构、银行和监管机构的系统处理能力以及处理效率的要求越来越高。第三方支付是通过网络提供相关服务的，跨境支付业务流程包括多个环节，涉及境内买家、第三方支付、境外商户、相关银行等，其中任一环节都可能发生操作失误风险
境外拓展跨境支付业务合规风险	风控体系、业务流程、反洗钱监管措施需满足多个国家的金融监管要求，同时需深入理解不同国家之间的电商贸易支付结算习惯，并将这些操作习惯成功融入跨境产品设计环节，形成更好的服务体验。当前国内支付机构普遍对境外的相关监管法规掌握较少，而且境外监管部门在监管政策、形式和合规上的要求同境内存在较大差异，在反洗钱监管强的国家，展业的合规风险较高。业务拓展成本高、难度大，境外国家和地区的市场环境、消费习惯不同，对支付机构跨境支付业务产品的个性化需求较大，支付服务产品效果的不确定性增加。同时，支付机构拓展海外市场，相应的优惠政策支持较少，投入的成本普遍较高，业务拓展难度较大。跨境支付业务权益保障难。境外部分跨境电商商户套用支付机构的品牌和旗号进行商业欺诈，支付机构跨境支付业务权益保护以及境外商户对消费者的民事违约均存在维权方面的障碍和风险。同时，拓展海外支付业务需要大量熟悉海内外监管法规和消费者习惯的综合人才，金融、外汇和技术等综合人才的缺乏以及经验缺乏对支付机构境外拓展支付业务提出了挑战

续表

主要风险	影响因素与风险关键点
跨境支付业务反洗钱风险	在定向制裁上，不同国家或地区有各自的定向制裁制度，难点在于对名单监控工作的要求高，包括名单的完整性、更新的及时性、监控的时效性与准确性。美元为国际通用货币，美国的定向制裁尤为严格与强势，一旦触碰制裁名单，不仅对客户资产直接造成损失，而且影响美元整体业务的开展。在反洗钱监管差异上，不同国家或地区反洗钱监管差异较大，了解、熟悉当地反洗钱监管要求的成本高，美国等发达国家的反洗钱监管严格，处罚力度和金额大，违规风险和成本高。各个国家或地区出于自身政治、经济利益考虑，甚至干预业务开展。在反洗钱要求上，存在语言、文化、地理位置差异，且不同国家或地区的洗钱风险不同，故"了解你的客户"和"尽职调查"成本高、难度大；境外机构对合作机构的反洗钱要求高；部分国家或地区洗钱风险高，由客户及交易直接传递至境内，对洗钱风险控制要求高。遵循"了解你的客户""了解你的业务""尽职审查"三项基础原则，严防跨境支付业务过程中的洗钱行为，意味着不同国家对个人信息保护的监管尺度不一，跨境支付业务需考虑同时满足不同国家或地区监管要求的难度

资料来源：根据调研资料整理。

支付机构应根据监管要求和业务发展情况，建立完善的事前、事中、事后风险管理制度和防控措施，对跨境支付交易实施事前调查审核、事中交易监测、事后巡检排查的全流程风险管理。

三　非银行支付机构跨境支付业务监管面临的挑战及国际经验借鉴与合作

（一）非银行支付机构跨境支付业务监管相关政策

为积极支持跨境电商等新业态发展，国家外汇管理局于 2013 年在北京等 5 个地区启动支付机构跨境外汇支付试点。2015 年国家外汇管理局发布《关于开展支付机构跨境外汇支付业务试点的通知》和《支付机构跨境外汇支付业务试点指导意见》，明确支付机构开展跨境外汇支付业务试点的范围包括货物贸易、旅游服务、航空机票、留学教育、酒店住宿、国际运输、国际展览、国际会议、软件服务、通信服务 10 个领域。2019 年 4 月，在保持政策框架整体稳定不变的基础上，国家外汇管理局发布《支付机构外汇业务管理办法》，强调跨境支付业务合法资质和持牌经营的重要性以及金融牌照的国界性等，明确要求此前的试点机构进行名录登记。跨境业务持牌经营成为必需，告别无证经营时代被认为是跨境支付市场将愈加合规健康的路径依赖之一，非银行支付机构跨境支付业务的发展必须持牌照或申请、收购外汇支付牌照，合规作业，或是与持有牌照的非银行支付机构合作，合规展业，新规在支持跨境产业发展的同时，也加大了监管力度。

（二）非银行支付机构跨境支付业务监管面临的挑战

目前非银行支付机构跨境支付业务监管面临的挑战更多的在于实际操作环节的具体监管要求和执行力度，如如何合理有效地实现平台订单、物流、支付“三单合一”的交易真实性审核，如何实现跨境业务的实时监督、反洗钱甄别信息共享，如何对给金融体系带来系统性风险隐患的某些场景下跨境交易中资金信息链路不透明、不匹配、不可控等问题进行监管。长远来看，应构建透明化、一体化的监管框架，发挥监管支撑与风险防控作用，推动跨境支付市场健康发展，助力跨境支付境外展业与降本增效，促进形成跨境支付标准生态。

1. 跨境支付业务的合规风险和洗钱隐患带来的监管挑战

非银行支付机构对跨境支付业务的战略与策略随着其在跨境支付技术、产业构成中集聚的能量而不断调整，无论是以降低成本为目的的价格竞争，还是以提高服务质量为主旨的品质竞争，抑或是以提高服务效率为诉求的技术竞争，真实性和合规性要求都是非银行支付机构跨境支付业务的最大风险之一。跨境支付涉及的利益主体广泛，国外交易环节若发生在技术手段、监管法规以及商业模式等不成熟的国家或地区，跨境支付交易过程中的用户真实性管理以及对合谋逃汇、刷单诈骗、洗钱等犯罪行为的防控难度相对而言就比较大，国内监管跨境支付业务的挑战增大。

非银行支付机构跨境支付业务的逐渐开放与多元化，对现有监管理念、政策、制度和工具等提出了挑战。如跨境电商交易信息要求以电子形式传递，电子单证易被篡改，无纸化和虚拟化增大了交易真实性审核的难度。跨境电商的模式和资金收支灵活分散，不宜取得海关报关单等合法凭证，缺乏与资金流相匹配的货物流数据，国际收支申报不规范增大了监管的难度，交易编码使用存在随意性，影响了对跨境业务监管的针对性与全面性。跨境业务不仅要符合中国相关部门的监管要求，而且要兼顾目标市场所在地的法律法规以及金融监管与反洗钱政策。例如，在合规操作上，支付机构开展跨境业务需要满足国际反洗钱的要求，同时随着支付机构外汇结算业务的放开，通过支付平台变相洗钱或者向境内外转移资金的风险增大，如支付机构难以确认交易的真实性，无法跟踪付款资金的后续流向，无法判断定价的合理性，因而增大了反洗钱监管的难度。

2. 无证经营跨境支付业务带来的监管挑战

根据监管部门的相关表述，凡是没有取得监管许可而为中国境内居民提供跨境支付结算服务的企业都属于跨境无证经营。目前跨境支付无证经营企业是以境外持牌机构的身份，与中国境内银行或持牌机构合作，为中国卖家提供收款服务。在这种服务模式中，收款公司处于业务流程的中心位置，掌握着用户及整个交易的关键数据，境内银行或持牌机构则沦为通道。在这个过程中，多数境内银行与持牌机构并非与商家直接对接，而是加入无牌收款公司的通道环节，导致境内银行及持牌机构无法直接获取交易数据，境内银行与持牌机构仅仅是核对卖家的银行卡卡号、姓名等信息。多数境内银行与持牌机构无法对境内外交易双方进行真实性审核，也无法直接触达卖家及其背后真实的资金流和信息流，而监管部门是无法监管境外持牌机构的，中间存在监管盲区。从既往发生的风险事件来看，在跨境支付业务开展过程中，无牌收款公司等配合非法商户，通过合同及单据造假合谋逃汇、刷单、从事地下钱庄业务等非法行为亦不鲜见。2019 年 7 月以来，监管部门释放出通过重构业务流程、规范操作流程、依托境内银行或持牌支付机构来扫除跨境无证经营业务监管盲区的信号，通过提升境内银行或持牌支付机构在跨境支付产业链条中的地位，迎接跨境无证经营业务监管盲区的挑战。强调跨境支付作为一项重要的支付业务，对于维护国内金融稳定、防范金融风险至关重要，任何为中国居民提供跨境支付结算服务的机构，都必须取得中国监管机构颁发的相关牌照，包括由中国人民银行颁发的支付业务许可证以及相关跨境外汇、人民币支付结算服务资质，接受中国监管部门的监管。这意味着跨境支付将逐渐告别无牌经营的时代，牌照将成为各支付机构开展跨境业务的硬性要求。

3. 国内外监管制度和标准等带来的监管挑战

支付机构在开展跨境支付业务的过程中，需要同时满足境内外的监管要求，但实践中往往存在境内外监管要求、标准不一致的情况，这给国内监管跨境支付业务带来了挑战。如各国对通用数据保护要求的法律法规不同，在监管实践中以数据采集保存要求为例，基于目前国内对客户身份审核和交易背景核查的要求，支付机构需采集并保留相关支付数据至少 5 年，而境外国家和地区对此有不同要求，比如欧洲地区，要求商户保留数据不得超过 18 个月，数据保留时间的差异使支付机构事后再向境外商户调取数据时可能会遇到无法调取的情况。目前跨境外汇和跨境人民币支付业务尚未建立统一的监管标准，针对跨境银行卡收单业务、跨境网络支付业务的专项支付结算管理制度和相关技术标准有待出台。

（三）非银行支付机构跨境支付业务监管的国际经验借鉴与合作

从监管模式来看，中国内地、欧盟、中国香港对支付机构采取机构监管的模式，即严格市场准入要求和业务资质许可、明确市场推出机制等。如欧盟将第三方支付机构视为电子货币机构或支付机构，通过对支付机构统一立法来实现对支付机构的监管。而美国对支付机构则采取多层级的功能监管模式，即对支付业务流程、产品服务等具体环节进行规范。

欧美等发达国家或地区基本上不存在外汇管制政策问题，货币可自由兑换，跨境流动自由。在资金跨境管理方面，发达国家关注的首要问题是“三反”问题，其次是个人隐私保护、消费者保护等。因中国与欧美各国在外汇管理框架上完全不同，很难生搬硬套国外的监管理念，但欧美各国在支付服务管理、金融科技、“监管沙盒”等方面的监管思路和经验值得借鉴，同时可以开展有针对性的国际监管合作。

1. 分类监管、量体裁衣，施以适用的监管要求

英国、新加坡通过设计不同种类的牌照，对开展不同业务范围与业务规模的机构采取差异化监管。特别是两国对规模以下的小型机构以及仅开展特定业务的单一服务机构（如货币兑换机构）降低甚至豁免有关要求。如降低规模以下的小型机构以及仅开展特定业务的单一服务机构的准入门槛，从备付金、资本金等角度减轻机构日常的经营负担，等等。

2. 对新兴金融业态持开放监管态度，把握创新与风险之间的平衡

英国、新加坡等发达国家对支付发起服务、账户信息服务等新兴金融业态基本上持开放包容态度，“风险为本”并非完全杜绝所有风险，而是明确反洗钱/反恐怖融资、消费者权益保护等底线后，在风险可控的条件下，鼓励机构基于各类技术开展创新，以此提高金融体系效率，降低金融服务成本。

3. “监管沙盒”为创新提供制度保障

从各国的实践来看，“监管沙盒”被越来越多的国家和地区所采纳，其对创新的保障价值得到全球认可。“监管沙盒”的核心是允许金融科技企业进入风险可控的“安全空间”，突破部分政策限制，在真实场景中对其创新进行测试和改良。

四　相关建议

（一）基于合规与产品服务设计，提升业务差异化竞争力

合规是非银行支付机构跨境支付业务生存与发展的必要前提，跨境支付领域中的牌照和资质是在不同国家合规展业的准入证，国际跨境市场的日益复杂，也给不少合规持牌机构加速布局跨境支付市场带来挑战，竞争将愈加激烈，持牌跨境支付机构业务高度同质化会阻碍其发展，需面对日趋多元化的需求，延伸出更多增值服务，提高差异化、精细化竞争能力。

（二）构建包容审慎的监管框架，助力支付机构提升国际竞争力

跨境监管政策应充分考虑支付机构跨境支付的新模式、新业态以及小额、海量的交易特征，在合规经营底线要求的基础上，保持政策弹性，支持支付机构利用大数据、人工智能、区块链等新技术和新方法，构建新型的面向未来的交易真实性审核和风险防控体系。

同时，在跨境展业和拓展境外商户的过程中，中国支付机构面临与国际卡组织和国外支付机构的竞争。为支持支付机构“走出去”，与更多优质境外商户合作，建议在信息采集要求上，参照国际卡组织的信息采集标准，助力支付机构提升国际竞争力。

（三）参与行业国际标准制定，增强标准话语权

长期以来，支付相关技术标准由 Visa 和 MasterCard 等西方银行卡组织发起的产业联盟 EMVCo 制定，只有全球各银行和商户遵守标准才能开展业务。目前 EMVCo 同样在制定二维码标准，并力图在全球推动落实，在移动支付市场中我国主导的二维码支付占比有着较大的优势，但从技术实现上两种标准暂不兼容。建议我国参与行业国际标准制定，从标准制定的“制高点”切入，争取增强我国移动支付产业的国际话语权和竞争力，为走出国门提供支持。

（四）继续支持支付机构为短期入境的外籍游客提供便利的移动支付

近年来国内移动支付快速发展，已经渗透于日常生活的方方面面，购物、买票、用餐等各种旅游场景几乎都可以通过手机支付。对于短期入境的外籍游客来说，也希望能够享受到移动支付带来的便利。建议监管部门继续支持国内支付机构为短期入境游客在中国境内提供移动支付服务，以满足其在中国境内的小额支付需求和便利、快捷体验。

（五）鼓励新技术在跨境支付领域的创新应用

目前，支付机构积极探索移动互联、人工智能、大数据、区块链等技术在跨境支付领域的应用。在跨境汇款方面，区块链技术的应用大大提高了信息传递和资金结算的时效，降低了操作成本，且信息更加透明；在业务模式和流程方面，移动互联技术助力跨境支付更加高效和便捷；在风控方面，运用大数据等技术手段加强非法跨境交易识别和风险防范。因此，建议继续鼓励支付机构开展新技术在跨境支付领域的创新应用，满足数字经济的多样化需求。

（六）逐渐摆脱隔离监管，实现监管协调与合作

一方面，传统的“栅栏方式”的监管理念可以阻断风险传播途径，但金融科技跨市场、跨行业发展迅猛，再加上金融服务供给侧的日益多元化，需要跨行业的监管合作，也需要新的监管思路与路径。另一方面，金融科技跨境展业趋势已经显现，但从全球金融科技的监管现状看，目前在国家层面，各国监管措施各异，缺乏统一标准和框架，需加速推进金融科技的国际治理与双边合作。

参考文献

《2018 年中国第三方支付行业研究报告》，艾瑞网，2019 年 2 月 22 日。

《2019 年旅游市场基本情况》，中国旅游研究院网站，2020 年 3 月 10 日。

《范一飞副行长出席第 8 届中国支付清算论坛并讲话》，中国人民银行网站，2019 年 11 月 28 日。

国家外汇管理局网站，http：//m. safe. gov. cn/。

《海关总署 2019 年全年进出口情况新闻发布会》，海关总署网站，2020 年 1 月 14 日。

教育部网站，http：//www. moe. gov. cn/。

《孙天琦：开展跨境金融服务必须持牌经营，不得“无证驾驶”》，第 1 财经网站，2019 年 10 月 28 日。

《易观：2019 中国跨境支付行业年度分析》，Useit 知识库，2019 年 12 月 16 日。

《中国人民银行上海总部关于促进金融科技发展支持上海建设金融科技中心的指导意见》（银总部发〔2019〕67 号）。

中国人民银行网站，http：//www. pbc. gov. cn/。

中国支付清算协会网站，http：//www. pcac. org. cn/。

第十二章 全球现金和非现金支付的发展分析

周莉萍*

摘　要：　本章系统梳理了2019年以来全球支付市场的发展概况。总体而言，全球支付市场呈现区域性结构失衡状态：部分国家的非现金支付高速发展，占据全球支付市场；大部分国家的现金和银行卡交易依然占据主流。绝大多数国家的居民年均提现次数呈现不断下降的趋势，对现金的需求量逐年下降，现金作为支付工具的角色被削弱，但其在个别地区、个别群体中作为价值储藏的角色并没有被同时削弱。支持非现金支付的基础设施不断完善，截至2018年底，全球已有45个主权国家和地区开始使用快速支付体系。在更长期的支付市场博弈中，个人会综合考虑支付工具的交易成本、隐私、安全性、效率等因素，支付体系的均衡、分层结构将逐步形成。

关键词：　现金支付　非现金支付　移动支付

2019年以来，全球非现金支付持续发展，亚洲新兴经济体的非现金支付引领全球，生物识别技术如刷脸、视网膜识别等，在支付领域逐步从技术实验走向实际应用，推动移动支付继续高速发展。现金的使用空间继续被压缩。但支

* 周莉萍，经济学博士，副研究员，中国社会科学院金融研究所支付清算研究中心副主任兼秘书长，主要研究领域为货币理论、支付清算、金融市场等。

付体系的内部结构远比理论分析复杂，各个国家和地区的居民支付偏好、法律法规以及政府政策导向、监管导向不尽相同，真实的支付结构可能与常识相差甚远。基于此，本章主要分析了全球主要国家和地区的非现金支付发展概况、银行卡发展概况、现金需求与现金支付情况、移动支付发展情况及其内在动力。

一 主要国家和地区的现金、非现金支付发展

当前的支付体系正在被新支付工具的便捷性、市场竞争和消费者偏好重新塑造。支付领域的创新随处可见，在零售支付领域，截至 2018 年底，全球已有 45 个主权国家和地区开始使用快速支付体系，支持非现金支付的基础设施不断完善（BIS，2019）。尽管全球非现金支付高速发展，但现金对金融体系依然重要。虽然现金作为支付工具的角色被削弱，但其在个别地区、个别群体中作为价值储藏的角色并没有被同时削弱。

（一）全球非现金支付发展概况

2018 年，全球非现金交易量为 5390 亿笔，是过去 20 年来的最高点，比上年增长 12%。其中，亚洲地区的非现金交易量增长 32%，中东和非洲地区的非现金交易量增长 19%，是驱动全球非现金支付的最大动力；发达国家和地区包括欧洲、北美、APAC 成员在内的非现金支付业务平均增长近 7%，远远慢于新兴亚洲国家。对于大多数国家而言，移动支付的最大推动力依然来自电子商务平台，以及政府部门的支持政策。但发达国家的移动支付发展依然缓慢。包括英国、芬兰和澳大利亚在内的部分发达国家，其移动支付业务相对落后的主要障碍在于本国非接触式支付卡的使用，以及个人对隐私和安全性的顾虑。因此，全球支付市场呈现区域性结构失衡状态：部分国家的非现金支付高速发展，占据全球支付市场；大部分国家的现金和银行卡交易依然占据主流，不同国家和地区的支付结构差异较大。据 Emarketer（2019）统计估算，全球除了瑞典和中国逼近无现金社会，其他大多数国家依然依赖现金和银行卡支付。而据世界银行统计，截至 2019 年，全球中低

收入国家和地区有17亿成年人依然缺失金融交易账户，仍将现金作为唯一的支付工具（World Bank，2018）。个人缺失交易账户的原因很多，主要有资金不足、已有家庭账户、距离远、成本高、证件缺失、信任问题等（见图12-1）。世界银行认为，非现金支付的根基是数字化的储蓄账户，理论上储蓄账户可以由商业银行或其他储蓄机构、金融科技公司提供。世界银行建议将储蓄账户纳入金融包容战略中，同时推出与数字化金融包容战略相关的监管法律和政策。世界银行的统计也从另一个角度表明，现有的制度和金融基础设施依然存在约束，全球非现金支付的潜力依然巨大。

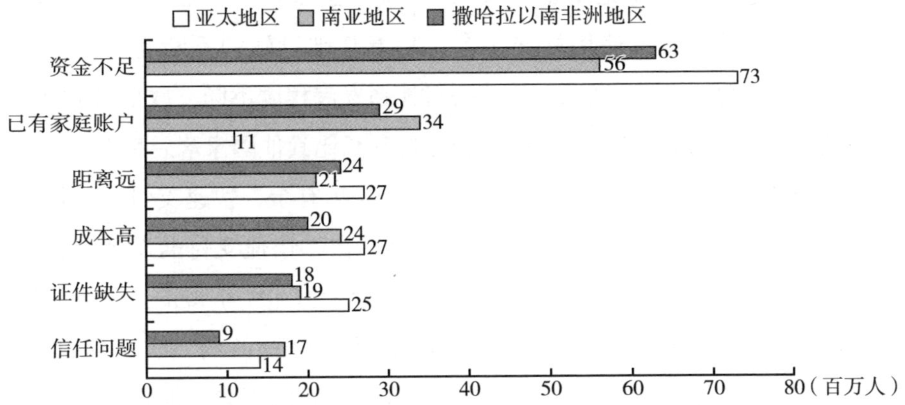

图12-1　个人缺失交易账户的主要原因（高收入国家除外）

资料来源：World Bank Global Findex Database，2017。

作为全球移动支付的先锋，国内非现金支付已经开始实际应用刷脸支付等生物识别支付工具。中国支付清算协会相关统计显示，自2018年以来，人脸识别在手机解锁、身份验证、支付等方面被广泛应用，抽样调查中有85%的用户愿意使用刷脸支付等新技术进行支付。2019年，支付宝的“蜻蜓”、微信的“青蛙”相继投入商业用途，支付宝年内发布第二代“蜻蜓”，生物识别支付竞争的帷幕已经拉开。

未来全球非现金支付依然有强大的动力支持。一是全球化。2019年，中美贸易摩擦加剧，全球贸易摩擦频繁，但跨境支付，尤其是基于商业、旅游的跨境零售支付对移动支付有内在需求。目前，除了服务全球和深耕美国市场的 Apple Pay、Google Pay、Sumsung Pay，各国都有自己较为成熟的移动支付供应商，比如中国的支付宝（Alipay）和微信（WeChat）、印度的Paytm、北欧地区的 Vipps 和 Swish、拉美地区的 Mercado Pago。这些领头支付机构深耕于本国市场，但随着跨境旅游和电子商务的发展，国内移动支付使用者对跨境移动支付有直接需求，商业机构对跨境支付也有需求。因此，跨境支付的双边开放是必然趋势，2019 年已有多项进展。二是全球金融基础设施如快速支付体系等不断完善，将支持非现金支付持续发展。BIS 认为，当前快速支付体系和 20 年前各国实时全额支付系统（RTGS）的扩散趋势和发展速度均相似（见图 12 －2）。当前，全球有 30% 的人运用移动网络，超过 60% 的成年人使用社交平台，随着基础设施的不断完善，全球非现金支付持续发展。不同地区的快速支付体系发展程度不同。截至 2018 年底，从人均快速支付交易量来看，墨西哥和尼日利亚比其他国家落后 5 年左右；智利和英国的快速支付体系相对成熟，运行已 10 年有余，快速支付交易量占总支付量的比重约为 30%；在丹麦、新加坡和瑞典，快速支付的发展速度快于一般发达国家；瑞典对快速支付体系的平均使用比例约为 40%，主要的推动力是其移动支付 App——Swish，Swish 的交易支付总值约占其 GDP 的 4%（BIS，2019）。三是金融脱媒。虽然金融脱媒不是新的因素，但它在全球多个国家和地区持续发展，非银行金融中介沉淀的资金不断增加，脱离商业银行的沉淀资金规模较大，为移动支付供应商等提供了潜在的机会。

（二）主要国家和地区的银行卡发展概况

银行卡的高度普及，使得发达国家新发行银行卡的空间相对较小。从图 12 －3 可以看出，2018 年中国[①]和印度新发行银行卡增速最快，均在 10% 以上；2014 年印度新发行银行卡增速高达 38% 左右。而近年来，美国新发行各类银行卡（现金卡、借记卡、延迟借记卡、贷记卡）增速均低于 5%，个别年份低于 1%。这一点，也在市场调研的详细数据中再次得到印证。

---

① 为表述方便，本章中涉及“中国”的数据均指“中国内地”。

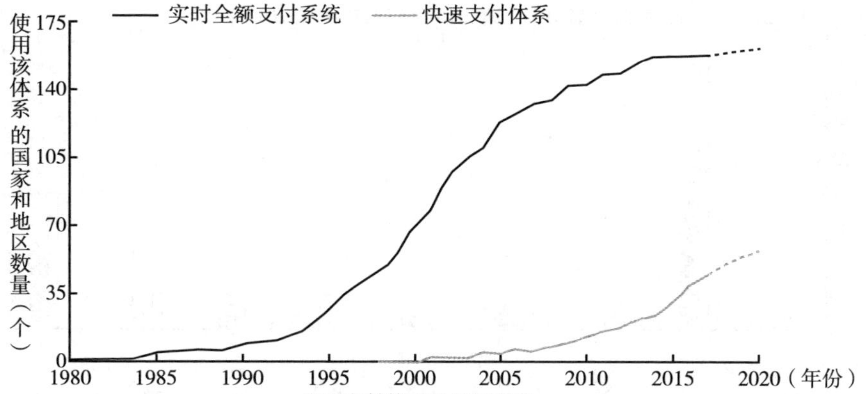

a　快速支付体系的扩散趋势

注：虚线部分为预测值

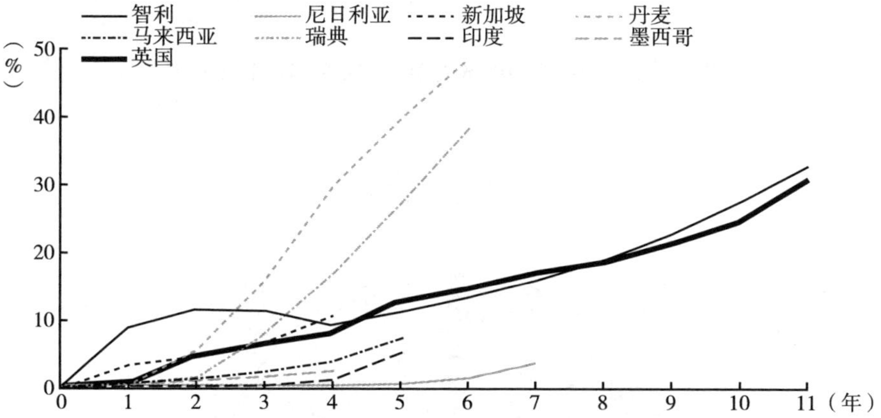

b　不同实施快速支付体系年限下人均快速支付交易量占总支付量的比重

图 12－2　全球快速支付体系发展趋势

资料来源：InstaPay、各国国内数据。

市场调研发现，2018 年美国零售商交易中虽然有 36% 以上使用移动支付工具支付（CivicScience，2018），但其支付体系总体依然以现金和银行卡为主。在总支付量中，约有 26% 的现金交易、70% 左右的银行卡（借记卡、贷记卡）交易、3% 左右的支票支付，只有 1% 左右为移动支付/数字钱包（包括苹果支付等）（见图 12－4）。

从人均持卡量来看，2018 年除了日本的数据缺失外，人均持卡量从高

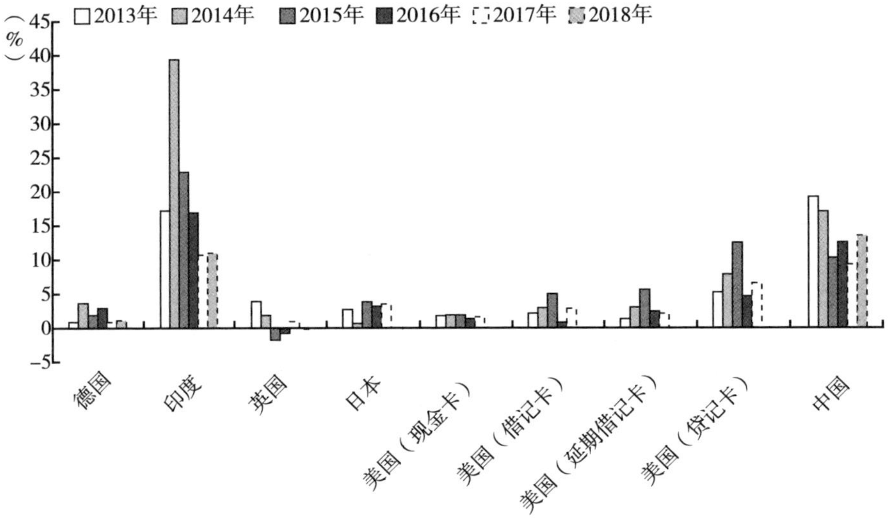

图 12－3　2013～2018 年主要国家新发行银行卡增速

资料来源：BIS。

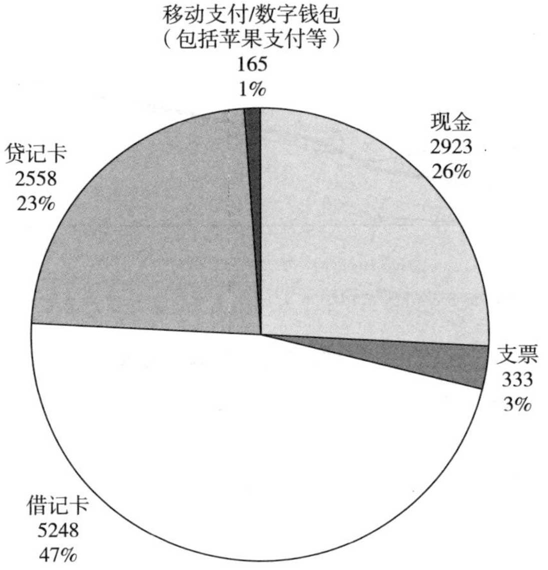

图 12－4　2018 年美国支付市场结构

注：本次调研期间为 2017 年 3 月 9 日至 2018 年 3 月 9 日，共收到 11227 份问卷；调查对象为上年所有个人账户；权重根据美国人口普查数据中性别、年龄等因素确定。

资料来源：CivicScience。

到低依次是中国（5 张左右）、英国（3 张左右）、德国（2 张左右）、印度（1 ~2 张）和法国（1 ~2 张）（见图 12 –5）。美国的数据在 BIS 数据库中缺失。从 Wind 数据库得知，仅信用卡一项，美国人均持卡量就超过 5 张。另外，中国香港地区、新加坡的人均持卡量在全球位居前列，均超过 10 张，而且其主要持卡类型均为具有电子货币功能的银行卡。

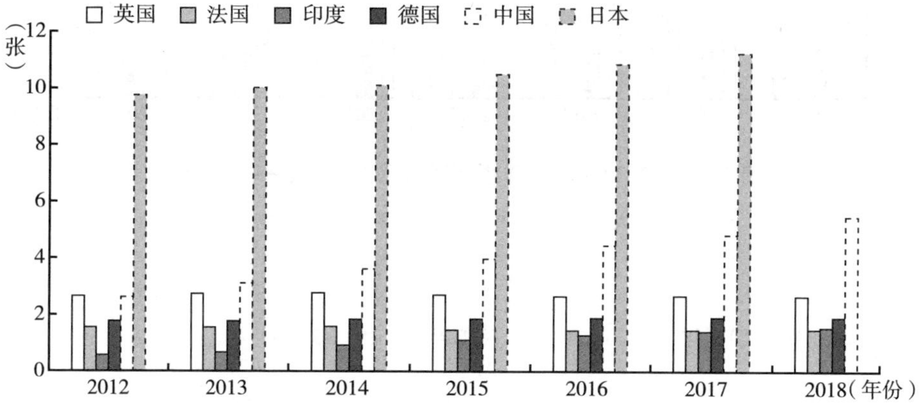

图 12 –5　2012 ~2018 年主要国家人均持卡量

注：日本 2018 年数据缺失。
资料来源：BIS。

按照 BIS 的统计口径，此处的现金卡指的是储存现金、具有预付功能的卡，包括储存购物卡、礼物卡、交通卡、餐卡等。可以看出，中国的人均持卡量近年来位居榜首，其次是日本、英国、德国、法国、印度等（见图 12 –6）。现金卡与一国的交通运输、文化、社会、商业模式等综合因素相关，直接受中央银行的现金管理政策、第三方支付机构管理政策约束。国内在 2011 年首次发放第三方支付机构牌照时，有 60% 的机构为预付费卡发行机构，而非移动支付机构。

图 12 –7 显示，近年来，中国、日本的人均借记卡持有量位居前列，为 3 ~4 张，英国、德国的人均持卡量低于 2 张，美国、法国的人均持卡量为 1 张左右，而印度的人均持卡量则低于 1 张。与世界银行的统计数据吻合，约有 20% 的印度人没有银行账户，金融包容程度甚至低于撒哈拉以南非洲地区。

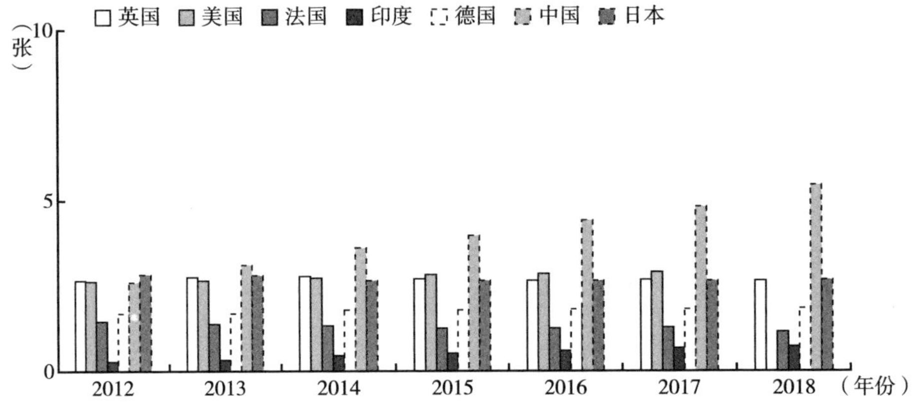

图 12－6　2012～2018 年主要国家人均持卡量——现金卡

注：美国 2018 年数据缺失。
资料来源：BIS。

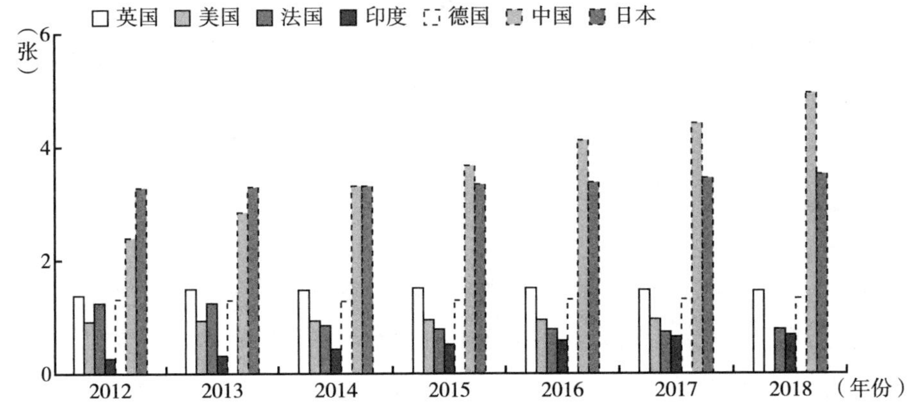

图 12－7　2012～2018 年主要国家人均持卡量——借记卡

注：美国 2018 年数据缺失。
资料来源：BIS。

延迟借记卡（Bank Card with a Delayed Debit Function）指的是银行发行的借记卡，持卡人可以在一定的已授权限额内赊支其账户。从图 12－8 可以看出，这种类型的银行卡只在全球部分国家和地区流行，主要包括德国、法国、英国和印度，但人均持卡量并不高，均低于 0.4 张。

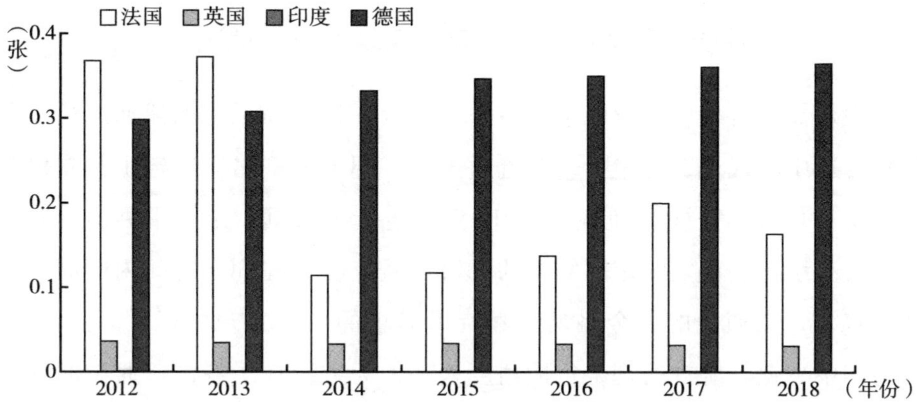

图 12－8　2012～2018 年主要国家人均持卡量——延迟借记卡

资料来源：BIS。

从图 12－9 可以看出，美国、日本的人均信用卡持有量较高，截至 2017 年底，美国的人均持卡量多于 3 张，日本超过 2 张。中国在 2018 年的人均持卡量为 0.49 张。鉴于数据缺失，前文已述，美国的人均信用卡持有量超过 5 张，约是中国的 10 倍。高度发达的信用体系、支付环节与个人社保、个人信用高度关联，决定了美国信用卡体系的高度发达。

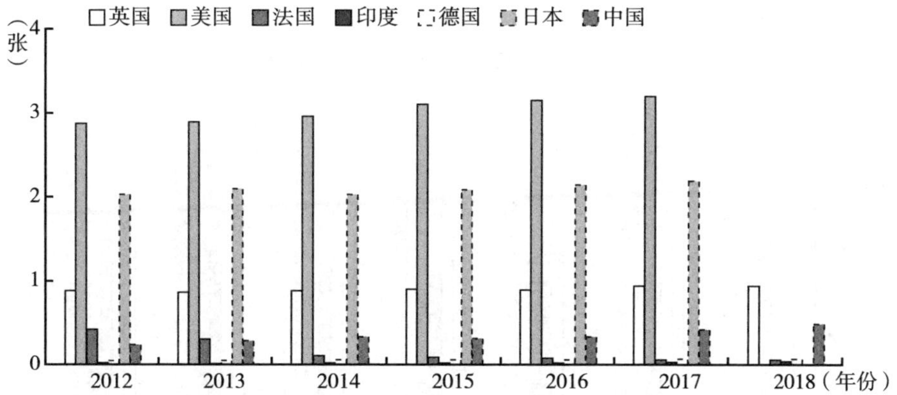

图 12－9　2012～2018 年主要国家人均持卡量——信用卡

注：美国、日本 2018 年数据缺失。

资料来源：BIS。

（三）主要国家和地区的现金需求与现金支付情况

现金支付是一个流量概念，指的是现金在经济体系中的流通总量，既包括流通中的现金，也包括现金流通速度。现金的匿名性决定了其支付交易总量和总值不宜被准确监测。BIS 没有统计该数据，个别中央银行对现金支付有统计。假定特定时间内的货币流通速度（在固定时间内的周转次数）稳定，流通中的现金将是观察货币需求的一个直观指标。因此，BIS 从各国中央银行统计的现金负债角度入手，大致统计了各国流通中的现金总量。

流通中的现金包括银行券和硬币，在各个国家和地区中，均由中央银行发行。从图 12 - 10 可以看出，2018 年美国、欧盟、中国、日本的现金发行量均在 1 万亿美元以上，其中美国的美元发行量超过了 1.5 万亿美元。印度和英国的现金发行量远远低于其他国家和地区，其中英国的现金发行量最低。按照货币数量论的基本方程式（$MV = PY$），反观上述国家和地区的 GDP，从高到低依次是美国、欧盟、中国、日本、英国和印度（见图 12 - 11）。除了英国和印度之外，一个国家或地区的现金发行总量与其 GDP 大致保持相同趋势。

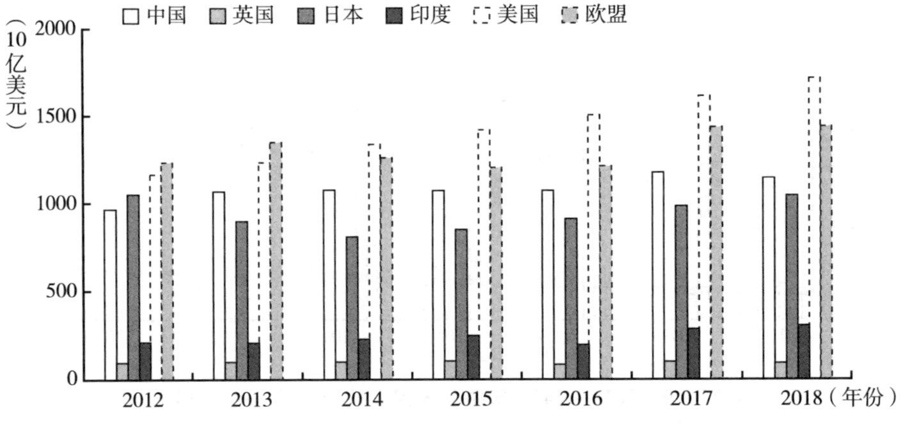

图 12 - 10　2012 ~ 2018 年主要国家和地区流通中的现金

资料来源：BIS。

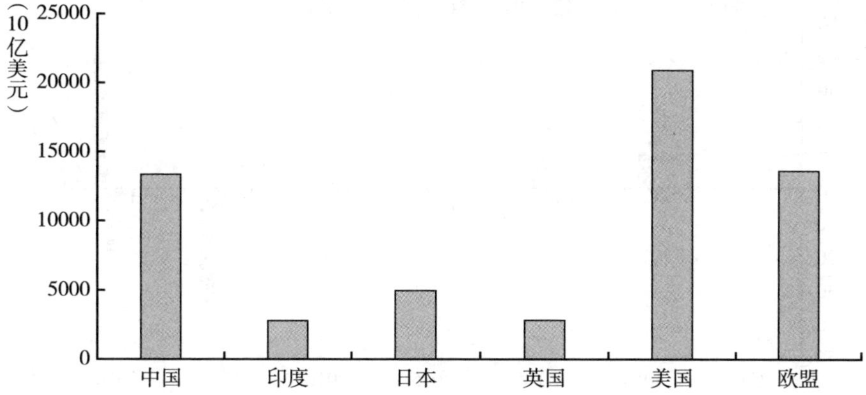

图 12－11　2018 年主要国家和地区的 GDP

现金需求有多个角度的透视指标，本章选取居民年均提现次数和日均提现次数两个指标。从图 12－12 可以看出，2018 年法国居民年均提现次数最多，约为 35 次。其次是德国、英国、中国和印度。总体的趋势是，绝大多数国家居民年均提现次数呈现不断下降的趋势，对现金的需求量逐年减少。2012 年以来，中国居民年均提现次数在全球不算多，为 15～20 次。2017～2018 年，中国居民年均提现次数下降速度加快，对现金的需求量大幅减少。图 12－13 显示，2018 年中国、英国和德国的居民年均提现次数增速为负，尤其是中国，下降速度最快，降幅接近 20%。

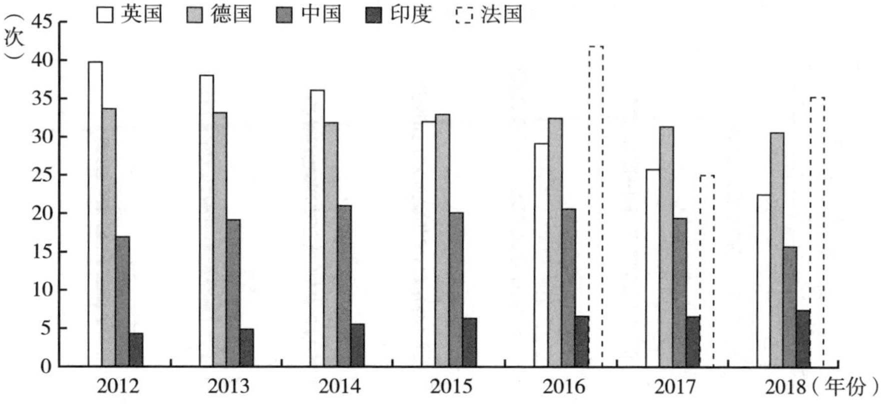

图 12－12　2012～2018 年主要国家居民年均提现次数

资料来源：BIS。

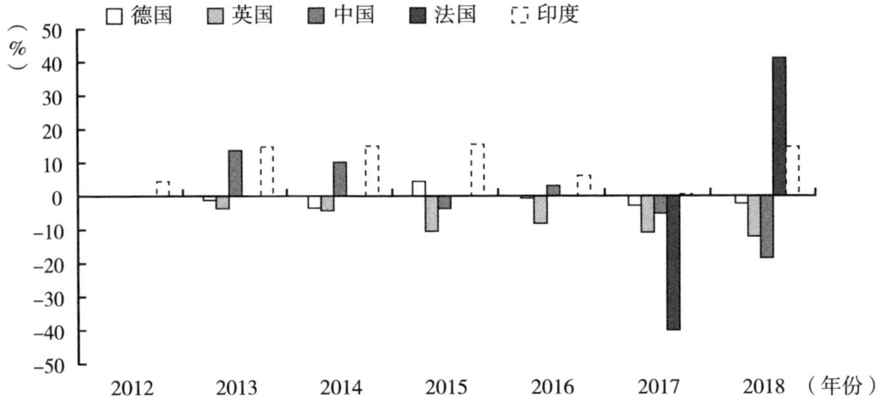

图 12－13　2012～2018 年主要国家居民年均提现次数增速

资料来源：BIS。

从图 12－14 可以看出，在全球主要国家和地区中，2018 年居民日均提现次数最多的国家是中国，约为 6014 万次。其次是印度，约为 2705 万次。而德国、英国和法国等发达国家居民的日均提现次数远远少于中国和印度。主要的原因是中国和印度的人口基数在全球位居前列，直接抬高了日均提现次数。与移动支付等非现金支付的快速发展相对应，中国居民的日均提现次数总体呈逐年下降趋势。

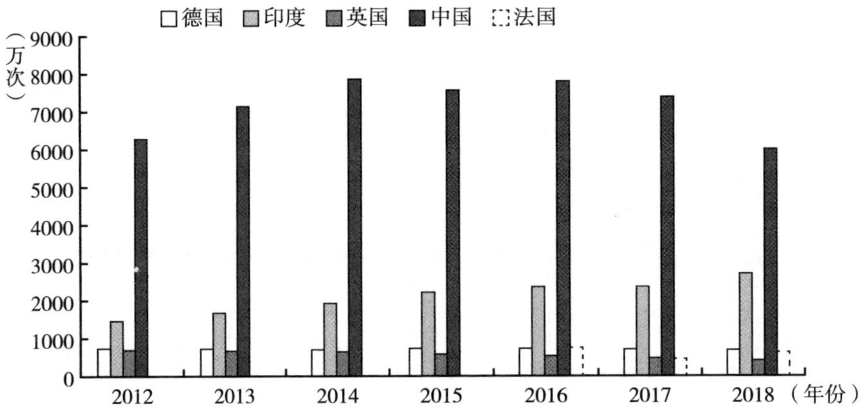

图 12－14　2012～2018 年主要国家居民日均提现次数

资料来源：BIS。

无现金社会的具体衡量指标有哪些？欧睿国际的调研数据显示，全球银行卡支付总规模早在2016年就达到了23万亿美元，首次超过了现金支付总规模，这表明无现金支付的社会发展趋势已经形成（Euromonitor，2016）。总规模只是一个衡量指标，我们认为，未来可以结合上述与居民年均提现次数等紧密相关的指标，以及（非）现金支付总值占GDP比重等指标，综合阐释和衡量各个国家和地区趋近无现金社会的趋势。

实际的支付结构和数据表明，从全球来看，无现金社会并不意味着没有现金，大多数国家目前的现金使用者基本上是基于习惯和偏好的高黏着度居民，这类居民或许将长期存在。图12－15显示，2018年，欧盟地区的现金支付总值占GDP比重为10%左右，超过了银行卡支付总值占GDP比重，后者仅为3%左右。美国的现金支付与银行卡支付总值持平，二者均占GDP比重的8%左右。加拿大、英国、挪威和瑞典的银行卡支付总值超过现金支付总值，二者悬殊最大的是挪威，该国的银行卡支付总值为现金支付总值的近10倍。

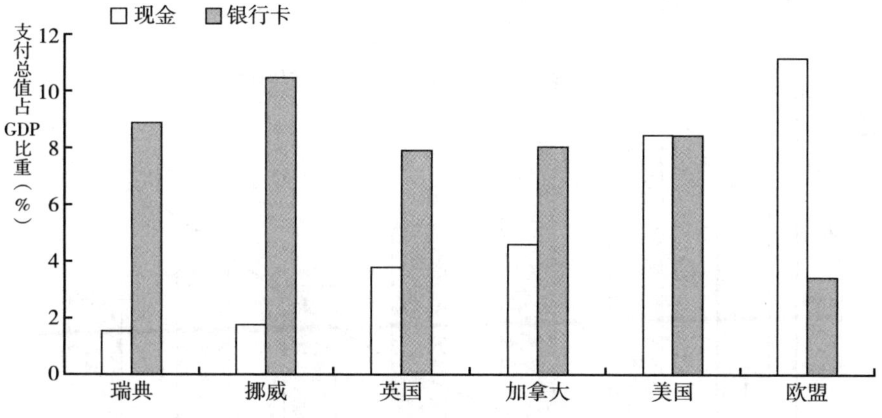

图12－15　2018年主要国家和地区现金与银行卡支付结构

资料来源：瑞典央行。

被国际社会誉为最接近无现金社会的瑞典，其现金支付总值占GDP比重接近2%。2010～2018年，瑞典的现金支付比例从近40%下降至13%左右（见图12－16）。

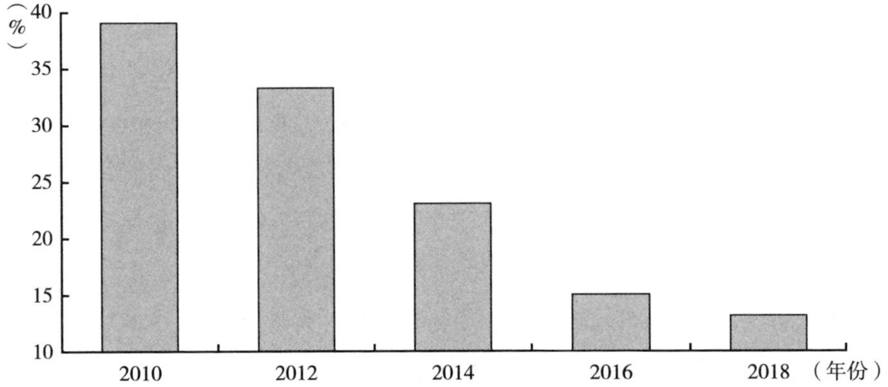

图 12－16　2010～2018 年瑞典的现金支付比例

资料来源：瑞典央行。

瑞典居民人均现金提取规模从 2013 年高峰的约 21000 瑞典克朗下降至 2018 年的约 10000 瑞典克朗。与此同时，市场占有率较高的移动支付工具 Swish 获得快速发展，人均 Swish 移动支付规模从 2012 年的 0 上升至 2018 年的 20000 瑞典克朗以上（见图 12－17）。

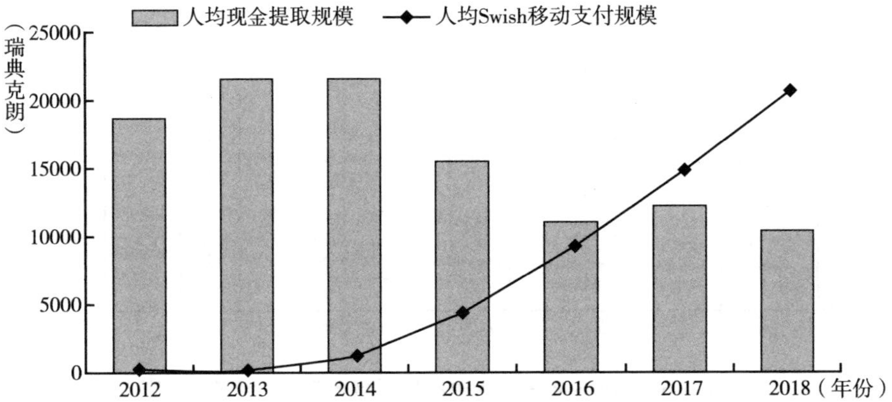

图 12－17　2012～2018 年瑞典居民人均现金提取规模及人均 Swish 移动支付规模

资料来源：瑞典央行。

2019 年，瑞典央行拟推出“e-krona”项目，即瑞典的央行数字货币。对于比特币等私人数字货币，瑞典央行视为不稳定的投资性资产。

现金占货币总存量的比重，也是透视现金需求的一个相对指标。由于各个国家或地区的货币统计口径、统计层次差别较大，实际的指标数据差异也较大。各个国家或地区的货币层次划分标准见表 12－1。

表 12－1　各个国家或地区的货币层次划分标准

国家或地区	货币层次指标
美国	M0＝通货
	M1＝M0＋旅行支票（除去银行、政府及外国金融机构等主体的活期存款）＋其他支票存款可转让支付命令账户
	M2＝M1＋包括货币市场存款账户在内的储蓄存款＋少于 10 万美元的定期存款（主要是定额大期存单）＋低于 5 万美元的零售货币市场基金
	M3＝超过 10 万美元的定期存款＋超过 5 万美元的机构货币市场基金＋隔夜和定期再回购协议＋居民持有的隔夜和定期欧洲美元
欧盟	M0＝流通中的银行券和铸币
	M1＝M0＋隔夜存款
	M2＝M1＋3 个月内可赎回存款＋2 年内到期的定期存款
	M3＝M2＋回购协议＋货币市场基金份额/单位＋货币市场票据＋2 年内到期的债务证券化
英国	M0＝通货＋其他可迅速转换为现金的资产（商业银行在英格兰银行的现金存款）
	M1＝M0＋存款机构的活期存款
	M2＝M1＋存款机构的短期定期存款
	M3＝M2＋回购协议＋货币市场基金份额/单位＋货币市场票据＋2 年内到期的债务证券化
	M4＝银行之外的现金（流通中公众和非银行机构持有的现金）＋私人批发银行和建设性社会存款＋大额可转让定期存单
日本	M0＝通货
	M1＝M0＋存款机构的存款
	M2＝M0＋在境内注册的商业银行的存款
	M3＝M0＋所有存款机构的存款
中国	M0＝流通中的货币
	M1＝M0＋企业活期存款
	M2＝M1＋居民储蓄存款＋企业定期存款＋其他存款

资料来源：根据各个国家或地区的中央银行网站资料整理。

2019 年，美国的 M0 占 M1 的比例在 40% 以上，M0 占 M2 的比例为 11% 左右（见图 12－18）。单纯从支付结构的角度来看，表明在流动性最强的支付工具中，支票的使用比例高于现金；现金的使用比例为11%左右，远低于欧盟地区68%左右的水平，表明美国的银行卡（各类存款的载体）使用比例较高。

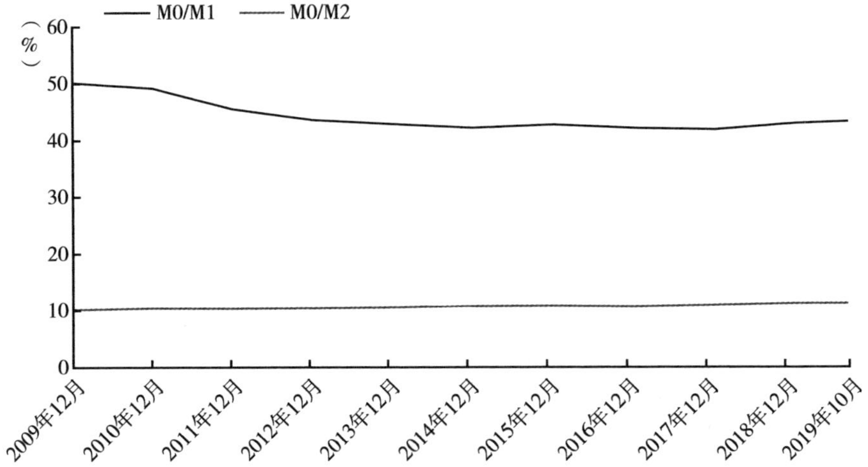

图12－18　美国的货币结构

资料来源：美联储圣路易斯分行。

2019年，欧盟地区的M0占M2的比例约为72%，M0占M3的比例约为68%（见图12－19）。在全球，这两个比例都属于最高的，表明欧盟地区的现金使用比例比较高，银行卡使用比例并不高。

日本和英国的货币统计口径相似，其M0占M1、M2（日本为M3）的比例也大致相似，均低于欧盟和美国（见图12－20、图12－21）。2019年，日本的M0占M1的比例为13%左右，M0占M3的比例为7%左右；英国的M0占M1的比例为5%左右，M0占M2的比例、M0占M3的比例、M0占M4的比例均为3%左右。表明现金占银行存款的比例很低，与前文的银行卡高持有比例相对应。

截至2019年6月，中国的M0占M1的比例约为14%，M0占M2的比例约为4%，与日本的货币结构非常相似（见图12－22）。在全球，中国的现金使用比例相对较低，银行卡的使用比例远远高于现金，但银行活期存款在国内通常与移动支付账户关联，因此，这里面可能包含了移动支付工具的使用。

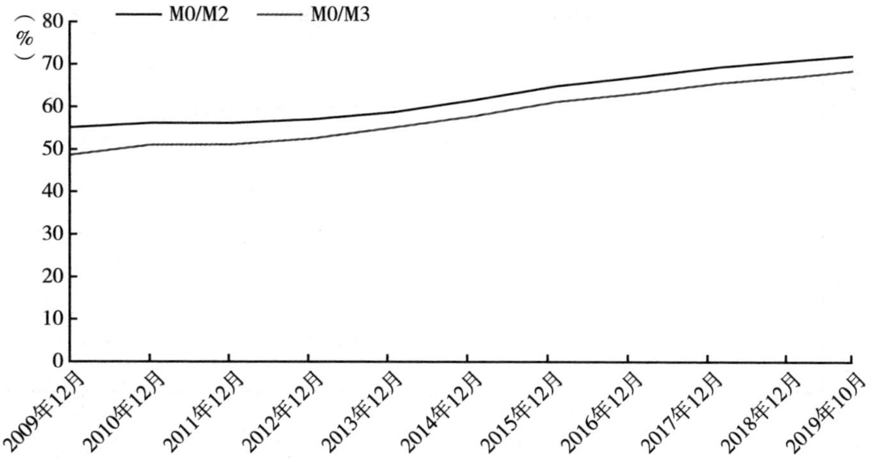

图 12－19　欧盟地区的货币结构

资料来源：美联储圣路易斯分行。

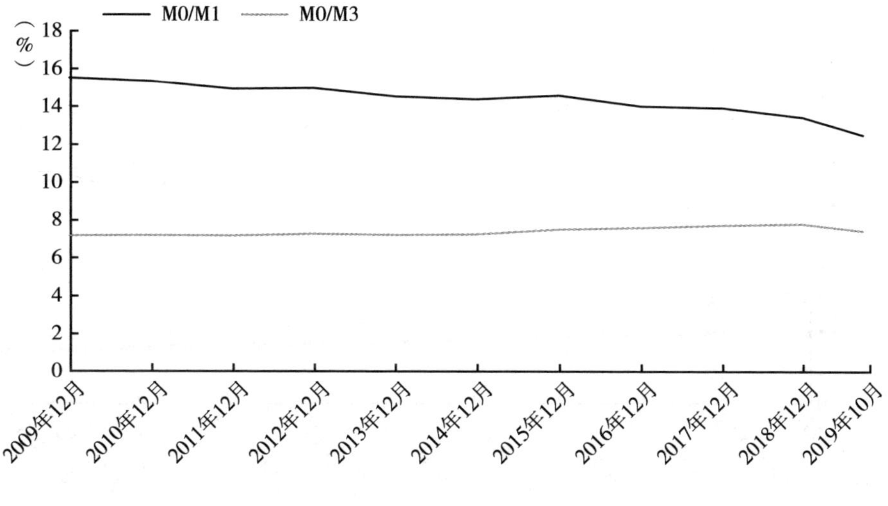

图 12－20　日本的货币结构

资料来源：美联储圣路易斯分行。

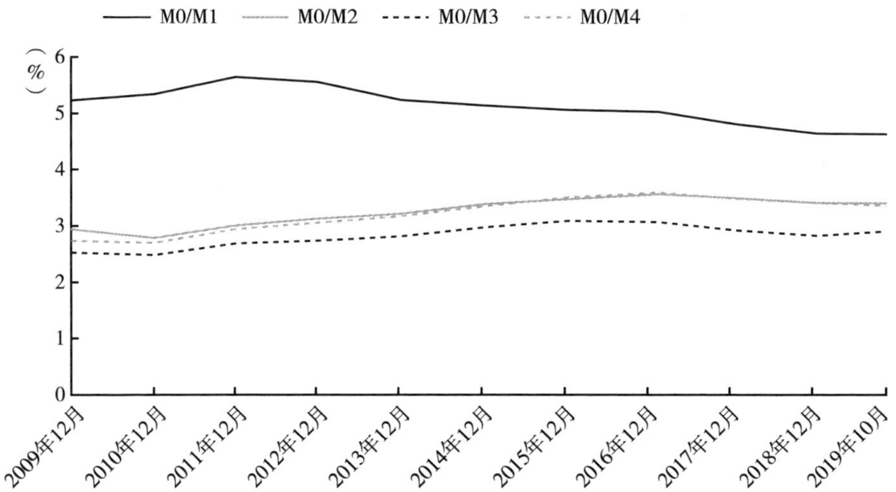

图 12－21　英国的货币结构

资料来源：美联储圣路易斯分行。

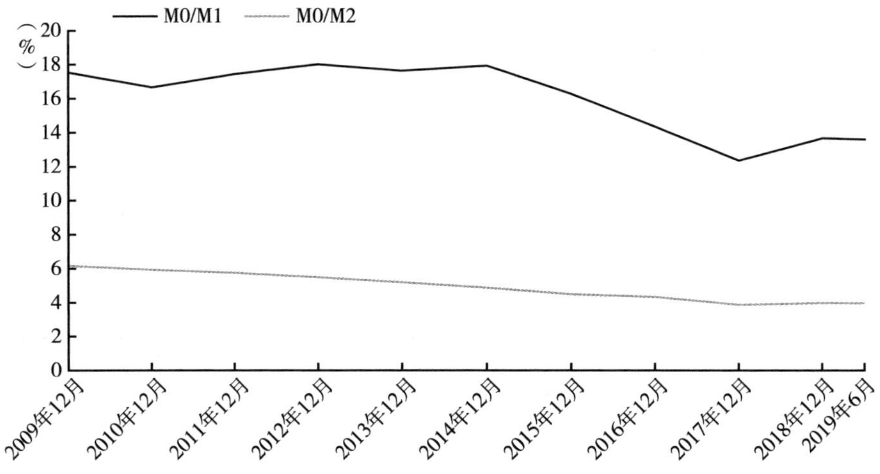

图 12－22　中国的货币结构

资料来源：美联储圣路易斯分行。

二　全球移动支付发展近况

当前，各国移动支付市场的发展状况表明，移动支付的初期发展与本国政府的支持政策紧密相关。全球大多数国家和地区对移动支付最初的政策都相对宽松，但是鉴于本国通信机构、商业银行、电商平台不同的发展程度和地位，各国的移动支付体系在发展过程中不断分化，形成了不同的内部结构。但也有相似之处，大多数商业银行在移动支付市场并没有抢占先机，多数国家的移动支付市场最终由 1～2 家第三方支付机构引领。同时，移动支付作为技术创新，在个别地区超越了经济发展水平，实现了跳跃式发展，如肯尼亚。移动支付与经济发展水平没有绝对联系，更多地与金融机构发展状况、创新路径、政府政策、电子商务平台建设情况等紧密相关。

本部分大致总结了近年来全球主要国家和地区的移动支付发展概况，主要分析影响其发展速度的内在原因，如居民支付偏好等。

（一）移动支付高度发达的国家：日本、韩国、肯尼亚等

日本有超过 1 亿用户使用移动支付，其主流的移动支付技术是日本索尼公司研发的非接触式感应技术 FeliCa，移动运营商 NTT DoCoMo 占据日本移动支付市场的主导地位。在韩国，移动支付产业主要由运营商和银行主导，移动支付品牌主要有 MONETA、K-merce，分别占据韩国移动支付市场的半壁江山。由于越来越多的用户通过手机实现 POS 支付、购买地铁车票、完成 ATM 取款等，因此韩国的移动支付以手机支付为主。目前，韩国所有零售银行都能够提供移动银行业务。令人惊讶的是在非洲国家肯尼亚，目前有 2300 万人经常使用移动支付，占全国成年人的 74%。也就是说，约 3/4 的肯尼亚成年人使用移动支付。

现金、银行卡在欧盟和美国占据主要地位，移动支付也广泛推广但不受欢迎，也没有出现爆发式增长，在这样的支付结构背后，政府、居民有何选择？

（二）美国的移动支付

当前，美国的移动支付落后于亚洲新兴经济体和北欧，但其移动支付数量和平均交易规模均在快速增长。Emarketer 最新的估算显示，美国 2019 年移动支付使用者将达到 6.4 亿人，比 2018 年增长 9%。

其实从全球范围来看，美国的第三方支付起步时间相对较早，移动支付的代表机构 PayPal 早在 1998 年 12 月就已经创立，并于 1999 年 10 月开始运营，最早推广电子邮件在线支付和接收款项，后来成为电子商务网站 eBay 的支付系统。美国银行业早在 2013 年就开始推广手机支付业务，2014 年推出移动钱包，当时的主导者有苹果、安卓、三星和沃尔玛，2016 年后最成功的美国移动支付是 PayPal。当前，美国的移动支付领头机构包括 Apple Pay、PayPal 和 Zelle。Apple Pay 在美国的市场份额为 50% 左右；Zelle 在 2018 年后有了更大的发展。2019 年，PayPal 进军中国。除此之外，美国也有一些新型数字化免息支付工具，如 Affirm、Sneeze 等。有市场调查公司针对普通消费者对此工具的偏好进行了调研，结果显示，当前已经有相当一部分消费者接受了此类无息分期移动支付工具（见图 12－23）。

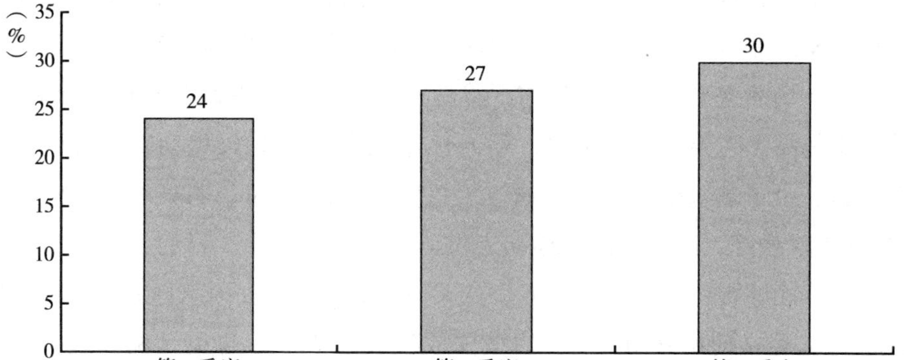

图 12－23　2019 年前三季度数字化免息支付工具使用者占美国网民的比例

注：调查对象年龄为 18 岁以上。

资料来源：CivicScience，“Trend Adoption Tracker”，Oct. 8，2019。

图 12－24 调查显示，美国典型的移动支付用户年龄为 18～54 岁，受过大学教育并拥有高于平均水平的年薪。总体来看，移动支付在美国不流行，主要原因包括政府没有推出相关政策普及移动支付；移动支付的需求动力不足；信用卡竞争激烈、优惠力度大。具体而言，包括以下几个方面。

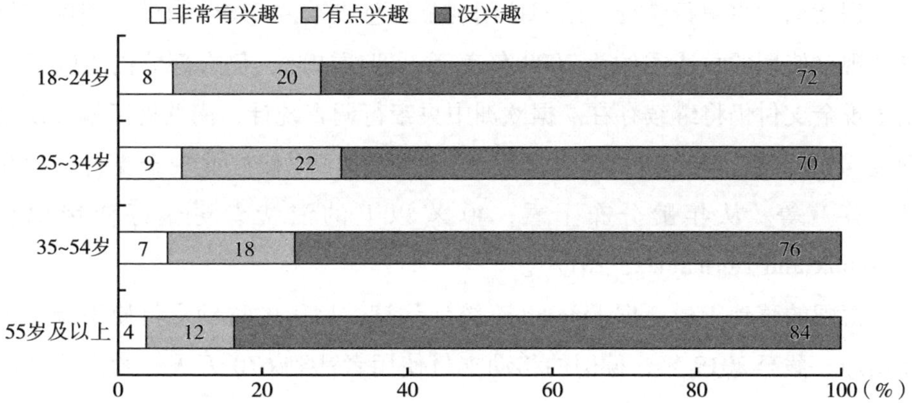

图 12－24　2019 年美国网民使用数字化免息支付工具支付小额消费的意愿

资料来源：CivicScience as Cited in Company Blog，Nov. 7，2019。

一是美国政府虽然支持移动支付创新，但对互联网创新没有极高的热情。美国一开始就没有把第三方支付视为创新，认为其本质是“货币转移业务”，第三方支付机构不过是支付中介或客户的代理人，只是根据客户需求对客户资金进行汇划或转移，其手段是新的互联网，本质是传统货币服务的延伸。因此，美国政府大力普及、投资、推广移动支付的热情也不高，移动支付商占比很小，总体普及率不高。二是个人对安全因素的顾虑，担心借记卡和移动钱包绑定后被盗。三是美国社会支付的安全性依赖路径不同于中国。网上银行支付不与手机号码相关的短信验证码绑定，而是与社会保险号等绑定，使得网络支付不依赖于手机号码。四是没有国内、全球统一的标准，国内使用要求安装不同的手机钱包，手机钱包一旦安装便无法卸载，个人隐私存在隐患。另外，出国不能使用，因此并不算是真正的便利。五是消费者已经习惯信用卡透支消费，品牌商家和银行都有自己的信用卡，银行卡市场竞争激烈，优惠力度都很大，消费者的信用卡被盗刷是免责的，这些使得客户对信用卡支付有高黏着度。六是美国购物大多不用排队，支付效率看似较高的移动支付在美国不占优势，在效率和安全之间权衡，美国消费者更注重安全。

（三）欧洲地区：移动支付发展缓慢

据欧洲中央银行统计，欧盟使用现金的总成本占 GDP 的1%，美国每年支持现金使用的总成本约为 2000 亿美元。即便如此，仍有部分内生因素决定了现金支付仍将继续存在。据欧洲中央银行调查统计，南欧地区偏好使用现金，如德国、奥地利和斯洛文尼亚；北欧地区则偏好非现金支付，如荷兰、芬兰等。从年龄分布上看，40 岁以上的消费者更偏好使用现金（Esselink and Hernandez，2017）。

德国的移动支付。据 Emarketer 统计估算，德国的移动支付使用者在不断增加。截至 2019 年，德国的移动支付使用者达到 670 万人，约占移动电话使用者的 12.5%，低于欧盟其他国家。德国移动支付落后的主要原因包括居民长期形成了使用现金和银行卡支付的习惯、对安全和个人隐私的担忧，以及非接触式银行卡与移动支付的竞争。目前，德国的移动支付供应商主要来自非银行金融机构，如 PayPal、Apple Pay、Google Pay 和 Payback Pay，多为全球性的移动支付机构，德国本土尤其是商业银行参与移动支付的竞争力度不大。德国的移动支付未来或将继续增长，主要的推动力量来自商业银行。商业银行将通过自身的 App，推出比第三方支付更加安全的移动支付。

法国的移动支付。与德国相比，法国本土的移动支付商较为发达，法国移动支付市场的主要供应商包括本土的 Paylib、Lyf Pay 和 Orange Cash，以及全球移动支付供应商 Apple Pay 和 Google Pay。据 Emarketer 统计估算，2019 年法国的移动支付使用者占智能手机使用者的 15.6%。

英国的移动支付。英国的移动支付供应商主要是全球性的移动支付供应商，包括 Apple Pay、Google Pay 和 Sumsung Pay。2019 年，英国有 830 万人使用移动支付，占全部智能手机使用者的 19.1%。在全球，其移动支付发展水平居中游。

欧洲的无现金支付、电子货币发展最早，个别国家也是无现金支付较发达的国家，如丹麦、瑞典，但欧洲不是全球移动支付最发达的地区，其整体使用现金的比例超过使用银行卡和移动支付的比例。主要原因包括：欧洲地区消费者更注重个人隐私；欧洲地区银行卡体系、信用卡体系已经高度发达，银行卡普及率较高。因此，政府和银行都没有动力推动普及移动支付。

欧洲地区的移动支付发展模式是法律先行，法律规范先于电子支付。随着欧盟推动单一欧洲支付区域（SEPA）的建设，欧洲移动支付基础设施逐步完善，市场开始有实质性的发展。在欧洲，移动支付的介质只能是电子货币，移动支付机构被视为电子货币发行机构。因此，对移动支付的监管主要通过对电子货币的监管来实现。欧洲中央银行于 1998 年发布了《电子货币报告》，对包括移动支付在内的电子货币立法的必要性、时机、特殊目标和最低要求等进行了探讨。随后，欧盟和欧洲中央银行分别于 2000 年、2007 年、2009 年和 2013 年颁布了《电子货币指令》《支付服务指令》《欧盟跨国界支付条例》《关于移动支付安全性的建议》等法律文件，从移动支付市场的准入退出、业务经营、内部控制、资金安全、消费者权益保护和打击金融犯罪等方面进行规定，为审慎监管确立了全面的管制框架。

规范的法律法规消除了政策套利空间，所有的支付方式处于一条统一、公平的监管起跑线上，没有特殊、试行的金融创新，在法律法规制度之下，谁都可以创新，没有给电子货币发行机构过多的创新空间。

（四）中国的移动支付

中国的移动支付高速发展，反观过去，什么因素在推动中国的非现金支付尤其是移动支付？我们认为，基于电子商务的发展而产生的国内第三方支付作为一个买卖双方共同信任的媒介，解决了网络交易中的支付信用瓶颈问题，为网络交易双方提供了一个安全的交易平台，在交易过程中扮演保险、资金暂时托管等角色，解决了信任问题，保障了基于互联网交易双方的利益。因此，国内源于第三方支付的移动支付，主要是借助政府政策支持和行业竞争空白，抓住了有利时机。

1. 政府政策推动、支持

一方面，第三方支付一开始就得到了央行的支持，通过大量发放牌照使之快速普及；另一方面，2008 年国际金融危机后，各国寻找新的经济增长点，我国政府高度支持“互联网 +”创新。虽然推出了《非金融机构支付服务管理办法》《非金融机构支付服务管理办法实施细则》等法规，但都是层级较低的部门规章，不是上位法，这一行业实质上长期处于宽松的监管状态。

中国网信网的资料显示，2015 年《政府工作报告》首次提出制订“互联网 +”行动计划；2015 年 6 月，《“互联网 +”行动指导意见》出台，明确了推进“互联网 +”，促进创业创新、协同制造、现代农业、智慧能源、普惠金融、公共服务、高效物流、电子商务、便捷交通、绿色生态、人工智能等若干能形成新产业模式的重点领域发展目标和任务。自此，“互联网 +”被视为国家发展战略、经济结构性改革和创新的方向，普惠金融成为商业银行的战略任务。随后，移动支付巨头快速扩张发展。

2015 年中，拥有 3 亿实名用户的支付宝与中国多地政府部门展开合作，尝试借助互联网为市民办理公共服务项目提供便捷的服务。支付宝方面证实，支付宝钱包上线的“城市服务”平台，可以处理交通违章、出入境事务、车牌摇号、看病挂号等事项，民众今后可以在手机上办理这些业务。目前，杭州用户已经可以使用部分查询缴费功能，上海、广州、深圳、厦门、长沙等 30 多个城市近期也将接通。中国银联和商业银行自 2016 年起大举进军移动支付领域，移动支付在国内更加普及，新的移动创新模式如刷脸支付等不断涌现。

2. 国内银行卡支付市场没有高度竞争

消费者日常小额消费使用银行卡的黏着度不高，商家使用银行卡收费的费率较高。移动支付介入后市场竞争更加激烈，依靠政府支持打通行业发展障碍，投入巨额营销费用，花钱买用户（如各种支付红包、优惠），同时给予零售商家极大的优惠力度，商家才愿意配合推广。

除此之外，国内银行卡支付、网络支付和移动支付的安全路径高度依赖手机号码验证，恰逢智能手机在中国高度普及，助推了移动支付的发展。总之，政策助推普及非现金移动支付，第三方支付占领先机，中国银联和商业银行获得政策支持奋力直追，中国移动支付的“潘多拉盒子”已经打开，三股力量推动了移动支付在中国的普及。从经济学角度来看，处于后发优势的国家直接越过了完善银行卡体系和信用体系等前期金融基础设施，直接超越式发展使用最先进的科技。

（五）新加坡：移动支付不发达，但发展动力足

在新加坡，尽管政府一开始就大力支持移动支付，但截至目前，新加坡的消费者最喜欢现金支付，现金支付具有快捷、方便、匿名性等优势，具有国家价值特征。新加坡的移动支付引领者是移动网络运营商，但商业银行不愿意、不支持移动支付，政府也没有推出法律法规调控移动支付行业，最终，手机运营商、操作系统和支付平台之间的合作性较差，导致 2003 年、2007 年移动支付试验失败。但新加坡在 2017 年获得大量投资资金，移动支付后续发展动力足。

从全球看，东南亚国家成为全球金融科技的新热点，北美对非现金支付科技的发展热情高，但非现金支付规模增长潜力最大的是新兴经济体，发达国家依然是使用银行卡和现金居多。部分发展中国家发达的现金交易凸显了其支付清算体系基础设施的落后，也成为跨境交易和支付的直接障碍。在全球，跨境支付的水平仍然不高，跨境支付依然存在支付速度慢、支付费用高、支付过程不透明等问题。跨境支付的诸多落后因素，也是全球数字货币发展的主要动力。

三　结论与展望

在全球新冠肺炎疫情暴发之前，Emarketer 研究预计 2020 年全球移动支付使用人数将超过 10.6 亿人。2020 年，全球遭遇新冠肺炎疫情，个人、经济社会活动都受到一定的影响。任何一次危机，都意味着挑战和机遇。对于

非现金支付而言，疫情带来了新的发展机会。非接触式购物规模大幅上涨，线上支付随之增加，或比原来预计的使用人数会更多。

对于消费者个人而言，在多样化的支付生态中，不拘泥于一种支付工具，合理选择多种支付工具以降低自身交易成本，也是一种理性选择。数字化支付加免息、低息信用卡的模式也在全球快速扩展，其本质为无息（或低息）分期付款的支付工具。这类新型消费 App 支付工具结合零售场景以及消费者个人的真实信用，迎合了部分消费者的消费偏好如大额消费，中国有花呗、京东白条等，美国有 Affirm、Sneeze 等，澳大利亚有 Afterpay，其本质仍是信用工具。美国各大百货公司都有自身的信用卡，有封闭的消费场景和优惠政策。只不过当前的新型支付工具联合更多的百货公司等零售机构，人为制造了更受欢迎的消费场景，并结合了免息分期付款方式。降低成本只是支付选择的一面，相信在更长期的支付市场博弈中，个人会综合考虑支付工具的交易成本、隐私、安全性、效率等因素，支付体系的均衡、分层结构会逐步形成。赢得市场的支付工具必然迎合了消费者的偏好、心理需求、交易需求，有其综合的竞争优势。

现金依然有其存在的必要性，依然有区域性的需求，这类需求的重心或从交易场景逐步退出，停留在文化象征场景，如纪念币、大额现金交易场景（正常的、地下经济等）、特殊节日红包等。只要各国中央银行法不修订，现金就依然是法定货币的基本形式，现金消费不应被人为限制。

反观中央银行对支付工具形态的基本态度，从货币监测的角度来看，中央银行作为货币的发行者，更青睐可追踪的、有记录的货币交易，从而有效控制货币、调控经济。现金天然具有匿名性，在某种程度上，中央银行并不希望经济体系过多使用现金，也因此才会有各国对大额现金支取使用的管理政策。中央银行在承担货币发行职能的同时，也承担着金融稳定、货币稳定的职责。因此，对于货币的形态，中央银行持中性态度。尤其是在当前移动支付比较发达的情况下，各国中央银行都高度关注数字经济、数字支付、数字货币对自身的冲击，也试图从法定货币数字化入手更好地监测货币体系。我们相信，未来随着数字货币的不断发展，某种政府支持的数字货币如央行数字货币，或者类似 Libra 项目的全球数字货币指日可待。随着数字货币对货币金融体系影响的不断深入，数字化技术或将深刻影响和改造当前的支付领域，并扩展至储蓄、证券、保险等金融领域。

参考文献

BIS，“Analysis of the 2018 Red Book Statistics”，2019.

CivicScience，“What's Stunting Mobile Payment Growth in the U. S. ?”，2018，https：//civicscience. com.

Emarketer，“Global Mobile Payment Users 2019”，2019.

Esselink，H. and Hernandez，A. ，“The Use of Cash by Households in the Euro Area”，ECB Occasional Paper Series，No. 201，2017.

Euromonitor，“Survey Results”，2016，https：//blog. euromonitor. com/new – lifestyles – system – data – 2016 – global – consumer – trends – survey – results/.

World Bank，“The Global Findex Database 2017：Measuring Financial Inclusion and the Fintech Revolution”，2018.

第十三章
基于全球视角的城市交通支付创新研究*

Sabina Frizell　Michael Nunes**

摘　要：城镇化和超大城市的兴起给城市交通带来了诸多挑战。非接开放式交通支付系统、大数据和移动应用程序等技术的应用，可提升城市运行效率和宜居性。因此，在中国的城镇化进程中，应注重开放式数字支付体系的建设。这也将有助于中国在引领全球化和迎接北京冬奥会的进程中，让中国城市更具国际性、互联性和包容性。

关键词：城市交通　非接开放式交通支付系统　大数据　移动应用程序

一　城镇化和超大城市的兴起给城市交通带来挑战

截至2019年底，全球有超过一半的人口居住在城市，这一数据还将持续增加。根据联合国的数据，到2050年，全球城市人口比例将由2018年的

---

* 免责声明：本章所出现的资料、报价、调研结果和建议并非Visa公司的观点，仅供参考。读者不得倚赖这些内容来提供有关运营、营销、法务、技术、税务、财务或其他方面的建议。对于本章所含信息的完整性和准确性，Visa公司不做任何保证和声明，亦不承担因读者倚赖这些信息而产生的任何责任或义务。本章所含的信息并非投资或法律建议，如有需要，建议读者向专业人士咨询。

** Sabina Frizell，Visa公司全球公共政策研究部经理；Michael Nunes，Visa公司全球公共政策研究部高级总监。

55%进一步上升至68%。城镇化是中国近几十年来发展进程中的一个重要特征，而且预计这一趋势将继续下去。根据联合国的预测，到2030年，中国将新增2座超大城市——成都和南京，它们将紧随北京、重庆、广州、上海、深圳和天津，成为中国第七座和第八座人口超过1000万人的超大城市。[①] 中国的城镇化水平预计在2030年达到70%，2050年达到80%。[②]

城镇化要求建设高质量、规划周密、可持续的基础设施，其中包括交通基础设施。交通基础设施是城市发展的关键，因为城市交通出行效率对城市经济发展和居民生活质量至关重要。为了更好地了解城市居民在日常通勤中面临的问题，Visa公司与斯坦福大学（Stanford University）针对一项包括北京、上海在内的城市居民出行的调研结果开展了联合分析。[③] 调研和分析结果显示，创新的技术和交通方案能够协助解决城市交通所面临的效率低下、通勤时间长、交通拥堵、基础设施紧张，以及安全和环保等方面的挑战，从而让城市更加互联和宜居。

（一）交通效率低下，通勤时间冗长

在北京、上海、广州等超大城市，通勤时间冗长已变得司空见惯。根据

① Thornton Alex, "10 Cities are Predicted to Gain Megacity Status by 2030", World Economic Forum, https://www.weforum.org/agenda/2019/02/10-cities-are-predicted-to-gain-megacity-status-by-2030/.

② Zheng Yiran, "Urbanization to Fuel Rural Revitalization", China Daily, https://www.chinadaily.com.cn/a/201902/27/WS5c75eca9a3106c65c34eba27.html.

③ Visa公司委托第三方机构于2018年7月通过在线的方式对19个国家的19384名消费者进行了调研。随后，Visa公司与斯坦福大学共同对调研结果进行了分析。本次调研覆盖的国家和城市有阿根廷（布宜诺斯艾利斯、科尔多瓦）、澳大利亚（悉尼、墨尔本）、巴西（里约热内卢、圣保罗）、加拿大（多伦多、蒙特利尔）、中国（上海、北京）、埃及（开罗、亚历山大）、法国（巴黎、马赛）、德国（柏林、汉堡）、印度（孟买、德里）、日本（东京、大阪）、墨西哥（墨西哥城、瓜达拉哈拉）、波兰（华沙、克拉科夫）、俄罗斯（莫斯科、圣彼得堡）、南非（开普敦、约翰内斯堡）、瑞典（斯德哥尔摩、哥德堡）、韩国（首尔、釜山）、阿拉伯联合酋长国（迪拜、阿布扎比）、英国（伦敦、伯明翰）、美国（纽约、洛杉矶）。受访者中有65%居住于市中心，35%居住于远城区和郊区。55%的受访者有全职工作。向受访者询问的问题包括日常采用的交通方式、通勤体验、不选择某些交通方式的原因、对交通费用支付方式的看法，以及对一些可能影响其出行体验的新技术的看法等。

北京交通发展研究院的数据，截至 2019 年，北京六环内的平均通勤时间长达 56 分钟。[①] 上海的平均通勤时间为 54 分钟，与北京不相上下。调研结果清晰地表明，中国通勤者十分看重效率。有 71% 的受访者表示支付方式的便捷性很重要或者非常重要，超过 50% 的受访者表示公共交通仅支持现金支付的情况会使人们产生负面情绪，63% 的受访者表示，他们对排长队购票感到不快。

（二）交通拥堵，基础设施紧张

如果按照目前的趋势发展下去，到 2050 年，城市驾车者平均每年需要在交通堵塞中度过 106 个小时。[②] 交通拥堵带来的影响是巨大的，可能导致国家 GDP 每年下降 0.5% ~5% 。[③]

中国政府出台了一系列政策措施，鼓励人们使用公共交通以缓解交通拥堵。然而，超大城市的公共交通体系能否容纳更多乘客是一项挑战。以 2019 年为例，北京每个工作日约有 610 万人使用公共交通出行。在早 8 点前后的高峰时段，北京有 250 万 ~260 万人在上班的路上。[④] 这些现实都给公共交通基础设施带来了巨大的挑战。政府亟须扩大公交系统的容量和提升效率，以更好地吸引并容纳更多的人选择公共交通出行，减少路上机动车的数量。

（三）公共交通的安全性

安全性是所有受访者选择交通方式的一个重要考量。78% 的受访者认为安全性相当重要或非常重要。相较于私人交通工具，公共交通的安全性越发成为一项阻碍因素，分别有 27% 、26% 和 24% 的受访者认为安全性是促使他们不选择乘坐快速交通（如地铁）、火车和渡轮的主要因素。

---

① 北京交通发展研究院：《北京市通勤出行特征与典型区域分析》，2019。

② 《由一个 APP 说起》，经济学人网站，2016 年 9 月 29 日，https://www.economist.com/international/2016/09/29/it - starts - with - a - single - app。

③ 在发达国家，此范围为 0.5% ~3%；在发展中国家，此范围超过 5%。详见世界银行《人口迁移下的城市：世界银行城市交通战略》，2002。

④ 北京交通发展研究院：《北京市通勤出行特征与典型区域分析》，2019。

（四）环境挑战

城市人口集聚对气候变化负有主要责任。虽然目前城市人口仅占世界人口的55%，但城市的能源消耗量占世界能源消耗总量的78%，城市的温室气体排放量占世界总排放量的60%～75%。随着城市人口的增长，这些数据可能会继续增长。[①] 交通运输是城市碳排放的最大来源之一。[②] 非接开放式支付系统等创新解决方案可生成有关通勤模式的数据，帮助交通运营商规划高效的路线，从而实现减排，减轻环境负担。

二 交通支付创新解决方案

在解决上述城市交通所面临的挑战方面，目前来自公共领域和私营领域的投资主要集中在短期改善提升基础设施上，以暂时缓解交通网络及其使用者的负担。例如，伦敦的横贯铁路（Crossrail）项目预计在伊丽莎白线（Elizabeth Line）开通后不久就能实现满负荷运行。该项目于2009年启动，截至2018年6月已耗费1.3亿小时[③]和数十亿英镑的投资，还造成了相当大的交通影响。美国佐治亚州亚特兰大市近期启动了一个大型公路项目，旨在解决该市严重的交通问题。这项为期三年的工程原本希望通过新建一条日通行量为10万辆的州际公路来缓解当地交通压力，但目前该路段的实际日通行量已达到42万辆，远超项目设计预期。

城镇化为交通体系解决方案的创新提供了独特的机会。面对现阶段政府、居民和企业在确保交通效率、应对城市不断增长的需求方面所面临的问题，从另一个角度思考，各国政府可考虑利用新科技来提高边际效益，显著改善城市交通体验。本部分将围绕一系列交通支付创新解决方案展开详细介绍。

---

① Visa, Inc., "Digital Payments for Urban Mobility: Helping Cities Become Greener and More Connected", 2020.

② Visa, Inc., "Digital Payments for Urban Mobility: Helping Cities Become Greener and More Connected", 2020.

③ "Crossrail in Numbers", Crossrail, http://www.crossrail.co.uk/news/crossrail-in-numbers.

（一）非接开放式交通支付系统

随着城市的发展，城市居民的交通需求在不断演变，交通方式的选择也在不断变化。传统的闭环交通支付系统已无法满足居民的出行需求，非接开放式支付产品的快速推广为世界各地的城市交通提供了新的解决方案。

在开放式支付系统中，通勤者可使用银行发行的非接信用卡或借记卡（实体卡或电子卡）购票乘车，而无须使用由交通管理部门发行的闭环式交通卡或车票。信用卡、智能卡和智能手机等设备通常采用无线射频识别（RFID）技术，通过无线电波对物体进行唯一识别和跟踪。RFID 系统包括被识别标签、通过无线电信号识别标签的读取器以及引导信号的天线。近场通信（NFC）设备是高频 RFID 系统的一个子集，通常用于支持消费者设备进行信息交互。点对点通信交互是 NFC 设备的独特之处——设备可同时充当读取器和标签并且支持非接支付解决方案，如通过支持 NFC 的信用卡或借记卡完成支付。目前在亚太地区，非接支付变得越来越普遍，为推广非接开放式支付系统在城市交通中的应用奠定了基础。

开放式支付系统的一个主要优点在于其带来的高效、无缝的体验。大多数人在出行途中至少会改变一次线路或交通方式，开放式系统可实现各种交通方式的互通。如果乘客选择使用非接支付卡或数字钱包，则可在交通工具的闸机或车上终端完成付费、租用共享单车、自动支付通行费，以及使用公共停车设施等。因此，开放系统带来的普适性和互通性可有效缩短通勤时间。

此外，非接开放式交通支付系统可缩短登车时间，进一步提高效率。与国内日常广泛使用的二维码相比，在交通支付场景下，非接支付比二维码支付更高效。因为二维码付费队列的前进速度慢于非接付费队列。在中国城市地铁中，曾出现使用二维码排队支付造成线路延迟的情况。[①] 一项面向香港

① 《二维码支付有局限，地铁过闸机易拥堵》，南华早报网站，2019 年 8 月 5 日，https：//www. scmp. com/tech/big - tech/article/3021409/qr - code - payments - make - long - commutes - even - longer - china。

居民的调查发现，44%的受访者选择使用非接移动钱包支付，40%的受访者选择使用非接信用卡支付，而只有15%的受访者选择使用二维码支付（见图13－1）。①

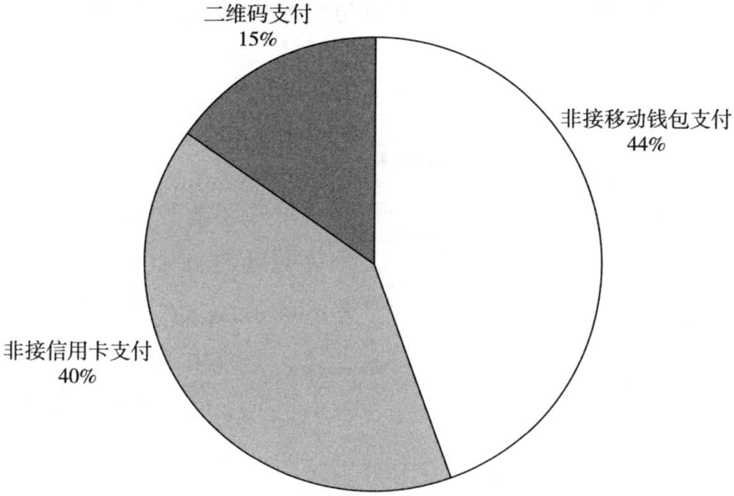

图13－1　香港居民的支付方式偏好

非接开放式交通支付系统还可带来环境效益——建立高效的车票收付费系统是让交通系统“更环保”的最佳途径之一。某国际研究小组就此对中国大连市的柴油公交系统开展了调查研究。研究发现，相较于现金付费系统，装有拍卡支付系统的柴油公交车的排放量减少了20%。因此，他们得出结论，使用非接支付方式将显著减少碳排放。② 非接数字支付系统生成的数据，可用于根据实际需求来调整交通路线和时间表。研究表明，这

① “Visa Survey：Eight in Ten Hong Kong Commuters Considered Switching to New Cashless Payment Methods if the Incentives are Right”，Visa，Inc.，https：//www.visa.com.hk/en_HK/about－visa/newsroom/press－releases/visa－survey－eight－in－ten－hong－kong－commuters－considered－switching－to－new－cashless－payment－methods－if－the－incentives－are－right.html.

② Chunyan Tang，Avishai Ceder，and Ying－En Ge，“Optimal Public－transport Operational Strategies to Reduce Cost and Vehicle's Emission”，PLOS ONE，Aug. 1，2018.

样做可减少交通车辆的数量，提高在途车辆的乘客密度，从而将污染物排放量减少13%左右。[①] 同时，非接开放式交通支付系统可减少纸质车票制作和分发过程中所消耗的资源，包括纸张采购、印刷、处置和管理等。一次性车票由于背面有磁条，无法重复使用。非接开放式交通支付系统的便捷性还有助于鼓励居民选择公共交通与微出行方案，从而减少私家车的使用。

案例1　伦敦

“我们意识到一个很简单的事实：没有人想买票，实际上我们也根本不想卖票。”——Shashi Verma，伦敦交通局首席技术官

伦敦交通局（TfL）负责英国大伦敦地区交通系统的管理，包括铁路、地铁、公共汽车和有轨电车等。此前，伦敦交通局使用的是牡蛎卡（Oyster Card），这是一种闭环专用支付系统。Visa公司与伦敦交通局合作推动使用非接式信用卡和借记卡完成现收现付（PAYG）交易。该项目自启动以来，已有超过30亿次非接支付交易。伦敦交通局发现，这一转变促进了营收的增长，提高了客户的信任度和满意度，并降低了运营成本。Visa公司的一项调查表明，49%的英国通勤者认为，伦敦引入非接支付系统后，他们的公共交通体验得到了显著的改善。[②] 仅一年时间，就有来自100多个国家和地区的游客在伦敦使用外卡乘坐公共交通。该技术为前来英国旅游的外国游客提供了出行便利。Visa公司与伦敦交通局的非接支付合作见图13－2。

此外，伦敦交通局从闭环支付系统到非接开放式交通支付系统的转变还带来了环保方面的益处。由于非接开放式交通支付系统节约了成本（目前，非接支付交易占所有地铁现收现付支付交易的64%），伦敦开始实行公交费

① Visa, Inc., “Digital Payments for Urban Mobility: Helping Cities Become Greener and More Connected”, 2020.

② Visa, Inc., “Digital Payments for Urban Mobility: Helping Cities Become Greener and More Connected”, 2020.

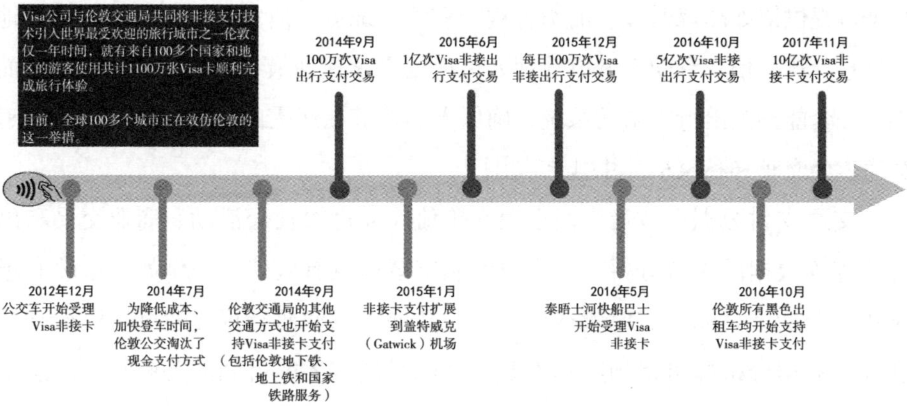

图 13－2　Visa 公司与伦敦交通局的非接支付合作

用封顶的便民政策。伦敦市长萨迪克·卡恩（Sadiq Khan）在宣布公交费用封顶政策时说，“我们正在致力于让公共交通成为全伦敦市数百万人都能负担得起的交通方式。该政策将鼓励更多伦敦人选择公共交通出行，有助于缓解拥堵和减少排放，改善城市空气质量”。

总的来说，非接开放式交通支付系统可带来一系列的好处，有助于解决核心交通难题。Visa 公司在全球各地为众多城市的非接开放式交通支付系统提供了支持。Visa 公司的全球交通合作伙伴计划“Visa Ready for Transit”为全球 100 多个合作伙伴提供了可靠的技术解决方案。截至 2020 年 2 月，Visa 公司已帮助爱丁堡、胡志明市、曼彻斯特、迈阿密、纽约、里约热内卢、罗马和新加坡等城市启动了超过 200 个非接交通项目。

（二）大数据

结合了复杂的人工智能算法之后，大数据可用于解决通勤体验中的许多问题。面向交通领域的数字支付解决方案可生成数据及进行分析，帮助公共机构与私营实体共同改善城市交通。

1. 利用大数据了解城市并提高出行效率

大数据与人工智能相结合，可帮助城市规划高效且实用的交通线路。支付数据可提供诸如高峰时段、消费者购物和停车地点、消费者旅行时间及出发地等信息。这些信息有助于城市管理人员根据需求规划最有效的交通线路，从而创建一套能预测出行需求的系统，确保人们能够在所需的时间和地点使用轨道交通、公交车和私家车，并引导其出行。

交通支付数据在政策层面也很有价值。通过对社会活动、商业交易和出行轨迹等数据的聚合分析，可为政策制定者提供有效建议。例如，市政府想新建一个社区公园，需要就选址等问题开展民意调研，现在通过居民行动轨迹等大数据分析即可得到原本需要开展民意调查才能得到的关键数据。这不仅有助于我们深入了解城市发展带来的影响，而且可以为政府和商业主体提供宝贵的建议，帮助它们规划未来的政策和投资方向。

2. 利用大数据保障安全

从技术角度来看，传感器可用于监测环境轨迹，并结合人工智能算法提升环境的安全性。以下列举了一些大数据技术，能够更广泛地增强交通系统和城市环境的安全性。

异常行为侦测（Anomaly Detection）。通过传感器和系统进行智能监测，可发现视频和音频监视记录中的可疑活动。人工智能算法可基于数据进行学习，从而从正常行为中筛选出攻击等异常行为，并将可疑的行为标记出来以供警方采取适当行动。①

聚合犯罪数据（Aggregated Crime Data）。带地理编码的犯罪数据库可用于识别犯罪热点，因而可用于犯罪预测模型中，帮助警方更高效地分配资源。在将这些模型应用于随机试验时，随着巡逻时间的累积，犯罪预防率可提高 7.4 个百分点。②

自动车牌识别（Automatic Number Plate Recognition）。车牌识别技术已在全球大部分地区得到应用。警车可利用此技术，在环境中进行扫描，以发

---

① Gajda, Bill, Lemberger, Mike, "The Future of Transportation: Mobility in the Age of the Megacity", Visa, Inc., Feb. 2019.

② Gajda, Bill, Lemberger, Mike, "The Future of Transportation: Mobility in the Age of the Megacity", Visa, Inc., Feb. 2019.

现是否存在报告的可疑车辆。有多种算法与此类技术相关，如用于读取车牌的光学字符识别（Optical Character Recognition）技术，以及其他用于识别车型及车牌位置的技术等。

（三）移动应用程序

支付创新可让城市居民的出行更加便捷。调研发现，27%的受访者表示，如果能够更方便地完成付费，他们会更多地选择公共交通出行；50%的受访者表示，如果有一款同时包含出行规划功能和支付功能的综合性移动应用程序，他们会更多地选择公共交通出行。不同交通方式对应的各类车票以及复杂的定价结构，是消费者公共交通出行体验中的主要痛点。相比之下，如果可在智能设备上使用一款支持所有交通方式的移动应用程序，统一地完成出行规划及费用支付，可能有助于提高公共交通的使用率。

通过移动设备完成交易在全球范围内越来越普及，这为推广移动票务服务奠定了基础。发展中国家通过推广移动支付，向无法获取基本金融服务的居民（占世界人口的50%以上①）提供银行服务。在移动钱包普及率方面，中国处于世界领先地位——2017年，中国90%的移动支付交易经由支付宝和微信支付完成。② 自2016年以来，Apple Pay处理的交易额已增长500%以上（尽管其中包括进入新市场所带来的效益）。③

① Gajda, Bill, Lemberger, Mike, "The Future of Transportation: Mobility in the Age of the Megacity", Visa, Inc., Feb. 2019.

② Engen, John, "There is No Disputing that China is Ahead of the Rest of the World in Mobile Payments. What Insight Does It Offer U. S. Bankers?", American Banker, https://www.americanbanker.com/news/why-chinas-mobile-payments-revolution-matters-for-us-bankers.

③ Vena, D. "Here's Why Apple is Going to Keep Beating Google in Mobile Payments", Business Insider, 2017.

专栏1　令牌化的移动钱包使交通支付更安全

令牌化处理可进一步提高移动钱包用于交通支付的安全性。令牌化是指通过一个被称为令牌的随机号码来保护敏感数据的过程。例如，信用卡防欺诈即令牌化技术的一种常见应用——消费者可使用令牌号码完成在线购物，而无须使用其真实的信用卡卡号。令牌化与加密略有不同，后者的目的是让信息在无密钥的情况下不可读，而令牌化则是让消费者能够在不暴露敏感数据的情况下完成交易。令牌化可用于移动钱包解决方案（如 Apple Pay）——钱包仅依赖于令牌，应用程序不会使用可能被犯罪者获取的实际信用卡信息。通过此类钱包，用户可将完成购物所需的必要信息（如密码和信用卡信息）存储在一个位置，通过令牌化保护数据的安全。

案例2　新加坡

新加坡拥有世界上票价较低廉的城市交通系统，被居民和游客广泛使用。新加坡政府与 Visa 公司的合作案例表明，政府与企业可通过合作分析数据从而共同应对交通系统中存在的逃票、车站拥挤、减排等难题。

Visa 公司一直与新加坡陆路交通管理局（LTA）密切合作，共同在新加坡所有公交车和轨道列车中部署可互操作的拍卡支付（Tap to Pay）解决方案。2019 年 4 月，LTA 推出了 SimplyGo，这是一种非接交通支付解决方案，可用于多种支付场景。[①] 对于通勤者而言，该交通支付解决方案可使其出行更加便捷，他们也无须再携带多张卡或为专用旅行卡充值。在短短的 6 个月内，Visa 公司在新加坡地区的合作伙伴中，LTA 成为移动支付或可穿戴支付交易增长最快的合作机构。除此之外，该系统的整合度和易用性也给多方带来了裨益，从而有助于构建一套具有包容性的数字生态系统。

---

① Visa 公司为国务院发展研究中心报告提供的内容。详见 Visa《论数字金融服务、生计转型以及数字金融》，2020。

（四）其他交通支付创新技术

纵览全球，交通运营商通常会通过与私营实体合作的方式来推广多种多样的支付工具和创新技术，改善消费者的交通出行体验。主要的创新成果如下。

运营商计费（Carrier Billing）。这是一种基于手机的计费系统。消费者可使用其设备进行购物，包括购买车票，而无须向商户或车票代理商提供信用卡信息。经过某种形式的身份验证（通常是双重身份验证）之后，消费者的手机账户即被扣费而无须使用任何信用卡或进行提前注册。此类基于手机的支付解决方案还包括短信支付，即用户通过发送短信生成手机账单或实现在线钱包扣费。此类解决方案已被用于包括瑞典在内的公共交通系统中。目前，通过智能手机 App，大多数交易通过一次点击即可完成整个支付过程。

多种交通支付方式的合并（Consolidation of Transit Payments）。定期的、合并的计费方式可简化用户的交通付费过程。例如，在德国汉诺威，乘客的公交账单按月结算。其他一些城市还将合并支付解决方案应用于更广泛的出行规划付费场景。在芬兰的赫尔辛基，由芬兰金融科技初创企业 MaaS Global 开发的一款名为“Whim”的应用程序可支持私人交通与公共交通甚至共享单车的组合付费。类似的例子还有，TripGo 可支持用户将公共、私人或商业等不同的交通方式进行比较和组合，同时还可作为一款支持记账和支付的应用程序接口（Application Programming Interface，API）解决方案。由戴姆勒公司创立的 Moovel 公司研发了一款集搜索、出行规划和支付功能于一体的应用程序。此外，以色列特拉维夫推出的一款出行规划与支付应用程序 HopOn，即使在离线的条件下也支持对车票进行管理操作。瑞士国家铁路公司也与汽车及单车共享机构展开了合作，推动多种交通方式的互联互通。

面部识别（Facial Recognition）。面部识别技术为我们提供了一种无须接线、无须携带实体卡的便捷的支付方式，用户仅需以自身面容为凭据即可完成支付。由此设想，在不久的将来，用户有望实现用自身面容作为凭据来完成公共交通付费。

三　结论与建议

上述一系列创新解决方案可帮助缓解城市交通系统面临的一系列问题，让交通系统更高效、更环保，从而增强城市的互联性和宜居性。本部分旨在从中国快速城镇化的角度出发，进一步提出相关政策建议，以期更好地改善和提升城市的交通系统。

（一）推广数字支付并推动技术升级和设施投资

数字支付及非接开放式交通支付系统可降低运营成本。Visa 公司的一项研究发现，在公共交通系统中，现金购票的票务管理成本占 14.5%，而数字支付的票务管理成本仅占 4.2%。同时，非接支付还可提高安全性——Visa 公司的所有非接卡都基于安全的 EMV©[①]芯片技术。实践证明，该技术可有效地减少伪冒和欺诈。[②]

各城市应考虑出台相应举措，要求交通系统建设完善的数据基础设施，采用互联互通的技术解决方案，以满足消费者的需求。各公共交通运营商亦可自行采取措施加快设备升级，如对车票读取器进行升级以支持 EMV©非接支付方式。

（二）营造国际化、包容多元的支付环境

政府和城市规划者可通过推广包括非接开放式交通支付系统在内的多种支付方案，为消费者提供无缝衔接的、可预测的交通出行体验，并为运营商提供更加快捷、更加高效、更加可持续的服务。城市规划者应当将“售票”思维转向“收费”思维，提升以客户为中心的交通体验。

---

① EMV 是支付行业的一种技术标准，代表最初创建该标准的三家公司——Europay、Mastercard 和 Visa，以及后来加入的美国运通和中国银联等机构。详见 https：//www. emvco. com/。

② “Tap to Pay Enables Better Everyday Journeys”，Visa Tearsheet，Oct. 2019.

专栏 2　营造包容多元的支付环境，助力中国入境旅游发展和北京冬奥会成功举办

中国正在迅速发展成为一个数字化的、轻现金的国家。扫码支付成为人们日常生活的主要支付方式。然而，对于外国游客来说，由于他们往往习惯于刷卡、插卡和拍卡支付，而不习惯使用扫码支付，因而在中国消费时支付成了障碍。

面对即将到来的 2022 年北京冬奥会，中国的支付环境可以做出相应的改善，以迎接来自世界各地的游客，展现中国在全球化进程中的包容性和多元化。交通领域与国际游客密切相关，因此相关部门可考虑先从改善交通系统着手，扩大非接开放式交通支付的受理范围。正如前文“非接开放式交通支付系统”部分的介绍，非接支付已在世界各地的公共交通领域广泛应用。在伦敦、新加坡和纽约，已有来自 100 多个国家和地区的游客将在境外发行的非接卡用于当地的非接开放式交通支付系统。这些都证明了全球互联互通支付对推进城市国际化的作用。

为了推广非接开放式交通支付方式，政府部门还可考虑鼓励或要求外卡收单机构对商户终端实施更新换代，以便受理境外卡片（包括芯片卡和非接卡）。

（三）鼓励行业合作，推动互联共赢

随着通勤者选择出行方式的多样化，城市规划者应考虑如何在多种交通方式转换和衔接的基础上提升其出行体验。政府可鼓励同一区域的多家交通运营商加强合作，实现行业整合协作。可采用全球通用的标准数字支付系统，当人们在不同国家或地区的不同城市旅行时，运营商将能够更轻松地实施系统集成，并且城市管理者将能够更高效地实现系统运维管理。

各城市可加强与企业的合作，如利用人工智能和大数据等技术来分析消费行为、行动轨迹和变化趋势等。通过这些合作，各城市可发现一些新方法来分析当前的变化和未来的方向，以提高交通系统的效率和效益。

第十四章
国家快速支付体系：基于零期限货币的理论探索

赵　鹞*

摘　要：　关于国家快速支付体系的研究侧重于政策与市场层面的分析，但缺乏有效的货币理论框架与方法，为此，本章基于购物时间模型的讨论，引入 Divisia 货币加总技术与零期限货币，探索了快速支付的零期限货币建模方法，并简单考察了快速支付的零期限货币与经济增长的交叉相关性，发现典型的“领先－滞后”效应。同时，引入机会成本变量，建立了实际货币余额的货币需求函数，认为受到政策利率、市场利率直接影响的机会成本是影响快速支付的零期限货币的主要变量，由此推论快速支付创新的深化对金融市场的影响及其作用于货币与宏观经济的传导机制。这一结论，不仅是对历史规律的探索，而且为深入讨论法定数字货币时代的货币需求与供给提供了新的研究视角。

关键词：　快速支付　货币理论　零期限货币　经济增长

* 赵鹞，中国社会科学院金融研究所支付清算研究中心特聘研究员，研究领域为货币理论与政策、金融科技与支付清算。

一　引言

笔者提出“国家快速支付体系”这一命题已有三期。所谓国家快速支付体系，是指在国家层面整合、转换与发展现存的快速支付系统，以面向境内外终端用户提供泛在（Ubiquity）、安全（Safety）与高效（Efficiency）的支付清算服务以及所涉及的法律政策、基础设施与市场创新。提出此命题的背景是，全球化力量推动金融与信息技术不断融合，形成驱动金融创新发展的新生力量——金融科技（FinTech），金融服务市场分工日益细化，竞争日益多元化。支付服务一直是金融服务的重要组成部分之一，支付的交易、清算和结算三个环节均出现了专业化的服务组织和多种多样的支付创新。早先电子支付方式的普及使各种支付交易突破时空限制，大大降低了货币债权的在途风险，缩短了交易时间，提高了交易效率，增强了金融体系资金的运用能力和流动性，发展中的金融科技正在赋予支付新的创新动能，冲撞既有的生产可能性边界，势必再平衡支付服务市场的竞争与监管格局。在这样的时代背景下，笔者首先研究了技术进步驱动下的互联网支付、移动支付以及由此产生的现实问题。尽管互联网巨头与大量的金融科技公司涌入非银行支付领域，带来了市场创新活力，但这种创新缺乏行业内部的协作，本质上是以其系统封闭性与市场分割为代价的，进而客观上导致非银行支付对银行支付的体系分野。[①] 这种由技术进步驱动的结构性变革，引起了市场结构的变化，并产生了一系列影响。每一种市场结构都有优劣，去中心的市场结构可能并不像直觉判断的那样具有明显优势，这为国家快速支付体系的政策考量与治理模式提供了自下而上的政策分析框架。[②] 借助此分析框架，笔者继续分析了快速支付行业中的各利益相关方（Stakeholders）在互操作性、规则、

① 赵鹞：《国家快速支付体系：银行与非银行》，载杨涛主编《中国支付清算发展报告（2017）》，社会科学文献出版社，2017。

② 赵鹞：《国家快速支付体系：从中心到去中心市场结构的分析》，载杨涛主编《中国支付清算发展报告（2018）》，社会科学文献出版社，2018。

标准和治理方面应采取的措施，以及公共权力部门应扮演的角色。笔者认为，由于快速支付市场发展过程中的路径依赖特征，广泛的利益相关方所提供的前瞻性观点尤为重要。①

然而，国家快速支付体系的研究不仅需要上述的分析与讨论，而且急需进行理论构建，特别是需要与货币理论联系起来，这样才能使得快速支付在宏观层面被观测（Observation）、测量（Measurement）与实证（Evidence）。为此，本章从现代货币经济学理论入手，以 Divisia 货币中的零期限货币（Money Zero Maturity ，MZM）为快速支付与货币统计量联系的桥梁，尝试性地发掘快速支付与货币政策、经济增长的理论联系，由此形成国家快速支付体系的经济学理论框架。

本章剩余部分内容安排如下：第二部分简述零期限货币理论，阐述通过零期限货币对快速支付进行货币理论建模的思路与理论推测；第三部分构建我国的零期限货币测度，通过分析我国的零期限货币及其与货币、宏观经济的经验关系，讨论快速支付对货币、宏观经济的影响；第四部分为小结与研究展望。

二　零期限货币与快速支付建模

（一）Divisia 货币

零期限货币是 Divisia 货币的一个层次。所谓 Divisia 货币加总（Divisia Money Aggregates），是 Barnett（1980）发明的一种基于加权算法的货币供应量统计方法，旨在改善现有的简单货币加总（Simple Money Aggregates）统计方法。Divisia 货币加总计算为 N 个不同成分的货币（比如 M0、M1、M2、M4 等）持有量增长率的加权平均值。指标中的货币成分将根据其交易的有

① 赵鹞：《国家快速支付体系：政策与治理》，载杨涛主编《中国支付清算发展报告（2019）》，社会科学文献出版社，2019。

用性进行加权，并由持有者的交易成本来决定。持有者的交易成本是通过基准收益率之间的差额来衡量的，即对没有交易价值的货币余额支付的税后收益率，与对成分货币余额支付的税后利率之间的差额。Fisher 等（1993a，1993b）详细介绍了 Divisia 货币加总方法。

Divisia 货币加总的理论背景是 Goldfeld（1976）提出的“消失的货币”（Missing Money）问题，即实际货币余额对产出的预测能力被质疑，由此引发货币需求与产出、通货膨胀的关系不再稳定的讨论。Judd 和 Scadding（1982）通过文献调查的方式发现货币需求函数不稳定的原因主要是受金融创新的影响。20 世纪 80 年代关于货币供应量 M1 和 M2 与产出、通货膨胀关系消失的大讨论，致使以美联储为代表的中央银行将货币政策中介目标由各层次的货币供应量指标转换为利率指标，即 Taylor（1993）发现了著名的“泰勒规则”（Taylor's Rule），认为央行可以操作短期利率以实现货币政策目标。然而，以 2008 年全球金融危机为分水岭，越来越多的事件与实证分析表明有必要重新思考货币供应量在货币政策中的角色与作用，特别是当短期利率进入零利率下限（Zero Lower Bound）时，货币政策调整完全依赖泰勒规则所能发挥的作用越来越局限（Thomas et al.，2019；Clarida，2019）。Belongia 和 Ireland（2015，2018）认为，Divisia 货币加总（而非简单货币加总）可以捕捉到货币供给增长对非常规货币政策效果的影响（产出、通货膨胀率等），因而基于 Divisia 货币加总的货币需求函数是稳定的，货币政策不应抛弃货币数量论，但应该改进现有的货币供应统计方法，如 Divisia 货币加总，以反映金融创新对交易性货币需求的影响。

（二）零期限货币

基于 Divisia 货币，Poole（1991）最先创造了零期限货币，即将那些具有零期限的货币工具作为成分货币的 Divisia 货币加总指标。正如 Friedman（1970）所认为的，货币是“购买力的临时居所”，那些能够立即以平价赎回或以平价被直接转让给第三方的资产也应该被视为“货币”。零期限货币这一概念排除了带有风险损失的证券、不能提前支取或者折价支取的定期存款。因此，零期限货币比狭义货币供应量 M1 要“大”，但比广义货币供应量 M2 要“小”。据美联储对零期限货币的统计口径，美国的零期限货币包括流通中现金（M0）、活期存款、其他支票账户存款以及旅行支票构成的货币供应量 M1 加上储蓄存款（包括货币市场存款账户 MMDAs）、短期限（小于 3 个月）存款、零售货币市场共同基金所形成的 M2，再加上机构货币市场共同基金，减去短期限（小于 3 个月）存款，即美国的零期限货币口径为广义货币供应量 M2 加上机构货币市场共同基金，减去短期限（小于 3 个月）存款（见图 14－1）。零期限货币相较于常见的 M1、M2 或者 M4 等货币供应量指标的一个非常显著的特征就是，零期限货币只考虑那些能够带来支付交易服务（Transaction Services）的货币和资产，特别是货币市场共同基金份额被直接用于支付消费这一重要支付工具创新对货币供应与流通的重要影响被纳入进来，以更好地反映金融创新对货币，特别是需求的影响。因此，零期限货币将微观的支付工具创新与宏观的货币供应有机联系起来，使得支付工具创新被纳入宏观经济学理论框架，能够被观测、测量与建模实证。

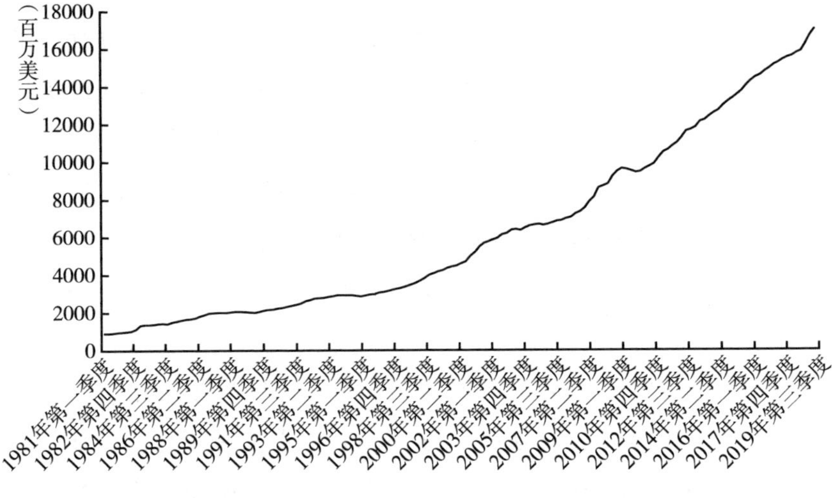

图 14－1　美国零期限货币季度余额（季调）

资料来源：美国圣路易斯联储网站，https：//fred. stlouisfed. org/series/MZM。

（三）快速支付技术的购物时间模型要素

Sidrauski（1967）和 Brock（1974）在代表性家庭预算约束中分别引入付息存款（债券）和不付息货币，表明支付交易服务能降低家庭的消费活动所必须付出的时间与成本。以此为基础，购物时间模型（Shopping-time Model）假设支付交易服务是购物时间与货币工具的生产函数，代表性家庭（消费者）必须权衡花多少时间用于闲暇和花多少时间用于购物（剩下的时间用于劳动），以最大化自身效用。对于给定的消费水平，支付技术生产函数决定多少时间用于购物，多少资源用于持有货币工具，以形成购买力，并假设更高的货币工具余额能够缩短购物时间，因而增加家庭（消费者）的闲暇时间。因此，当闲暇时间进入代表性家庭（消费者）的效用函数后，购物时间模型将传统的货币效用（Money in the Utility，MIU）模型、货币先行（Cash in Advance，CIA）模型与支付交易技术联系起来，后续的货币中间投入品（Money as Intermediate Inputs，MII）模型也遵循这样的思路。购物时间模型有几个重要结论。一是消费水平越高，需要越多的支付交易服务（也就是更高的支付交易生产水平），但不一定需要更多的购物时间，因为更高水平的支付交易服务能节省购物时间。二是对于给定的消费水平，持有的不付息货币（现金）可以随着支付交易服务水平的上升而下降，也就是说，持有的不付息货币具有最优水平（即效用的值函数并不是持有不付息货币的单调增函数），同时家庭（消费者）对不付息货币有餍足性（Satiation），因此无成本、即时转换为购买力的付息资产也能够被用于交换消费与服务，这成为零期限货币的理论基础之一。三是支付交易服务对产出和均衡利率的影响是直接的。更高水平的支付交易服务能够节省购物时间，使得劳动供给增加，在不考虑资本的情况下，会增加产出，提高经济增长水平；在其他条件（劳动的边际产出）不变时，由于支付交易服务能够减少家庭（消费者）持有的不付息货币，因而均衡利率作为持有不付息货币的机会成本会趋于下降。

很明显，一方面，快速支付技术作为近十几年零售支付创新的重要成果之一①，给消费者节省了购物时间与交易成本，带来了各种附属的零售支付创新产品，那么购物时间模型中的一些理论要素，如支付技术生产函数、可用于交换商品与服务的付息和不付息货币工具组合（而非仅限于现金）以及购物时间的节省等是与快速支付相对应的，或者说快速支付的货币理论建模可以将购物时间模型作为框架。另一方面，支付交易服务所需的货币工具组合可用 Divisia 货币加总的方法予以体现，也便于计算与观测，以讨论零期限货币的货币需求与宏观效应。综合以上分析，购物时间模型将快速支付的货币理论与零期限货币联系起来，零期限货币是快速支付在货币层面的直接映射，从而构建起了快速支付的宏观经济学分析框架。

三　与快速支付有关的我国零期限货币的经验分析

（一）我国零期限货币的构成

笔者借鉴美国零期限货币的计算方法，将我国流通中现金（M0）、单位活期存款（M1 - M0）、住户部门活期存款以及近十年才出现的货币市场基金份额和近三年实施的非银行支付机构备付金集中交存额作为我国零期限货币的成分货币。考虑到我国零售支付创新速度较快，产品更新频率高，这些成分货币与快速支付有关的应是住户部门活期存款、货币市场基金（“宝宝类”）份额以及备付金集中交存额。这里有必要对“宝宝类”货币市场基金与快速支付的关系做出说明。我国的“宝宝类”货币市场基金与 20 世纪 80 年代兴起于美国的货币市场共同基金有高度相似之处。20 世纪 80 年代，随着美国共同基金（Mutual Fund）的快速增长，货币市场共同基金成为共同基金家族里

① “快速支付”是指在 7 × 24 小时运营服务基础上从付款人的支付信息传输到收款人得到最终资金是实时或近实时。这一定义表明，收款人实时收到付款人支付的提示信息（如短信通知）但并不保证资金已经到账的支付服务不属于快速支付。在此技术基础上，“快速支付系统”是快速支付以及与快速支付有关的清算结算基础设施，侧重于制度安排与监管政策的创新。参见赵鹂《国家快速支付体系：银行与非银行》，载杨涛主编《中国支付清算发展报告（2017）》，社会科学文献出版社，2017。

的重要一员。这种共同基金向小额投资人销售只有1美元购买门槛的基金份额来聚集资金，投资于优质短期债券，如国库券、短期商业票据和银行存单。由于投资期限通常在6个月以内，基金的市场价值变化较小，使得货币市场共同基金的份额得以以固定面值被赎回（1美元），因而投资人就能以持有的商业银行的基金账户签发支票赎回份额，或者直接用基金份额支付消费账单。同样，在我国互联网与电子支付普及后，2008年就已经有68%的居民利用网络投资共同基金，互联网成为投资者购买基金份额的重要渠道，以“余额宝”为代表的“宝宝类”货币市场基金以1元起步的购买门槛、实时的申购赎回便利以及平价赎回的稳定价值为中小投资人提供了与美国货币市场共同基金相似的“客户体验”，因此我国的“宝宝类”货币市场基金可被纳入零期限货币的成分货币。进一步，我国的“宝宝类”货币市场基金采取了快速支付清算范式①，采取垫资的方式轧差清算用户实时赎回的请求。

另外，也有必要就非银行支付机构备付金集中交存余额及测算进行说明。非银行支付机构是我国零售支付创新的重要组成部分，特别是以支付账户余额、银行卡快捷支付为代表的面向终端用户的快速支付产品创新是举世瞩目的。支付机构客户备付金是非银行机构的快速支付产生的预收待付资金，具有很强的购买力。在中国人民银行发布的《关于实施支付机构客户备付金集中存管有关事项的通知》（2017年4月17日起实施）以及后续相关政策实施之前②，支付机构备付金大多以单位活期存款的形式存放于商业银行专用账户，这部分资金体现在M1中。因此，2017年4月17日及以后，支付机构客户备付金才被集中交存中国人民银行，在央行资产负债表科目里单独体现。图14－2为季度频次的我国流通中现金、境内住户活期存款、单位活期存款、备付金集中交存额以及货币基金净值的结构。由此，按照前文介绍

① 赵鹞：《国家快速支付体系：银行与非银行》，载杨涛主编《中国支付清算发展报告（2017）》，社会科学文献出版社，2017。

② 此后，中国人民银行于2017年12月29日发布《关于调整支付机构客户备付金集中交存比例的通知》，于2018年6月29日发布《关于支付机构客户备付金全部集中交存有关事宜的通知》，自2019年1月14日起支付机构客户备付金实现100%交存。

的 Divisia 货币加总方法，分别计算与快速支付有关的零期限货币，即不包含流通中现金的零期限货币的季度值。图 14－3 分别展示了季度频次的零期限货币（MZM）以及与快速支付有关的零期限货币［MZM（快速支付）］的水平值，并与 M0、M1 进行比较。可以看出，MZM 的增长速度比同期的 M0、M1 明显要快，这也反映了我国快速支付的发展速度较快。另一个值得深入探究的现象是，尽管与快速支付有关的零期限货币增速较快，但现金的流通量也在稳步上升，也就是说，非现金支付的快速发展也伴随着现金使用量的上升。事实上，相似的现象也出现在美国、欧元区等地区，这种现象似乎印证了购物时间模型关于货币工具组合的假设是成立的，即货币工具组合作为支付交易服务技术的生产要素，最优水平时组合内的货币工具（现金、非现金）并不是完全替代关系，而是一定程度的互补关系。也就是说，人们持有最优水平的付息货币工具（存款），也会持有最优水平的非付息货币现金，而且在均衡状态下，现金的最优水平不会等于零。当然，这样的逻辑推理还需要模型语言去刻画与证明。

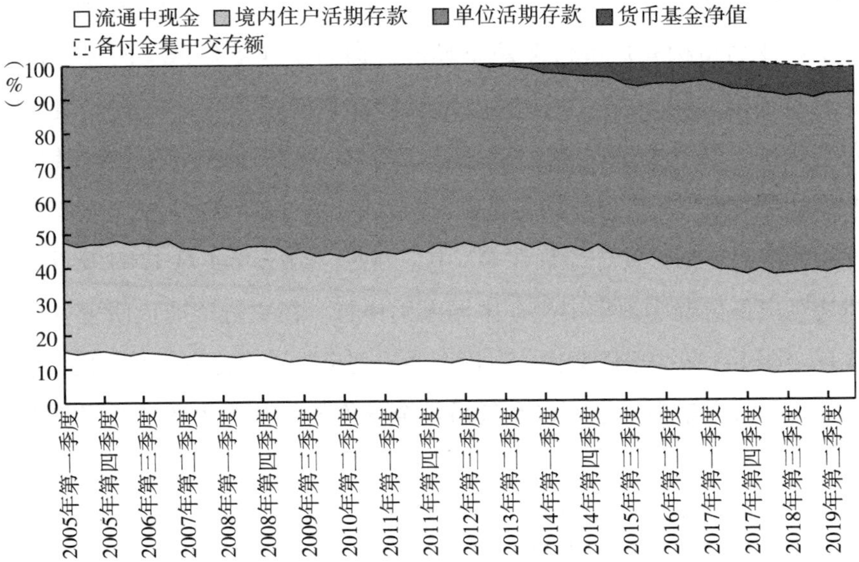

图 14－2　我国零期限货币的成分货币构成（季调）

资料来源：Wind 数据库、中国人民银行。

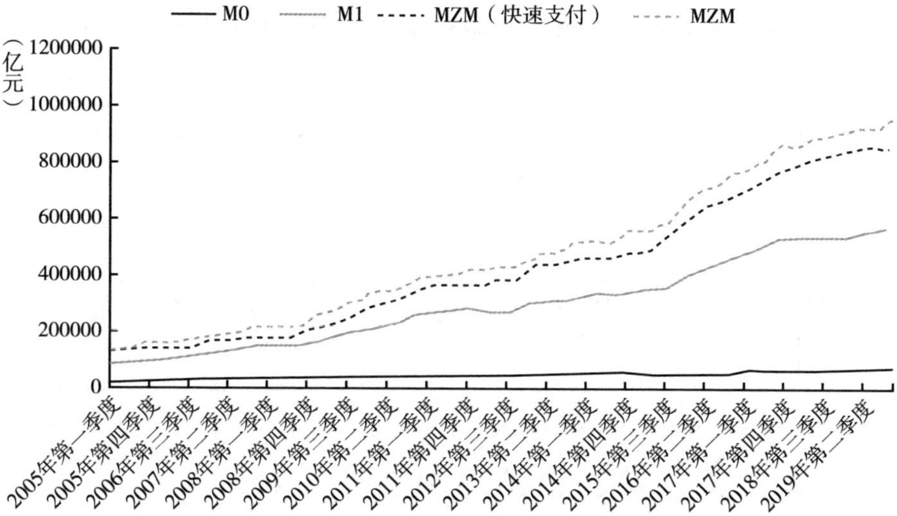

图 14－3　我国零期限货币季调余额

资料来源：Wind 数据库、中国人民银行。

（二）我国零期限货币与宏观经济的经验关系

1. 与经济增长的相关性

如前文所述，购物时间模型认为支付交易技术的进步对产出具有增长效应。从图 14－4 可以看出，MZM 同比增速与 MZM（快速支付）同比增速的趋势基本一致，只是在2013 年第二季度至2014 年第四季度，MZM（快速支付）同比增速明显快于 MZM 同比增速。这是因为在此期间，货币基金净值同比增速非常快，2014 年第一季度同比增速为 184%，第二季度同比增速为 424%，第三、第四季度同比增速分别为 261%、179%，之后同比增速迅速回落，2019 年第二、第三、第四季度均录得负增长。

图 14－4 还表明，MZM（快速支付）与 MZM 的增长对名义 GDP 的增长有明显的领先态势。例如，MZM 同比增速在 2007 年第二季度至 2008 年第四季度快速下降，名义 GDP 同比增速则从 2008 年第四季度的 12% 左右陡

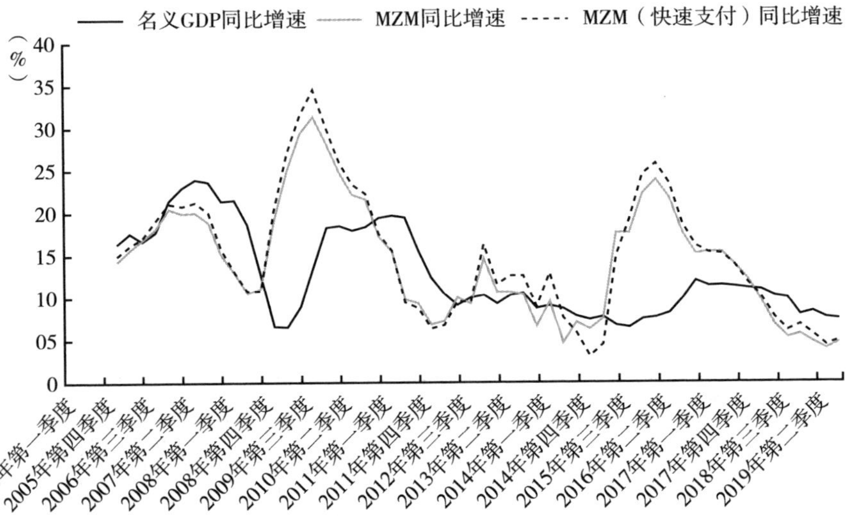

图 14－4　我国零期限货币同比增速与名义 GDP 同比增速

资料来源：笔者制作。

然下降至 2009 年第一季度的 6% 左右。进一步，图 14－5 表明 MZM（快速支付）同比增速与名义 GDP 同比增速具有滞后相关性，即当期的 MZM（快速支付）同比增速与大约 10 个季度（约 2. 5 年）之前的名义 GDP 同比增速的相关性接近 0. 5。因此，MZM 同比增速对名义 GDP 同比增速有明显的“领先－滞后效应”（Lead-Lag Effect）。由此可见，快速支付的发展速度反映在货币供应量指标上，即零期限货币对经济增长有直接的效果，并且可能是经济增长水平的领先指标（Leading Indicator）。

2. 零期限货币的货币需求

根据购物时间模型的逻辑推理，从货币需求角度，零期限货币的货币需求函数应与持有零期限货币的机会成本有关系，即机会成本是人们持有零期限货币的决定变量之一。由于零期限货币是一组货币工具的加权平均，因此其机会成本也是各成分货币的名义收益率的加权平均。各零期限货币的流通速度采用当季名义 GDP 与零期限货币余额的比值作为粗算。由图 14－6 可

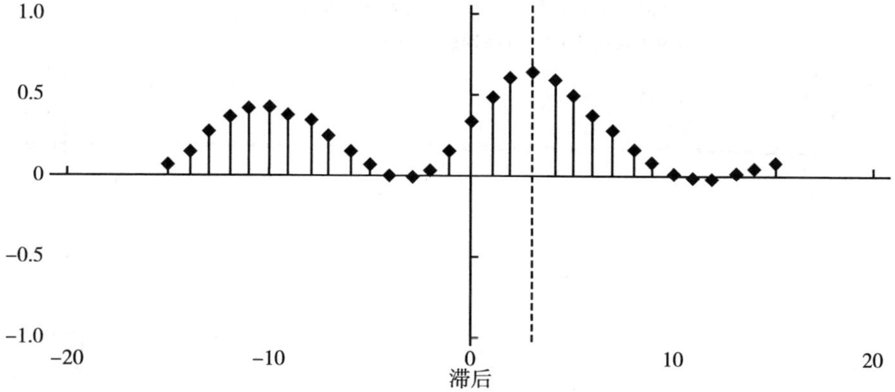

图 14－5　MZM（快速支付）同比增速与名义 GDP 同比增速的交叉相关系数

资料来源：笔者制作。

知，MZM 流通速度与机会成本①基本保持一致的走势，特别是在 2011 年第三季度之前，MZM 流通速度的变化与机会成本的涨跌保持同步。然而，机会成本在 2015 ~ 2019 年波动较大，而 MZM 流通速度的变化相对平滑，其背后的原因可能有多种，但其中一个重要原因可能是零期限货币主要被用于购买商品与服务这样的消费活动，而消费的波动本身就比较小，这是宏观经济学的一个普遍现象与结论。

基于购物时间模型所给出的零期限货币实际余额（Real Balance）的货币需求函数的回归结果见表 14－1。模型（1）的回归结果表明，（自然对数的）零期限货币的机会成本上升会引起（自然对数的）零期限货币实际余额下降，很显然，这一结果符合理论预测。为了检验这一结果的稳健性，模型（2）至模型（6）分别加入（自然对数的）零期限货币实际余额的滞后一期（L. ln*rmzm*）、（自然对数的）CPI（ln*pi*）、（自然对数的）实际 GDP（ln*rgdp*）。除了模型（4）、模型（5）以外，机会成本的系数全部为负数。并且，排除存在共线性问题而致R^2接近于 1 的模型（2），模型（3）表明物

① MZM 的机会成本与 MZM（快速支付）的机会成本的差异只是前者包含了不付息的流通中现金，但各自的机会成本差异在统计上不显著，故本章统一使用 MZM 的机会成本。

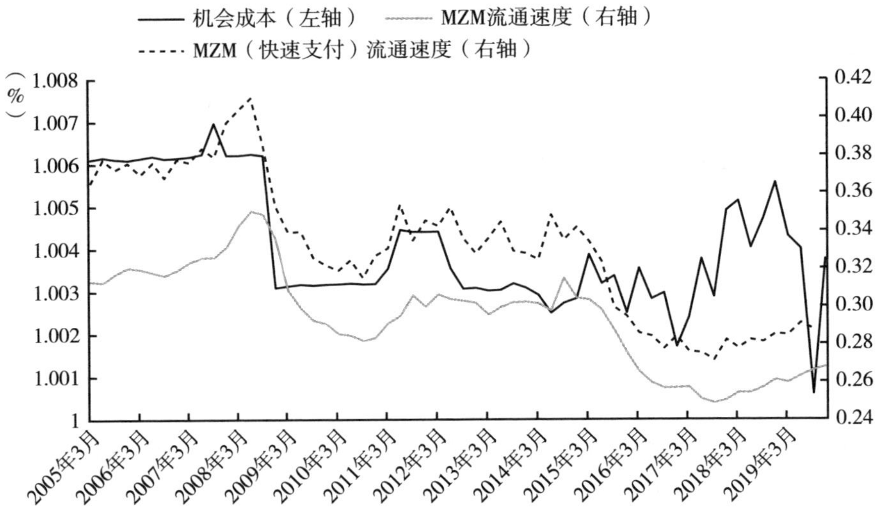

图 14－6　机会成本与零期限货币流通速度

资料来源：笔者制作。

价水平上升对零期限货币实际余额具有反向作用，但不显著，这进一步表明零期限货币的货币需求主要侧重于交易性货币需求，机会成本（利率）的弹性是显著的。结合前文的分析，可以建立这样的逻辑：货币政策调整，如利率调整直接影响快速支付有关的零期限货币的机会成本，进而改变人们持有零期限货币的最优水平，这种私人部门（家庭、消费者）消费购买力的变化直接影响社会消费水平，进而对经济产出和物价水平产生影响。另外，随着快速支付的创新日益深入金融市场，如“宝宝类”货币市场基金的快速增长，货币市场的利率水平也会对快速支付有关的零期限货币的机会成本产生影响，进而影响消费、产出和物价水平及波动。当然，理论推理需要实证检验因果关系，不妨留作以后的研究内容。

表 14－1　零期限货币的货币需求函数回归结果

变量	(1)	(2)	(3)	(4)	(5)	(6)
$\ln r\_a$	-270.148^{***}	-6.236^{**}	-243.365^{***}	0.563	0.367	-1.762
	(41.281)	(2.648)	(49.611)	(6.923)	(7.708)	(2.654)

续表

变量	(1)	(2)	(3)	(4)	(5)	(6)
L. ln*rmzm*		0.977*** (0.006)				0.955*** (0.050)
ln*pi*			-0.093 (0.071)		0.009 (0.009)	-0.009** (0.003)
ln*rgdp*				1.139*** (0.019)	1.150*** (0.021)	0.028 (0.059)
const	14.004*** (0.179)	0.350*** (0.090)	13.995*** (0.191)	-0.397 (0.242)	-0.532** (0.261)	0.310*** (0.103)
Obs.	60	59	55	60	55	54
R^2	0.425	0.999	0.459	0.991	0.991	0.999

注：*** $p<0.01$，** $p<0.05$，* $p<0.1$；括号内为标准误。

四　小结与展望

长期以来，支付创新被监管部门、业界与学界津津乐道，普遍认为支付清算的创新会影响货币与宏观经济，但一直找不到具体的理论切入点。笔者在国家快速支付体系的大框架下，首次运用货币经济学理论，尝试性地探索快速支付的货币、宏观经济影响机制。本章通过引入 Divisia 货币加总技术，计算我国的零期限货币以及对应的机会成本，首次探讨了快速支付通过零期限货币影响消费、产出与物价水平的理论机制。进一步，本章运用简单的实证方法考察与快速支付有关的零期限货币对名义 GDP 的“领先－滞后”关系，通过简单的普通线性回归模型考察零期限货币的货币需求函数，发现受政策利率、市场利率直接影响的机会成本与人们持有的零期限货币实际余额有稳定的关系。由此，本章的初步发现是，快速支付影响宏观经济的一个传导渠道是快速支付创新与货币市场创新的共同作用以及扩大了零期限货币的范围，进而影响私人部门的消费、经济的产出与物价水平。这一结论不仅是对历史规律的小结，而且为深入讨论法定数字货币时代的货币需求与供给提供了新的视角。

本章的不足之处还有很多，主要在于理论探讨与实证考察还不够技术化、体系化，对快速支付有关的货币、宏观经济典型事实的发掘还需深入与系统化，也只有建立在扎实、全面与系统的典型事实上，才能构建有说服力的货币理论模型，这方面的工作将是笔者即将开始的努力方向。

参考文献

Barnett, W. A. , "Economic Monetary Aggregates: An Applications of Index Number and Aggregation Theory", *Journal of Econometrics*, 1980, 14 (1) .

Belongia, M. T. , Ireland, P. N. , "Interest Rates and Money in the Measurement of Monetary Policy", *Journal of Business & Economic Statistics*, 2015, 33.

Belongia, M. T. , Ireland, P. N. , "Targeting Constant Money Growth at the Zero Lower Bound", *International Journal of Central Banking*, 2018, 14.

Brock, W. A. , "Money and Growth: The Case of Long Run Perfect Foresight", *International Economic Review*, 1974, 15.

Clarida, R. H. , "The Federal Reserve's Review of Its Monetary Policy Strategy, Tools, and Communication Practices", Speech at the Bank of Finland Conference on Monetary Policy and the Future EMU, 2019.

Fisher, P. , Hudson, S. , and Pradhan, M. , "Divisia Indices for Money", Bank of England Working Paper, No. 9, 1993a.

Fisher, P. , Hudson, S. , and Pradhan, M. , "Divisia Measures of Money", Bank of England Quarterly Bulletin, May 1993b.

Friedman, M. , and Schwartz, A. , "Monetary Statistics of the United States: Estimates, Sources, and Methods", New York: National Bureau of Economic Research, 1970.

Goldfeld, S. , "The Case of the Missing Money", *Brookings Papers on Economic Activities*, 1976, 7 (3) .

Judd, J. J. , Scadding, J. L. , "The Search for a Stable Money Demand Function: A Survey of the Post – 1973 Literature", *Journal of Economic Literature*, 1982, 20.

Poole, W. , "Statement Before the Subcommittee on Domestic Monetary Policy of the Committee on Banking, Finance and Urban Affairs", U. S. House of Representatives, Nov. 6, 1991.

Sidrauski, M. , "Rational Choice and Patterns of Growth in a Monetary Economy", *The*

American Economic Review, 1967, 57.

Taylor, J. B. , " Discretion versus Policy Rules in Practice ", Carnegie-Rochester Conference Series on Public Policy 39 , Dec. 1993.

Thomas, H. , Filippo, P. , Lucrezia, R. , Giovanni, R. , "The Inflation Puzzle in the Euro Area—It's the Trend Not the Cycle!", Oct. 16, 2019, https: //voxeu. org/article/inflation – puzzle – euro – area.

第十五章 支付经济学研究动态：理论述评与文献概览

董 昀*

摘 要： 本章力图展示2019年以来支付经济学领域的主要进展和前沿动态。研究发现，随着Libra的发布，2019年度支付经济学研究者的焦点集中于数字货币领域。相关文献对数字货币的技术基础、基本功能、宏观与微观效应等问题进行了比较全面的探讨。此外，无现金社会、产业经济学视角下的支付产业发展、支付系统创新与监管等领域在本年度也有一定进展。

关键词： 支付经济学 数字货币 Libra 支付创新

一 引言

一年一度的支付清算文献综述，旨在跟踪本年度支付清算领域的国内外研究进展，把握支付清算理论与政策研究的脉络与动向。我们知道，长期以来，支付清算在金融体系中处于边缘位置，少有人关注。与此相适应，支付

* 董昀，经济学博士，中国社会科学院金融研究所副研究员、硕士生导师，中国社会科学院产业金融研究基地副主任兼秘书长、支付清算研究中心副主任，研究方向为金融科技、创新发展等。

清算研究在金融学研究中同样处于边缘地位，被认为是实务研究，缺乏理论支撑。近二十年来，几次金融危机的经验教训使得金融界对支付清算的基础性地位予以高度关注，支付清算研究也逐步有了一席之地。其标志之一是“支付经济学”概念的正式提出和使用。

为了凸显支付清算研究的理论价值，本章以“支付经济学研究动态：理论述评与文献概览”命名，其用意有二：一是强调支付清算研究是经济学理论研究的一个分支，并不只是具有实务和政策含义；二是将“理论述评”置于“文献概览”之前，旨在强调本章的主要目的是梳理支付经济学理论前沿动态，更多关注文献中的理论内涵，并非强调收录文献是否面面俱到。

在近两年金融科技发展的大潮之中，支付清算扮演着重要角色。纽约大学教授托马斯·菲利普在提交给国际清算银行 2019 年年会的论文中指出，当今对金融科技至关重要的创新实例包括加密数字货币和区块链、新的数字投顾和交易系统、人工智能和机器学习、点对点贷款、股权众筹和移动支付（菲利普，2019）。其中，加密数字货币与支付功能高度相关，而移动支付则是近年来支付领域的主要创新源泉之一。从这一判断入手，本章的理论述评将聚焦金融科技发展中的支付经济理论与政策。

自 2019 年起，支付清算研究领域的焦点问题是数字货币。这与 Facebook 上线加密数字货币项目 Libra 有直接关系。Libra 的功能定位是支付和普惠金融，致力于建立一套简单的、无国界的货币和为全球数十亿用户服务的金融基础设施。因此，Libra 在区块链、数字货币等领域引起轩然大波，也激发了国内外学术界对数字货币新一轮的关注。

基于现实状况的新变化，本年度的文献评述工作将围绕“Libra 与数字货币的新发展”这一主题展开，探讨数字货币发展进程中的技术支撑、创新点、风险点及其背后的大国竞争等问题。在完成这一任务的同时，也将简要地梳理移动支付、银行卡、支付监管、跨境支付等其他重要领域的代表性文献。

二 Libra 与数字货币的新发展：基于文献的分析

2019 年 6 月 18 日，全球最大的社交平台 Facebook 上线加密数字货币项目 Libra，并发布项目白皮书，引发全球关注。根据白皮书披露的信息，Libra 目前仍处于测试阶段，计划于 2020 年上半年正式上线。Facebook 发起的 Libra 联盟（Libra Association）已得到 27 家机构的响应，其中既包括 Visa（维萨）、Mastercard（万事达卡）等传统支付巨头，也包括 PayPal（贝宝）、Uber（优步）、eBay（易贝）等新型科技巨型企业，还广泛覆盖了投资、区块链、社交媒体、通信、电子商务、共享出行、非营利组织、音乐、旅行等多领域的“头部公司”。

由于存在诸多问题，Libra 项目能否落地存在较大的不确定性。区块链技术是支撑 Libra 项目运行的关键底层技术。本部分首先关注区块链技术在支付领域应用方面的文献；其次围绕 Libra 的特性、运行机制和冲击效应，分别梳理国内外数字货币领域的相关代表性文献。

（一）区块链技术在支付方面的作用

区块链技术的发展最初与比特币的出现密不可分。在比特币发明者中本聪看来，比特币就是一种独立于传统中央银行体系之外的支付手段，是在区块链技术支撑下运行的电子化点对点支付系统。可见，区块链技术问世之初，就与支付、货币紧密联系在一起，发挥了加密货币验证机制的作用（Nakamoto，2008）。

近两年来，区块链技术专家对区块链的支付应用有了更深入的探索。Savelyev（2018）在研究通证经济时指出，作为一种证明消费者获取某种权益的凭证，通证（Token）可分为支付通证、应用程序通证和资产通证。货币就是一种典型的支付通证。Hine 等（2018）认为，通证经济的实质就是参与者在该体系中做出贡献并获得奖励，进而继续以通证方式支付费用，获得产品或服务。

张礼卿、吴桐（2019）从支付清算视角分析了区块链账本与银行账本的差异。在传统会计核算体系中，资产负债表和现金流量表相对独立，在区块链账本中，则实现了支付、清算和结算的并行，将记账方式从复式记账变回流水记账，弱化了资产负债表的作用，增强了现金流量表的作用。笔者认为，一旦区块链得到大规模应用，将对金融业的底层逻辑产生重大冲击。

（二）国内学界对 Libra 和数字货币的研究

李扬（2019）认为，Libra 将自己的使命描述为“建立一套简单的、无国界的货币和为数十亿人服务的金融基础设施”。这是理解 Libra 及其运行机制的主要切入点。Libra 的问世对中国的挑战首先在支付领域。因为在一个可以预见的较长时期内，Libra 的用武之地仍将局限于支付领域。而基于一篮子国际储备货币，Libra 先天就有跨境支付之便利，这对我国的支付行业发展，尤其是境外拓展，是一个直接挑战。但是，Libra 没有货币创造功能，基于 Libra 不可能形成货币政策，因而其所推动的并不是货币非国家化的过程。

杨东（2019）秉持类似看法，认为 Libra 实际上构成一种新的跨境支付工具。通过在不同国家的参与节点及建立的相应虚拟账户，Libra 可以构建一种自我清算的跨境支付体系，规避相应国家的金融监管。Libra 以其币值稳定机制对一些国家相对不稳定的法定货币形成一定优势，可能威胁一国的金融稳定和货币主权。特别是，Libra 还对中国非银行支付的产业地位造成了一定的竞争性冲击。为防控数字货币型跨境支付清算工具之风险，应变革我国跨境支付及数字货币治理体系，改变管制型监管之窠臼，拓展数字货币发展渠道，构建沙盒式监管机制，促进科技驱动型监管发展。

王信、骆雄武（2020）同样认为，Libra 等数字稳定币具有在支付领域广泛应用的潜力，但并不会动摇主权货币的地位。因为各国政府不会容许民间稳定币冲击货币政策的有效性。未来国际货币的竞争仍然是主权货币的竞争，但增加了数字货币的维度。美国可能在数字稳定币、央行数字货币领域占得先机，巩固美元的国际地位。中国应当积极支持国内 BigTech 公司参与国际支付领域的竞争，审慎应对民间企业创设 Libra 类稳定币的呼声，积极稳妥推进央行数字货币研发。

杨晓晨、张明（2019）的观点有所不同，他们认为 Libra 没有独立的货币政策并不代表没有货币政策，其将向小型经济体引入货币局制度，冲击原有经济秩序，并将通过货币乘数效应向大型经济体注入流动性，造成通胀压力。由此可见，他们认为 Libra 对全球经济的冲击远不止支付层面，还可能直接影响货币政策与经济稳定。

孙国峰（2019）的看法则更为折中。他从货币创造主体和支付流通两个维度对 Libra 进行了观察分析。从第一个维度看，Libra 以一篮子经济体的银行信用货币为支撑，本质体现的仍是银行信用，并不创造货币；从第二个维度看，Libra 作为数字钱包，其核心优势是解决了跨境支付缺乏全球性央行提供服务的问题，这在现代银行信用货币体系下是具有商业可持续性的。未来 Libra 可能会朝私人信用货币或虚拟货币方向演变，发展出货币创造功能，届时对全球经济金融体系的影响将进一步显现。同时，要关注以零售业务为主的跨国公司发行类似 Libra 数字货币的影响。

杨涛（2019）则认为，Libra 使得原有的货币概念、理论与运行都受到了前所未有的关注和挑战，原有的货币数字化与新型数字货币、法定数字货币与私营数字货币、传统场景的“私营货币”与互联网场景的“数字私营货币”等各种概念交织在一起，也增加了理解问题的难度和复杂性。他认为，姑且不论其影响究竟有多大，现在必须面对的是，数字化的冲击已从经济社会向金融领域不断延伸。数字化趋势改变了经济组织模式、社会分工架构和产业组织边界，进而从需求端影响金融服务的模式，也对金融产业链、金融组织边界带来重构的可能性，由此衍生了大量新兴金融主体、金融业务分工模式等。与此相对应，金融市场基础设施也必然受到深刻影响，而支付清算体系就是最核心的基础设施。所有这些，都需要进行从理论到实践的全新思考。

2019 年，我国学术界召开了一系列数字货币研讨会。例如，《探索与争鸣》编辑部（2019）组织召开了“数字加密货币：新兴技术、货币体系与全球秩序”圆桌会议，与会专家从支付角度分析了数字货币的基本功能和经济效应。其中，黄奇帆认为，数字化技术与金融碰撞以后，在个人支付方式、贸易清算结算体系、全球货币发行机制、产业链运营效率四个方面重塑了金融生态。易宪容指出，Libra 是一种支付工具而非货币，不可能成为一种超级主权货币，而央行数字货币的改革意味着无现金货币时代的到来。

（三）国际学界对 Libra 和数字货币的研究

近年来，以 BIS 研究团队为代表的国际机构对数字货币进行了大量研究，形成了一批新的文献。

2018 年 3 月，国际清算银行支付和市场基础设施委员会发布题为《中央银行数字货币》（Central Bank Digital Currencies，CBDC）的研究报告（BIS，2018），介绍了央行数字货币的定义、分类及其对支付、货币政策、金融中介、金融稳定和跨境交易等的影响。研究结果表明，CBDC 对支付结算体系的影响渠道主要有三条。第一，批发型 CBDC 结合使用了分布式账户技术，这一技术可以提高涉及证券和衍生品交易的结算效率。第二，一些中央银行正在分析向公众广泛提供 CBDC 的可行性，并可将其作为一种安全可靠且便利的替代型支付工具，部分原因是其管辖范围内的现金在迅速消失。但是需要注意，如果已经有快速、高效的私人零售支付产品在开发或使用中，则可广泛使用的 CBDC 的优势就会受到限制。第三，尽管在某些情况下通用型 CBDC 可能会替代现金，但是引入这种 CBDC 的中央银行必须确保其满足反洗钱和反恐怖融资（AML/CFT）的要求，并满足其他监管和税收制度的政策要求。此外，在某些管辖区中，中央银行可能缺乏发行 CBDC 的法律授权，因此确保这种系统的稳健设计和运行可能会面临挑战。

国际清算银行总裁 Agustin Carstens 还专门探讨了数字化时代的货币与支付问题。Agustin Carstens 等（2019）指出，数千年来，货币一直扮演着三个角色：计价单位、支付工具和价值存储。地理、技术、社会和政治因素都影响着货币形态的演进。随着通信网络和计算机的应用，20 世纪 60 ~ 70 年代出现了信用卡、自助柜员机和自动清算所系统，20 世纪 80 年代出现了银行间实时全额结算系统，21 世纪初推出了更为快速的实时结算零售支付系统。上述系统的出现及发展也促进了消费端的支付创新，如手机支付、互联网支付、点对点支付等新的支付手段。他们着重强调，加密货币不是一种货币，不具备货币的核心功能，不是一个真正的计价单位和支付手段。货币和支付的未来取决于政治因素以及社会公众的偏好、币值的稳定性、匿名和隐私保护、收款和付款的便利度等因素。

2019 年 12 月，欧洲中央银行（ECB）发布了一份题为《如何实现中央银行数字货币的匿名性》的研究报告。报告指出，支付生态系统要求在一定程度的隐私保护与确保 AML/CFT 合规之间取得平衡，但目前的经济数字化对此构成了重大挑战（ECB，2019）。在欧洲中央银行的协调下，欧洲中央银行系统（ESCB）已经完成了实现数字现金（即中央银行数字货币，CBDC）匿名性的概念验证。CBDC 概念验证是 ESCB 正在进行的有关 CBDC 技术研究的一部分，目的是促进对该主题的更广泛讨论。所开展的工作并非针对实际，也没有任何决定继续进行 CBDC 技术研究的暗示。欧洲中央银行将继续分析 CBDC 等新技术给欧洲公民带来的好处，为将来需要时可以立即行动做好准备。然而，在欧洲中央银行研究探索数字货币的同时，不应阻止也不应排斥私人市场主导的旨在实现欧元区零售支付快速高效的解决方案。CBDC 的概念验证表明，有可能构建一个简化的 CBDC 支付系统，该系统允许用户对小额交易拥有一定程度的隐私权，同时仍确保对大额交易进行强制性 AML/CFT 审查。

Li 和 Huang（2020）研究了加密货币市场与传统金融市场之间的相互作用。他们扩展了波动性溢出效应的测度方法，并探索了加密货币和主要金融资产之间的“连通性”。他们的主要发现包括三个方面。第一，2013 ~ 2018 年，加密货币作为独立于传统资产的风险源在发挥作用。第二，加密货币和传统金融资产之间的组间波动性溢出效应在规模上是相当的，但在趋势上是“互补的”。第三，加密货币市场可以显著增大当前金融市场的系统性风险。总的来说，他们提示虽然当前全球金融系统性风险处于“和平时期”，但有限的加密货币风险仍有增大系统性风险的可能性。

2019 年夏季以来，国外学术界围绕 Libra 的问世展开了激烈的讨论。

Zetzsche 等（2019）认为，Libra 是第一个有潜力在全球支付系统和货币体系中得到广泛运用的私人加密货币；与之相对应，如何对它进行监管成为一个难题。因此，Libra 的问世可能引发货币当局和监管当局的强烈反应。

Taskinsoy（2019）则直指问题的要害之处：Libra 最终会退出还是会刺激各国央行推出自己的数字加密货币？这篇文献似乎并没有直接回答这个问题，而是从货币演进史中得出基本判断：数字加密货币将是不可避免的一种自然现象。Libra 看起来已经具备了替代美元的一切要素，但它只有在世界各大央行（特别是美联储和欧洲中央银行）以及政府的允许之下，才可能真正成为美元的可行替代品。

还有更多的文献讨论了 Libra 可能对经济金融体系产生的负面冲击。BIS（2019）认为，Facebook、亚马逊和谷歌等大型科技公司可以凭借其庞大的用户网络在金融领域迅速确立垄断性地位，尽管其具有金融包容性，但可能会对金融稳定和数据保护构成威胁。Adrian 和 Griffoli（2019）认为，Libra 等稳定币最大的吸引力来自类似社交媒体的支付网络，它可以更好地融入数字生活，但可能会带来科技巨头强化自身垄断优势、促进恐怖主义融资以及破坏主权货币国家货币金融秩序等潜在挑战。Kupiec（2019）认为，Libra 是以多国货币计价、类似货币市场基金的有价证券，属于新型国际影子银行，其持有的资产缺乏像银行那样的严格监管，可能会给持有者带来严重的损失。

三　支付清算其他重要领域文献概览

（一）有关“无现金社会”的分析讨论

移动支付的使用极大地推动了非现金支付的发展，近年来，“无现金社会”的提法越来越引起人们的关注。王信、郭冬生（2017）对瑞典的情况进行了观察分析，指出瑞典之所以能够较早地提出建设无现金社会的目标，主要与该国人口密度小、现金调运成本高和信息化程度高等因素直接相关。

进一步看，在大部分学院派经济学家和政策性经济学家看来，实物形态的纸币在当今高科技时代的金融业中无关紧要。哈佛大学经济学教授罗格夫（Rogoff）对现金使用的负面效应进行了分析。罗格夫（2018）认为，目前在世界范围内，流通中需要用到现金的机会越来越少，但是流通中的现金数量依然庞大。那么这些现金究竟流到哪里去了？罗格夫通过研究发现，现金大部分被用在了逃税、腐败等非法交易上，以逃避一系列监管。同时，纸币的存在也对货币政策造成了一定的干扰，因为它降低了中央银行实施负利率的可能性。在金融危机过后，这一问题越发凸显。因此，逐步取消现金是解决大量社会痼疾的重要一步。罗格夫的看法代表了多数主流经济学家的意见，即非现金支付有助于降低社会交易成本、维护社会秩序稳定，从而提高社会运行效率。因此，“无现金社会”是未来的发展趋势。尹志超等（2019）对我国移动支付的实证研究也表明，移动支付的使用，极大地节约了纸质货币的监管、磨损、运输等费用，降低了现金交易可能产生的假币欺诈、抢劫等犯罪行为发生的可能性。

尽管现金的使用范围越来越有限，但是近年来有不少金融研究者和实务工作者通过观察发现，现金仍有用武之地，完全“消灭”现金不仅没有必要，而且没有可能。在移动支付大规模使用之前，在信用卡时代，就已经有文献对现金是否会消亡的问题展开了研究。

Humphrey（2004）对美国1974～2000年的现金使用情况进行了分析，认为借记卡和信用卡已经部分取代了现金和支票，但是现金在短期内并不会消失。Bagnall等（2014）运用7个国家的数据分析消费者的现金使用情况，结果表明现金不会走向消亡，在这7个国家中，现金依然被广泛使用，尤其是在小额交易支付中。他们还指出，除交易规模和消费者使用偏好之外，现金使用还与人口社会学统计特征（收入、年龄、受教育程度等）以及销售网点特征有关。可见，在那些人口众多且差异化程度较高的国家中，现金的作用难以被替代。董昀、李鑫（2018）指出，我们未来要进入的是“轻现金社会”，而非“无现金社会”。刘贵生、司晓玲（2018）强调，在电子支付方式盛行的当下，现金依然具有一定的价值和旺盛的生命力，不会消亡。闫新广、赵玉清（2019）的分析表明，近年来，随着我国非现金支付工具的快速推广和广泛应用，现金在生活中的支付比例呈明显下降趋势。但作为现代信用货币的主要形式，现金仍是重要的支付工具，未来其刚性需求仍然存在。

（二）产业经济学视角下的支付产业发展

从产业结构视角探讨支付产业发展是近年来支付经济学发展中的一个热点。Rochet 和 Tirole（2002，2011）的文献是该领域的开创性文献，提供了有关支付市场运作方式的重要见解。Li 等（2019）对支付系统的最新发展以及随之而来的竞争效率问题进行了分析。他们观察到，更高效率的电子支付被广泛使用需要很多年，并且商家为使用这些服务所支付的费用随着时间的推移而增加。该文献通过在双向市场环境中使用动态模型研究支付系统的演变对这一现象进行分析，并在此基础上根据美国支付卡数据校准模型进行福利和政策探讨。结果表明，电子支付网络的市场力量在解释应用缓慢和价格不对称变化中起着重要作用，而法规的福利影响可能会通过内在的研发渠道而发生显著的变化。

在国内文献方面，蒋小敏（2019）以银行卡产业的网络效应为视角，通过理论模型和案例分析发现，当支付机构以序贯方式进入银行卡市场时，后进入的支付机构提供服务的风险大于先进入者，并在总体上推高了行业整体风险水平。可见，银行卡产业特许经营权并不具有内生的风险约束效应，甚至会导致更大的风险。

尚珂、胡晨（2019）运用双边市场理论，在双边单归属模型基础上引入“单归属因子”，构建接近实际状况的双边部分多归属支付平台模型，从平台定价、社会福利函数分解、部分多归属下消费者转移成本三个维度研究第三方支付平台的反垄断问题。结果表明，第三方支付平台的垄断行为倾向或许不像其垄断结构那样突出，可能会趋于某一稳定状态，但也需注意不同平台单归属差异带来的提价空间不同等问题。

（三）支付系统创新与监管

除了平台经济角度之外，还有一些学者运用货币理论和制度经济学理论，分析新的支付系统如何通过降低信息搜集、交易和执行成本来实现对原有支付系统的替代。有关这方面的支付创新内容参见 Nosal 和 Rocheteau（2011），以及 Kahn 和 Roberds（2009）等的文献，在此不再赘述。

随着信息技术的快速发展，支付体系创新步伐日益加快。Petralia 等（2019）指出，技术创新正在改变金融服务和产品，而支付领域一直是受技术创新影响最大的金融领域，这一态势还将延续下去。近年来，全球范围内已经出现了大量新的支付方式，如平台和界面，并且有更多的支付方式正在推出。但是，也有文献指出，支付创新仍存在不少有待填补的空白地带。例如，世界银行的研究发现，全球有 17 亿成年人没有交易账户，现金是他们唯一的支付手段（World Bank，2018）。此外，跨境付款仍然缓慢、昂贵且不透明，尤其是零售付款，如汇款。这些缺点的相互作用对于新兴市场和发展中经济体而言是一个特殊的挑战，在新兴经济体中，汇款金额占 GDP 的很大一部分比重。

近年来，国际清算银行在其主办的季刊《BIS 季度评论》中对支付创新与监管问题展开了大量讨论。2020 年 3 月出版的季刊中就展现了不少支付创新方面的研究新进展，值得进行详细介绍。

BIS（2020）围绕在交易中改善交易账户和优化跨境支付渠道进行了追踪观察和理论探索。BIS 团队发现了三个基本事实：一是科技的进步使国内支付更加安全、快捷和便宜；二是许多人仍然无法使用支付系统，特别是在新兴市场和发展中经济体中；三是跨境付款的改善速度较慢，部分原因是协调跨境变更变得更加困难。

该报告指出，从国内角度看，支付的创新持续发生。批发系统正在开放对非银行的访问，从而延长了工作时间并改善了系统的可互操作性。快速或即时零售支付系统已经或正在许多司法管辖区进行开发。但是，账户访问和跨境支付的缺点仍然存在。可以通过在各个辖区进行有针对性的干预来解决访问问题。量化各种驱动因素的程度和相对重要性有助于进行此类干预。金融科技也可能会改善交易账户通用访问和频繁使用状况。解决跨境支付问题的方法尚不清楚。首先，需要更多数据来帮助理解问题的严重程度和产生的原因。量化各种后端安排的相对重要性以及成本和收益将有助于改善跨境支付环境。其次，协调解决跨境支付问题更具挑战性。虽然有更多的利益相关者参与其中，但没有一个组织具有明确的领导作用。

在国内文献中，贾丽平等（2019）研究了支付创新对货币政策的影响。他们认为，第三方支付的发展推动了传统支付清算结构的深刻变革，电子货币对流通中现金的替代效应造成货币需求、信用创造过程以及货币政策的有效性发生变化。该文献的实证研究表明，利率对GDP增长率的变动影响时滞较长，电子货币增大了中介目标的不确定性，弱化了货币政策的有效性。

潘锡泉、于洋（2019）从支付结算职能角度考察了人民币国际化的路径，并提出了若干新的思路。人民币在金砖国家、我国前十大贸易伙伴，以及“一带一路”沿线国家和地区均存在显著的国际影响力，尤其是在我国前十大贸易伙伴货币圈内的国际影响力已经能够与美元相提并论。但总体而言，这种“货币锚效应”的强度在金砖国家、“一带一路”沿线国家和地区，乃至全球其他区域仍然不能与美元相提并论，甚至还无法达到与欧元相抗衡的地位。在此基础上，该文献提出了巩固我国前十大贸易伙伴、深化金砖国家、拓展“一带一路”沿线国家和地区、谋划其他区域等未来人民币国际化的战略步骤。

王朝阳、宋爽（2020）认为，伴随着支付创新步伐的加快，跨境支付工具日益多样化，当前对美元体系的挑战也已经从跨境支付开始了。虽然美元在国际支付等领域仍然占有优势地位，但各国对脱离美元的跨境支付工具的追求，或将挑战美元的霸权地位。

在支付清算系统监管方面，人民银行南京分行课题组（2019）对日本支付清算系统监管的基本状况进行了观察和描述，为我国支付清算监管系统改革提供了参考资料。该文献指出，日本的银行间支付清算系统主要包括日本银行金融网络系统、汇票和支票清算系统、全银数据通信系统及外汇交易日元清算系统，分别处理银行间债务清算、汇票和支票清算、跨行转账清算及外汇交易日元清算。

四 结语

在早期的文献综述中，大体可以把当年支付领域的重要文献做一个比较完整的归纳整理。但是，随着支付问题重要性的上升，有关支付经济学研究的文献数量急剧扩张，本章力求展现支付经济学研究的前沿动态和主要方向，但难以囊括所有文献。

近年来，我国支付经济学研究有了较快的发展，在研究范式上与西方主流经济学越来越接近，在问题意识上也有不少独到之处。以“支付清算”“支付经济学”以及相关内容为主题的学术会议和研究团队数量越来越多。可以预期，在金融科技大发展的新时代，中国的支付经济学研究将迎来高速成长阶段。我们也将持续跟踪这一领域的新变化，为构建中国特色支付经济学提供基础材料。

参考文献

Agustin Carstens、张伟、路娟、马晓娜、孙晓晓、董伟：《数字时代的货币与支付》，《金融会计》2019 年第 9 期。

董昀、李鑫：《2017 年的中国互联网金融》，载王立民主编《中国金融发展报告（2018）》，社会科学文献出版社，2018。

〔美〕菲利普：《论金融科技与金融普惠》，国际清算银行 2019 年年会论文集，2019。

贾丽平、张晶、贺之瑶：《电子货币影响货币政策有效性的内在机理——基于第三方支付视角》，《国际金融研究》2019 年第 9 期。

蒋小敏：《银行卡支付产业特许权价值和风险承担》，《中国经济问题》2019 年第 3 期。

〔美〕罗格夫：《无现金社会：货币的未来》，纪晓峰、李君伟、张颖译，机械工业出版社，2018。

李扬：《必须重视 Libra 的挑战》，《中国外汇》2019 年第 15 期。

刘贵生、司晓玲：《现金的价值与生命力》，《中国金融》2018 年第 4 期。

潘锡泉、于洋：《人民币国际化的现状考量及改革路径——基于支付结算职能视角的考察》，《财经科学》2019 年第 12 期。

人民银行南京分行课题组：《日本支付清算系统监管现状及启示》，《现代金融》2019 年第 3 期。

尚珂、胡晨：《第三方支付平台的反垄断问题：基于经济学与法学的交叉学科分析》，《产经评论》2019 年第 6 期。

孙国峰：《Libra 的货币性质、潜在影响与演变方向》，《经济学动态》2019 年第 12 期。

《探索与争鸣》编辑部：《数字加密货币：新兴技术、货币体系与全球秩序——Libra 倡议下数字货币的未来》，《探索与争鸣》2019 年第 11 期。

王朝阳、宋爽：《一叶知秋：美元体系的挑战从跨境支付开始》，《国际经济评论》2020 年第 2 期。

王信、郭冬生：《瑞典无现金社会建设的启示》，《中国金融》2017 年第 18 期。

王信、骆雄武：《数字时代货币竞争的研判及应对》，《国际经济评论》2020 年第 2 期。

闫新广、赵玉清：《中国现金使用现状及未来消费场景分析》，《金融理论与实践》2019 年第 11 期。

杨东：《Libra：数字货币型跨境支付清算模式与治理》，《东方法学》2019 年第 6 期。

杨涛：《在数字化趋势下重新定义货币的微观基础》，《上海证券报》2019 年 8 月 19 日。

杨晓晨、张明：《Libra：概念原理、潜在影响及其与中国版数字货币的比较》，《金融评论》2019 年第 4 期。

尹志超、公雪、潘北啸：《移动支付对家庭货币需求的影响——来自中国家庭金融调查的微观证据》，《金融研究》2019 年第 10 期。

张礼卿、吴桐：《区块链在金融领域的应用：理论依据、现实困境与破解策略》，《改革》2019 年第 12 期。

Adrian, T., Griffoli, M., "Digital Currencies: The Rise of Stable Coins", International Monetary Fund Blog, Nov. 19, 2019, https://blogs.imf.org/2019/09/19/digital-currencies-the-rise-of-stablecoins/.

Bagnall, J., Bounie, D., Huynh, K.P., Kosse, A., Schmidt, T., Schun, S., Stix, H., "Consumer Cash Usage: A Cross-Country Comparison with Payment Diary Survey Data", DNB Working Papers, 2014, 12 (4).

BIS, "BigTtech in Finance: Opportunities and Risks", BIS Annual Economic Report, 2019.

BIS, "Central Bank Digital Currencies", 2018, https://www.bis.org/cpmi/publ/d174.htm.

BIS, "International Banking and Financial Market Developments", *BIS Quarterly Review*,

Mar. 2020.

ECB, "Exploring Anonymity in Central Bank Digital Currencies", *Focus*, Issue 4, Dec. 2019.

Hine, et al., "Token Economics: Using Basic Experimental Research to Guide Practical Applications", *Journal of Contemporary Psychotherpy*, 2018, 48 (1).

Humphrey, D. B., "Replacement of Cash by Cards in US Consumer Payments", *Journal of Economics & Business*, 2004, 56 (3).

Kahn, C., Roberds, W., "Why Pay? An Introduction to Payments Economics", *Journal of Financial Intermediation*, 2009, 18.

Kupiec, P. H., "Libra Rising: The Risk of a New International Shadow Bank", American Enterprise Institute Blog, 2019, https://www.aei.org/technology-and-innovation/libra-rising-the-risk-of-a-new-international-shadow-bank/.

Li, B. G., McAndrews, J., Wang, Z., "Two-Sided Market, R&D and Payments System Evolution", IMF Working Paper, 2019, 19/57.

Li, S. Y., Huang, Y. P., "Do Cryptocurrencies Increase the Systemic Risk of the Global Financial Market?", *China & World Economy*, Vol. 28, No. 1, 2020.

Nakamoto, S., "Bitcoin: A Peer-to-Peer Electronic Cash System", 2008, http://satoshiinstitute.org/bitcoin.pdf.

Nosal, E., Rocheteau, G., *Money, Payments, and Liquidity*, MIT Press, 2011.

Petralia, K., Philippon, T., Rice, T., Véron, N., "Banking Disrupted? Financial Intermediation in an Era of Transformational Technology", Geneva Report on the World Economy, No. 22, 2019.

Rochet, J. C., Tirole, J., "Cooperation among Competitors: Some Economics of Payment Card Associations", *RAND Journal of Economics*, 2002, 33 (4).

Rochet, J. C, Tirole, J., "Must-Take Cards: Merchant Discounts and Avoided Costs", *Journal of the European Economic Association*, 2011, 9 (3).

Savelyev, A., "Some Risks of Tokenization and Blockchainizaition of Private Law", *Computer Law & Security*, 2018, 34 (1).

Taskinsoy, J., "Facebook's Project Libra: Will Libra Sputter Out or Spur Central Banks to Introduce Their Own Unique Cryptocurrency Projects?", 2019, https://ssrn.com/abstract=3423453.

World Bank, "The Global Findex Database 2017: Measuring Financial Inclusion and the FinTech Revolution", 2018.

Zetzsche, D. A., Buckley, R. P., Arner, D. W., "Regulating Libra: The Transformative Potential of Facebook's Cryptocurrency and Possible Regulatory Responses", University of New South Wales Law Research Series, 2019, 47.

图书在版编目(CIP)数据

中国支付清算发展报告. 2020 / 杨涛，程炼主编
. --北京：社会科学文献出版社，2020.7
ISBN 978-7-5201-6863-2

Ⅰ. ①中… Ⅱ. ①杨… ②程… Ⅲ. ①支付方式-研究报告-中国-2020 ②货币结算-研究报告-中国-2020 Ⅳ. ①F832.6

中国版本图书馆 CIP 数据核字（2020）第 121541 号

中国支付清算发展报告（2020）

主　　编 / 杨　涛　程　炼
副 主 编 / 周莉萍　董　昀

出 版 人 / 谢寿光
组稿编辑 / 恽　薇
责任编辑 / 冯咏梅

出　　版 / 社会科学文献出版社·经济与管理分社（010）59367226
地址：北京市北三环中路甲 29 号院华龙大厦　邮编：100029
网址：www.ssap.com.cn
发　　行 / 市场营销中心（010）59367081　59367083
印　　装 / 三河市东方印刷有限公司

规　　格 / 开　本：787mm × 1092mm　1/16
印　张：18.5　字　数：276 千字
版　　次 / 2020 年 7 月第 1 版　2020 年 7 月第 1 次印刷
书　　号 / ISBN 978-7-5201-6863-2
定　　价 / 128.00 元